BURGUND

Inhalt

LAND & LEUTE

BURGUND

DUMONT REISE-TASCHENBUCH

Tipps für ihren Urlaub

UNTERWEGS IN BURGUND

Dijon und die Côte d'Or

Morvan, Charollais und Brionnais

Zwischen Loire und Yonne

LAND & LEUTE

»Im Hôtel du Parc verlangte ich um elf Uhr nachts zu speisen. Man bot mir zwei Hammelkoteletts und ein kaltes Huhn. Welchen Mostrich wünschen Sie?, fragte der Kellner. Dijoner, welchen sonst, sagte ich. Mit beleidigter Miene antwortete er: Wir haben 84 Sorten für Herren und 29 für Damen.«

Alexandre Dumas

HOTEL
du
CENTRE
BAR

Im Herzen Frankreichs

Gepflegte Gastlichkeit ist im Herzen
Frankreichs zu Hause

DIE WONNEN DER PROVINZ

»Burgund ist kein Land, Burgund ist das Leben«, hat François Mitterrand einmal gesagt, der für die Franzosen als Präsident, für die Burgunder jedoch als Bürgermeister der Kleinstadt Château-Chinon in Erinnerung bleibt. Jedes Jahr zu Pfingsten begab sich Mitterrand auf die Wanderung hoch zur Roche de Solutré im Süden von Burgund. Das Land zu Füßen des Felsens ist ein bunter Flickenteppich von Wiesen und Weinreben. Dann und wann gluckt ein romanisches Kirchlein im Grün. Die vielen hellen Tupfer aber rühren von den blonden Charolais-Rindern her – französischer ist keine Landschaft. Immer beim präsidentiellen Pfingstritual dabei war der Tross von Auserwählten, denen die Gnade der Mitwanderschaft gewährt war, und der der Journalisten, denen Mitterrand die Geschicke des Landes diktierte – aus Burgund, dem Herz des Landes, natürlich.

›Das Herz Frankreichs‹ nennt sich Burgund und verweist auf seine zentrale Lage und eine ›douceur‹, die ans Herz geht. Ausgeprägt ist der Sinn für ›le juste milieu‹, das Maß der Dinge. Sanft rollen die Hügel durch ein Mosaik aus Weinbergen, Wäldern und Wiesen dahin. Gemütlich kommen die Dörfer daher, und genauso schauen die bereits erwähnten Charolais-Rinder drein. Es sind Bilder, die die trägen Wonnen der Provinz verheißen, Bilder, die jedem Franzosen aus dem Herzen sprechen. In den grünen Wellen des Brionnais, in den schwarzen Wäldern des Morvan, in den ummauerten Weingärten der Côte d'Or oder an der müßig dahinmäandernden Loire feiert eine ›France profonde‹ fröhliche Urständ, die es schon Mitterrands Vorgänger Charles de Gaulle angetan hatte.

Der Weg in die selige Provinz ist nicht weit, seit die Autobahn Burgund der Länge nach durchschneidet und der TGV Dijon auf gut eineinhalb Zugstunden an Paris herangerückt hat. Und doch fühlt man sich bei der Ankunft wie eingetaucht in eine andere Welt. Die Uhren zwischen Sens hoch im Norden und Mâcon tief im Süden gehen einen Tick langsamer. Alle Unrast scheint Lichtjahre entfernt. Die Dörfer, in denen der Fortschritt mit einem Auge argwöhnisch betrachtet, mit dem anderen stolz begrüßt wird, kommen gelassen daher. Die Menschen, denen man in Gasthäusern, auf Märkten und bei Schlossbesichtigungen begegnet, nehmen sich Zeit für die Dinge des Lebens. Ein ausgedehntes Mahl, eine gute Flasche, ein Schwatz mit dem Nachbarn, der Spaziergang über einen Hügel, das alles gehört zusammen und bereitet ein sinnliches Vergnügen, für das der Name Burgund steht. Das Stichwort ›Savoir-vivre‹ beweist sich in dieser seit Kelten und Römern gehegten Kulturlandschaft nicht als Schlagwort, sondern ist Alltagsprinzip.

Apropos Kulturlandschaft: Es gibt neben den Kunstschätzen von Weltrang reichlich Natur in Burgund, und jede *campagne* lockt mit einer anderen

STECKBRIEF BURGUND

Lage und Fläche: Im Norden ist der Übergang zum Pariser Becken fließend, im Nordosten der zur Champagne. Nach Osten zieht die Saône eine Grenze, die mit der bis an den Jura-Sockel heranreichenden Bresse Bourguignonne jedoch überschritten wird. Die Bresse geht im Süden in die Nachbarregion Rhône-Alpes über. Das gilt auch für die Hügel des Charollais und Brionnais: Sie setzen sich im Südwesten nahtlos ins Beaujolais und die Auvergne fort. Im Westen schiebt die Loire einen Riegel vor die Nachbarregion Centre. Burgund ist mit 31 600 km^2 Fläche etwa so groß wie Nordrhein-Westfalen.

Die größten Städte: Dijon zählt im Kern 148 000 Einw., Autun 18 000, Beaune 23 000, Sens 27 000, Nevers 41 000, Chalon 53 000 Einw., die Industriestandorte Le Creusot und Montceau-les-Mines 27 000 bzw. 22 000 Einw.

Staatsform: Frankreich ist eine Präsidialdemokratie. Das Staatsoberhaupt wird in allgemeiner Wahl auf fünf Jahre gewählt. Das Parlament setzt sich zusammen aus Nationalversammlung (auf fünf Jahre in Direktwahl gewählte Abgeordnete) und Senat (von Abgeordneten, Regional- und Stadträten auf neun Jahre gewählte Senatoren). Hauptstadt ist Paris mit über 10 Mio. Einw.

Verwaltung: Burgund ist eine von 22 französischen Regionen mit eigener Verwaltung. Die Fläche verteilt sich auf die vier Départements Yonne (Hauptstadt Auxerre), Côte d'Or (Hauptstadt Dijon, zugleich Hauptstadt der Region), Nièvre (Hauptstadt Nevers), Saône-et-Loire (Hauptstadt Mâcon).

Bevölkerung: Mit durchschnittlich 50 Einw. pro km^2 ist Burgund relativ dünn besiedelt (Frankreich gesamt 94 Einw. pro km^2). Von den gut 1,6 Mio. Menschen leben 43% in der Stadt, Tendenz steigend. Für den Morvan, das burgundische Hochland der Mitte, stellt die Landflucht ein enormes Problem dar. Während die Bevölkerungsdichte auf dem Land zwischen 10–20 Einw. pro km^2 schwankt, unterläuft sie in einigen Gebirgskantonen die Fünf-Personen-Marge.

Wirtschaft: Den 150 000 Arbeitsplätzen in der Industrie stehen knapp 60 000 Arbeitsplätze in der Landwirtschaft entgegen. Wasserreichtum, freundliches Klima, fette Böden und optimal exponierte Hänge begünstigen Forstwirtschaft, Getreide- und Gemüseanbau, Geflügel- und Rinderzucht, doch vor allem den Weinbau. Die wirtschaftliche Aktivität ist ansonsten stark diversifiziert: lebensmittelverarbeitende Industrie, Möbelbau, Haushaltswaren, Autozubehör, Elektronik, Verpackungsindustrie, pharmazeutische Betriebe sowie Stahlindustrie zählen dazu.

Tourismus: Immer noch lockt die Côte d'Or die meisten Touristen an. Zudem erweist sich der Reichtum an Kunst und Kultur als Attraktion: zwei von der UNESCO als Weltkulturgut eingestufte Stätten, über 2000 denkmalgeschützte Bauten und fast 100 Museen. Aktivurlauber zieht es ins Morvan mit seinen Wander- und Radwegen, Hausbooturlauber auf Burgunds gut 1000 km Wasserwege. Bliebe noch die Küche – Savoir-vivre auf Burgundisch fördert den Tourismus.

Attraktion – unbegradigte Flüsse, endlose Wälder, Felsen, die nach Gipfelstürmern rufen. Wanderer und Radfahrer haben Burgund längst entdeckt: Selbst die Hauptstadt Dijon zählt in ihrem Kern nicht einmal 150 000 Einwohner. Autun, Beaune, Auxerre, Nevers oder Mâcon pendeln sich zwischen 20 000 und 80 000 Einwohnern ein. Verschwiegene Höfe und rumpelige Gassen wirken nicht museal, sondern haben Patina. Die großen Abtei-

Idylle am Dorfteich: Wonnen wie diese erwarten die Gäste Burgunds

en, deren Stil über ganz Europa kopiert wurde, scheinen längst mit der Landschaft verwachsen zu sein. So wie das Schloss, dessen dicke Umfassungsmauern es wie ein Rettungsring vorm Ertrinken im Rebenmeer retten. Und die vielen Dorfkirchtürme, die der Region den Stempel aufdrücken. Burgund ist das, was bleibt.

Stillstand? Gibt es trotzdem nicht. Aus Cluny kam 2000 die erste ›Miss France‹ afrikanischer Herkunft – die zuvor bereits zur ›Miss Burgund‹ gewählt worden war. Die Mitte Frankreichs bedeutet nicht Mittelmaß. Dafür bürgen Charaktere wie der katholische Geistliche und Bürgermeister Kir, der den gleichnamigen Apéritif erfunden hast oder Colette, die von der Landpomeranze zur Kokotte und Großschriftstellerin mutierte. Nicht zu vergessen Danielle Mitterrand, Schuldirektorentochter aus Cluny, die ihren François 1944 im Untergrund kennenlernte.

Die Römer haben die Weinrebe nach Burgund gebracht. Von den großen burgundischen Mönchsorden ging ein Jahrtausend später nicht nur die Revolution der Romanik, sondern auch die Erneuerung des Weinbaus aus. Die Weine aus Burgund genießen einen legendären Ruf. Rubinrot rollt ein Vosne-Romanée im Glas, goldgelb ein Chablis, smaragdgrün ein Pouilly-Fuissé. Kein Wunder, dass das erste Bild, was vielen in den Kopf kommt, das des Clos Vougeot inmitten von Reben ist. Wo guter Wein, da auch gute Küche. Bœuf bourguignon und Coq au vin gehören zu den Klassikern der französischen Küche. Viele Köche Burgunds tragen einen großen Namen. Kaum einer verdirbt den Brei. Auch das ist Glück.

LANDSCHAFTEN UND NATURRAUM

Sanfte Hügel, fette Wiesen, prächtige Reben

Eine Region des Übergangs

Hügel mit mittleren Höhen von 200 bis 300 m bestimmen das Landschaftsbild Burgunds. Ausnahmen bilden die Bresse im Osten und die Kalkplateaus im Norden, die kaum über 150 m hoch sind. Nur ein Gipfel überragt im Morvan die 900-Meter-Marke – mit 901 m ist der Haut-Folin Burgunds höchster Punkt.

Burgund ist eine Region des Übergangs zwischen Norden und Süden, mit kontinentalem Klima und deutlich mediterranen Akzenten. Der Reichtum an Wasser lässt das Hügelland und die ausgedehnten Wälder üppig grün erscheinen. Im Westen nimmt die Loire, im Osten die Saône Burgund in die Zange. Mittendrin entspringen Yonne, Serein, Cure, Armançon, aber auch die Seine. Das Wasser speist Stauseen und Kanäle, angefangen vom Canal de Bourgogne im Norden, über den Canal du Nivernais im Westen bis zum Canal du Centre im Süden. Die Kalk-Mergel-Böden sind fruchtbar und fallen leicht nach Nordwesten und Osten ab – das ergibt eine ideale Hanglage für den Weinbau.

Vom Senonais an die Loire

Burgunds Landschaften bilden ein buntes Mosaik. Ganz im Norden erstreckt sich das flache **Senonais** mit weiten Getreide- und Zuckerrübenfeldern. Auf die ›burgundische Getreidekammer‹ folgt im Westen die an Seen reiche **Puisaye**, das von Loire und Morvan begrenzte waldreiche **Bazois** und das **Nivernais**, dessen Bild komplett vom ungebändigten Lauf der Loire geprägt wird – nur an der von Schilf und Sandbänken gesäumten Loire selbst wird Wein angebaut. Der Strom und die vielen Teiche sind mit Lachs, Hecht, Aal, Karpfen, Barsch und Flusskrebs reich gesegnet, ein Paradies auch für Silberreiher, Kormoran, Eisvogel, Otter und Biber. Die drei Landstriche an seinem Lauf entsprechen kaum burgundischen Klischees.

Heimat der Rinder

Das hügelige **Charollais** weiter südöstlich passt schon eher ins Bild, das man sich vom typischen Burgund macht. Der bekannteste Vertreter der von satten Wiesen geprägten Landschaft ist das gleichnamige Rind. Auch im **Brionnais**, das sich nach Süden mit fetten Weiden und Hecken bis an die Grenze Burgunds fortsetzt, übersteigt die Zahl der stämmigen, weißen Rinder deutlich die der Menschen.

Der Norden des Charollais ändert sein Bild hingegen mit jeder Schleuse, die man am **Canal du Centre** passiert. Mit Montceau-les-Mines und Le Creusot ist das alte Industriezentrum der Region erreicht – die stillgelegten Schlote dienen zum Teil als Industriemuseum.

Das ›schwarze Gebirge‹

Das Herz von Burgund ist aus schwarzem Granit. Dichte Mischwälder, Heide, Farn und Ginster verleihen dem **Morvan** den Beinamen ›la montagne noire‹. Seit 1970 schützt der Parc Naturel Régional du Morvan die dünn besiedelte, an Flora und Fauna reiche Region. Rotwild, Mufflon, Fasan, Rebhuhn, Auerhahn, Dachs, Fuchs, Wildkatze, Bussard und Habicht bevölkern die menschenleere Weite. Arm war der Morvan früher. Die Männer arbeiteten als Holzfäller und Flößer, die Frauen als Ammen, denen die öffentliche Fürsorge ›les petits Paris‹, Waisenkinder aus Paris, anvertraute. Wanderwege durchziehen heute das Mittelgebirge in alle Himmelsrichtungen. Wie so viele Flüsse entspringt die **Yonne** im Morvan. Über den Fluss wurde bis ins 20. Jh. das in Paris benötigte Brenn- und Bauholz verschifft. Ab Clamecy ist der Fluss schiffbar, ab hier band man die Stämme zu großen Flößen zusammen. Die Flößer passierten auf ihrer Reise flussabwärts nach Auxerre bleiche Kalkfelsen, hübsche Winzerdörfer und Wälder.

Wein rechts, Geflügel links – an der Saône

Die **Saône** ist Burgunds Grenzfluss nach Osten, und seit den Römern ein wichtiger Handelsweg für das begehrteste Gut der Region – Wein. Am Westufer entstanden mit Chalon-sur-Saône, Tournus und Mâcon drei wehrhafte Häfenstädte. In ihrem Rücken steigen die Weinberge des mediterran anmutenden, von buckligen Hügeln zerklüfteten **Mâconnais**, der stillen **Côte Chalonnaise** und der prestigeträchtigen **Côte d'Or** an: Bienvenue in der wohl typischsten aller Landschaften Burgunds. Am Ostufer der Saône ist das Land hingegen flach. Maisfelder und freilaufendes Federvieh prägen die **Bresse Bourguignonne**, deren berühmtes Geflügel, Poulet de Bresse, ein AOC-Label trägt.

Burgund vor den Toren von Paris

Weinselig wird es noch einmal um das von sanften Hügeln gerahmte Chablis, ansonsten dominieren verschwiegene Bachtäler und Wälder den Nordwesten. Die **Seine**, nationaler Fluss und Sinnbild der französischen Hauptstadt, entspringt im südlichen **Châtillonnais**. Wie das Châtillonnais werben auch **Tonnerrois** und **Auxois** mit dem Schlagwort ›Burgund vor den Toren von Paris‹ um Besucher aus dem Ballungsraum der benachbarten Ile de France.

Parc Naturel Régional de Morvan

Der Parc Naturel Régional du Morvan ist das grüne Herz Burgunds. 60% des Granitmassivs ist von Wäldern bedeckt. Als einer der größten Naturparks Frankreichs umfasst er 95 Kommunen. Höchster Punkt ist mit 901 m der Gipfel des Haut-Folin. Ihren Sitz hat die Parkverwaltung in der Maison du Parc in St-Brisson (www.parcdumorvan.org).

CONFRÉRIE DES CHEVALIERS DU TASTEVIN

Geschickt vermarktet wurden die Weine Burgunds schon, als der Begriff Marketing noch niemandem etwas sagte. Als in den von Wirtschaftskrisen geschüttelten 1930er Jahren der Weinverkauf dramatisch zurückging, hatten die Winzer der Côte d'Or eine goldene Idee: 1934 gründeten sie die ›Confrérie des Chevaliers du Tastevin‹, luden prominente Weinkenner an die Côte d'Or zu Verprobung und Festbankett ein, und machen seither jedes Jahr aufs Neue dank entsprechenden Medienrummels international von sich reden. Kein Fernsehsender, keine landesweite Tageszeitung, kein Magazin, das nicht über die zum Society event avancierten Feierlichkeiten berichtete. Seit 1944 ist das Château du Clos Vougeot, die Gralsburg burgundischer Weine, Sitz der emsigen Winzerbruderschaft. 600 geladene Gäste finden bei den traditionellen *disnées* im Keller des Schlosses Platz, die unter dem Motto der Confrérie stehen: »Jamais en vain, toujours en vin« (Niemals vergeblich, immer in Wein). Sechzehnmal pro Jahr wird zum Gelage geladen, das offiziell *chapitre* heißt, und ganz Frankreich als die beste Table d'hôte im Lande kennt. Das wichtigste *chapitre* findet Mitte November anlässlich der Trois Glorieuses statt (s. S. 84). Zu der nach alter Sitte in Purpurrot gewandeten Bruderschaft zählen Vertreter aus Politik, Wirtschaft, Forschung, Kunst und Unterhaltung. Damen sind in der sehr exklusiven Bruderschaft willkommen: Auch Catherine Deneuve hat sich bei ihrer Aufnahme verpflichtet, das Loblied burgundischer Weine in der Welt zu singen.

Hier lagern gute Tropfen – Weinkeller im Château du Clos Vougeot

WIRTSCHAFT UND UMWELT

Weinbau

100 Appellationen zählt die *Bourgogne viticole* (so die offizielle Bezeichnung der Weinbauregion), deren Grenzen am 29. April 1930 vom Amtsgericht Dijon festgelegt wurden. Einige Appellationen sind in bis zu 50 verschiedenen *Climats* differenziert, die wiederum von verschiedenen Besitzern bewirtschaftet werden – Burgunds Weine bedeuten vor allem feinste Vielfalt. Dabei ist das Anbaugebiet mit 25 900 ha relativ klein. Selbst eine Appellation wie der Grand Cru Romanée-Conti umfasst ganze 18 050 m² – deutlich weniger als die Place de la Concorde in Paris. Es gibt nur wenige große Weinbergsbesitzer. Die 50 ha des Clos Vougeot teilen sich 50, die 8 ha des Montrachet acht Besitzer. Insgesamt gibt es 4500 Weingüter. Man setzt von jeher auf Klasse statt Masse: Burgund steht bei den Ertragsmengen erst an fünfter Stelle unter den französischen Weinbauregionen, genießt jedoch das höchste Prestige.

Kalk, Ton und Silikat in den Böden der Côte d'Or, eine optimale Ost-Südost-Hanglage sowie ideale Klimavoraussetzungen ergeben Rotweine (36,5 %) von Weltruf. Die Mergelböden ergeben hingegen Weißweine (63,5 %), die trotz zunehmender Konkurrenz aus Übersee einmalig bleiben. Unter dem Druck kostenintensiver Technisierung nimmt seit Mitte des 20. Jh. die Zahl der Genossenschaftskellereien (insgesamt 19) zu, dies vor allem in den weniger prestigeträchtigen Gebieten wie dem Mâconnais. Der Weinhandel spielt eine große Rolle. Die 112 Négociants (Handelshäuser) vermarkten gut 55 % der Jahresproduktion, die Hälfte davon im Export. Nach Großbritannien ist Deutschland (insgesamt 13 %, 2003 plus 7 %) der wichtigste Markt. Nach dem spektakulären Preisanstieg der 1990er Jahre, scheint der Höhenflug bei Weißweinen gebremst, bei Rotweinen verlangsamt. 2003 wurden 174 Mio. Flaschen abgesetzt, 2 % weniger als im Vorjahr.

Landwirtschaft

60 % der Fläche Burgunds wird landwirtschaftlich genutzt. Zählt man die Forstwirtschaft hinzu – Weihnachtsbäume aus dem Morvan sind in Frankreich ein Begriff, das Eichenholz wird vom Möbelbau geschätzt – , erhöht sich die Zahl auf 94 %. Reben machen dabei nur einen geringen Anteil aus. Wesentlich ausgedehnter sind vor allem in Süden die Weiden für des Burgunders liebstes Tier, das Charolais-Rind. Die Saône-Ebene im Osten steht hingegen ganz im Zeichen des Poulet de Bresse, des Bresse-Huhns, das laut AOC-Statut im Freiland gehalten und mit Mais gefüttert wird. Die Region um Sens hoch im Norden gilt wegen weiter Getreidefelder und Zuckerrübenäcker als Kornkammer Burgunds. Stark diversifiziert zwischen Viehzucht, Raps- und Getreideanbau sind der Nordwe-

sten (Yonne), der Norden der Nièvre und die Höhenlagen der Côte d'Or.

Industrie

Kaum einer denkt bei Burgund an Hochöfen, Kanonen oder Fototechnik. Dabei kann die Region mit einigen prominenten Wegbereitern der Industrialisierung aufwarten: Nicéphore Niepce (1765–1833) gilt als Pionier der Fotografie. Georges-Louis Leclerc Buffon (1707–88) war ein früher Stahlbaron. Die Familie Schneider schließlich behauptete sich als Industriellendynastie von der Mitte des 19. Jh. bis in die zweite Hälfte des 20. Jh. als Hersteller von Rüstungsgütern, Glas, Lokomotiven, Atomkraftwerken und Komponenten des Hochgeschwindigkeitszugs TGV. Das Erbe der ›burgundischen Krupps‹ ist lebendig. In Niepces Heimatstadt Chalon-sur-Saône produziert Kodak. Framatome hat bei der Atomtechnik, Alsthom bei der Eisenbahntechnik das Erbe der Schneiders in Le Creusot angetreten. SEB produziert Millionen von Schnellkochtöpfen, der Nahrungsmittelgigant Amora bringt längst nicht nur Senf auf den internationalen Markt.

Bei der Lebensmittelindustrie kommen noch Süßwaren wie das lebkuchenartige *Pain d'Epices* oder der Johannisbeerlikör Cassis hinzu, die in ganz Frankreich und über die Landesgrenzen hinaus vertrieben werden. Im Charollais und Nivernais wird Keramik hergestellt, zu nennen sind vor allem Kacheln aus Paray-le-Monial. Dank qualifizierter Arbeitskräfte (72 %) und der geografischen Lage zieht Burgund immer stärker ausländische Investoren an: 73 % des europäischen Bruttosozialprodukts werden in einem Radius von 800 km um Burgund erwirtschaftet. Seit 1999 ist die Region auf Platz 9 unter den für Investoren attraktivsten Regionen Frankreich vorgerückt.

Tourismus

Wein und romanische Kirchen: auf diese schlichte Formel ließ sich früher der Tourismus in Burgund bringen. Im Herbst sind zur Weinlese auch heute alle Zimmer zwischen Dijon und Beau-

Bootsurlaub auf dem Canal de Bourgogne

ne belegt, und allein das Weinfest Saint-Vincent Tournante verbucht über 100 000 Besucher. Die Kulturgüter aus der Wiege des Abendlands erfreuen sich nach wie vor großer Beliebtheit: die Zisterzienserabtei von Fontenay zieht 120 000 Besucher, die Wallfahrtskirche von Vézelay 800 000 Besucher pro Jahr an. Insgesamt 20 % aller Besucher machen Kultururlaub.

Beliebt ist Burgund zusehends bei Wander- und Radurlaubern (26 % aller Besucher). Auch Landurlaub, sei es in der Chambre d'hôtes, sei es im Ferienhaus, steht hoch im Kurs: Seit 1986 hat sich das Bettenangebot mehr als vervierfacht. Am Erfolg beteiligt sind der Naturpark Morvan, der zum ungestörten Genießen von Fauna und Flora einlädt, sowie die intakte *campagne*, wo nur selten ein Betonklotz das Landschaftsbild stört und die Flüsse meist unbegradigt fließen. Selbst die Loire windet sich weiter ungebändigt in ihrem Strombett, seit die Pläne zu ihrer Regulierung 1991 zurückgezogen wurden.

Burgund zieht die gutverdienende Schicht der 35–49-Jährigen (33,1 %) und Freiberufler/Unternehmer (30,8 %) an. Gereist wird zu 88,6 % mit dem Auto, also individuell. Hauptreisemonate sind Mai (11,9 % aller Besucher/Jahresmittel), August (12,9 %) und Oktober (7,4 %). Ausländische Besucher bevorzugen mit 55,5 % deutlich den Herbst. Burgund ist ein typisches Kurzreiseziel: 75 % aller Besucher bleiben bis zu drei Nächten, bei den ausländischen Touristen liegt der Wert bei 3,2 Übernachtungen. Stark im Kommen ist der Hausboottourismus. Seit 1986 stieg die Zahl der Freizeitkapitäne um 62 %.

GESCHICHTE IM ÜBERBLICK

Vor- und Frühgeschichte

Um 18 000 v. Chr.	Jäger lauern an der Roche de Solutré umherziehenden Wildpferden auf, die sie von den Höhen auf den Abgrund zutreiben. Was an Knochen unterhalb des Felsens blieb, lieferte den Archäologen wertvolle Erkenntnisse über das prähistorische Zeitalter des Solutréen.
Um 3500 v. Chr.	Erste Bauern siedeln an der Côte d'Or unweit von Chagny.

Antike und Frühmittelalter

Um 530 v. Chr.	Die ›Prinzessin von Vix‹ wird bei Châtillon-sur-Seine beigesetzt: Das Grab der Keltenfürstin ist mit reichhaltigen Beigaben ausgestattet, und zeugt von einer hochentwickelten Kultur, die Handel mit griechischen Siedlern im Rhônetal trieb.
Ab 59 v. Chr.	Nach der Eroberung der Provence dringen die Römer in die nördlichen Teile Galliens vor. Mit der Belagerung und Einnahme von Alesia, dem burgundischen Mont Auxois, besiegelt Cäsar 52 v. Chr. Roms Vormacht.
10 v. Chr.	Die Gründung von Augustodonum (Autun) beendet die Kolonisierung Galliens. Die Stadt wird zum Sitz der römischen Verwaltung.
4. Jh.	Das Christentum breitet sich in Burgund aus.
5. Jh.	Germanische Stämme fallen in die römische Provinz ein. Das römische Reich zerfällt.
5.–6. Jh.	437 vernichten Hunnen das erste Burgunderreich bei Worms. Die von der dänischen Insel Burgunderholm (Bornholm) stammenden Burgunder gehen über den Rhein und gründen ein neues Reich, zu dessen zeitweiliger Hauptstadt König Gundobad (480–516) Chalon-sur-Saône bestimmt.
534	Das zweite Burgunderreich geht nach der Schlacht von Autun im Eroberungszug der Franken unter. Was blieb, war ein Name: Burgund.

Mittelalter

843	Die Enkel Karls des Großen teilen sich im Vertrag von Verdun das fränkische Reich. Burgund fällt mit dem Mittelreich an Lothar.
870	Bei der Teilung des Mittelreichs entstehen drei burgundische Territorien, zwei im Osten als Königreiche, eins im Westen als Herzogtum. Letzteres wird die Keimzelle des heutigen Burgund.
910	Herzog Wilhelm der Fromme gründet das Kloster von Cluny. Die Cluniazenser reformieren das Klosterwesen. Die Mönche propagieren

zudem den für die Region identitätsstiftenden Weinbau und beweisen sich als bedeutende Bauherren und Architekten.

1033 Der östliche Teil Burgunds fällt an das Deutsche Reich.

1098 Robert de Molesme gründet südlich von Dijon den Zisterzienserorden, neben den Cluniazenern die zweite, das christliche Abendland maßgeblich prägende Kraft. Unter dem Reformer Bernard de Clairvaux überflügelt Cîteaux bald die Bedeutung von Cluny.

1146 Bernard de Clairvaux fordert in Vézelay das Christentum zum Zweiten Kreuzzug auf.

10.–12. Jh. Unter der Federführung von Cluniazensern und Zisterziensern erblüht die burgundische Romanik.

1361 Der letzte burgundische Kapetinger-Herzog Philippe de Rouvres stirbt. Der französische Valois-König Johann II. überträgt seinem Sohn Philipp dem Kühnen die burgundische Herzogswürde.

1364–1477 Im ›Jahrhundert der vier Valois-Herzöge‹ – Philipp der Kühne, Johann Ohnefurcht, Philipp der Gute, und Karl der Kühne – zieht das politische Gewicht Burgunds mit dem seiner geistesgeschichtlichen Ausstrahlung gleich. Das Herzogtum kann durch Heirats- und Eroberungspolitik die Grenzen nach Flandern erweitern. Der Reichtum Flanderns aber zieht eine Verlagerung der politischen Macht von Dijon nach Gent und Brügge nach sich.

1430/31 Auf dem Höhepunkt ihrer Macht fühlen sich die Herzöge dem König von Frankreich ebenbürtig – gegen den sie zunächst mit den Engländern im Hundertjährigen Krieg paktieren. Die Burgunder nehmen Jeanne d'Arc gefangen und liefern sie an die Engländer aus. Erst als die englische Sache verloren scheint, wechselt Burgund die Seiten. Burgunds weit verstreutes Territorium wächst von Brabant über Namur bis Luxemburg.

1477 Karl der Kühne fällt bei Nancy. Ludwig XI. nimmt die zentralen Gebiete des erbenlosen Herzogtums für die französische Krone in Besitz, während die ferneren Landesteile in der Franche-Comté und den Niederlanden durch Heirat von Karls Tochter Maria an das Haus Habsburg fallen.

Vom Ancien Régime bis in die Stahlkrise

16.–17. Jh. Das Ancien Régime gestattet dem ehemaligen Herzogtum Burgund eine gewisse Selbstständigkeit, die im Parlament zu Dijon ihren Niederschlag findet. Die Fürsten von Condé fungieren als Gouverneure der Provinz. Dijons Stadtbild wird durch zahlreiche Palais im Stil der Renaissance und des Barock bereichert.

1722 Die Universität von Dijon wird gegründet – mit nur einer Fakultät: Jura.

Nach 1789 Die Grande Révolution beendet die Selbstverwaltung Burgunds. Wie

	alle Provinzen wird Burgund in Départements aufgeteilt. Klöster werden aufgehoben und wie die Kirchen als Nationaleigentum verkauft. Der historische Name Burgunds verschwindet von der Landkarte.
1798–1823	Die Abtei von Cluny wird als Steinbruch abgerissen. Es bleibt ein monumentales Trümmerfeld.
1790	Alphonse de Lamartine, der große französische Romantiker, wird in Mâcon geboren. Als Deputierter sitzt er ab 1833 für seine Heimat in der Pariser Abgeordnetenkammer
Ende des 18. Jh.– Mitte des 19. Jh.	Noch im Ancien Régime beginnt in Burgund die industrielle Revolution. Georges Louis Leclerc, Graf von Buffon, gründet 1786 in der Nähe von Montbard die nach ihm benannte ›große Gießerei‹. Ende des 18. Jh. beginnen ebenfalls die Arbeiten an den Kanälen Burgunds. Mit ihrer Vollendung im 19. Jh. tragen die Wasserwege maßgeblich zum wirtschaftlichen Aufschwung bei.
1822	Nicéphore Niepce macht aus seinem Fenster in St-Loup-de-Varenne die erste Landschaftsaufnahme der Welt. Es ist die Geburtsstunde der Fotografie.
1836	Die Gebrüder Schneider gründen in Le Creusot ihr Industrieimperium. Im nahen Montceau-les-Mines entsteht ein zweites Industriegebiet. Hergestellt werden Kanonen für die französische Armee, zerbrechliche Gläser und Lokomotiven.
1851	Die Eisenbahnlinie Paris–Dijon geht in Betrieb. Dijon wird zum Eisenbahnkreuz. Dank der Eisenbahn gelangen Burgunds Weine schnell zu Weltruf.
1873	Sidonie-Gabrielle alias Colette erblickt in St-Sauveur in der Puisaye das Licht der Welt. Karriere als Schriftstellerin macht sie freilich später in Paris.
Um 1880	Die Reblaus vernichtet Burgunds Weinberge. Die Wiederbestockung mit schädlingsresistenten Reben beginnt umgehend.
1881	Burgund zählt 1 713 000 Bewohner – der demographische Höchststand bleibt bis heute unübertroffen.

Vom 20. Jh. in die Gegenwart

1914–18	Die Kriegsproduktion von Kanonen lässt die Hochöfen von Le Creusot rund um die Uhr auf Hochtouren laufen.
1934	Im Château du Clos Vougeot wird die bis heute prestigeträchtigste Winzerbruderschaft der Welt gegründet: Etliche Prominente zählen heute zur ›Confrérie du Tastevin‹, deren Aufnahmeritus ein alljährlicher Medienspektakel ist.
1940–44	Die Deutschen besetzen Burgund, bis November 1942 allerdings nur den Norden. Der Süden gerät erst mit der Besetzung von ›Vichy-Frankreich‹ unter deutsche Kontrolle.

1944	Bei der Befreiung durch die Alliierten halten sich die Schäden in Grenzen. Bomben zerstören Le Creusot, Châtillon-sur-Seine und beschädigen die Kathedrale von Nevers.
1940er Jahre	Roger Schutz, Theologiestudent aus Lausanne, gründet in Taizé eine ökumenisch ausgerichtete Communauté. In den 1960er Jahren wird Taizé zum internationalen Ziel von Friedensaktivisten.
1953	Die Firma SEB in Selongey bringt den Schnellkochtopf ›Super-Cocotte‹ auf den Markt. Annähernd 60 Mio. Exemplare wurden bis heute verkauft.
1960er Jahre	Die weltweite Krise von Kohle und Stahl trifft die Region. In Le Creusot stellt man sich auf den Maschinenbau und die Nukleartechnik um.
1970	Der Naturpark Morvan (Parc Naturel Régional du Morvan) wird gegründet. Burgund wird mit der A 6 Paris–Lyon an die erste Autobahn Frankreichs angeschlossen. Später hinzu kommen die A 39 und A 40 nach Savoyen, ins Elsass und damit in die Schweiz oder nach Deutschland.
1972	Die französische Gebietsreform teilt das Land in 22 Regionen auf. Eine davon heißt Burgund und umfasst die Départements Côte d'Or, Yonne, Nièvre, Saône-et-Loire. Regionalhauptstadt wird Dijon.
1981	François Mitterrand, Sozialist und Bürgermeister von Château-Chinon, wird zum Präsident der Republik gewählt.
1982	Der TGV rauscht erstmals von Dijon nach Paris (und weiter nach London, Brüssel ...) sowie ans Mittelmeer (und weiter nach Spanien, Italien ...).
1998	Die 900-Jahrfeier der Gründung des Zisterzienserordens wird zum europäischen Ereignis. Das Kloster ist fortan für Besucher geöffnet. Für die Weinwirtschaft bedeutet 1998 ein Rekordjahr. Nach Steigerungen von 46,5 % in den Vorjahren klettern die Preise bei den Versteigerungen in den Hospices de Beaune nochmals um 12 %.
2000	Sonia Roland, ruandischer Flüchtling mit Wohnsitz Cluny und amtierende ›Miss Burgund‹, wird die erste ›Miss France‹ afrikanischer Herkunft.
2003	Der 3-Sterne-Koch Bernard Loiseau erschießt sich in Saulieu. Der Freitod des weltberühmten Chef de cuisine löst eine Diskussion über den Erfolgsdruck und das Bewertungssystem in der Spitzengastronomie aus. Durch den extremen Hitzesommer fällt die Weinlese 20 % unter Durchschnitt aus.
2004/2005	Am Stadtrand von Dijon entsteht der Innovationspark Technopôle, in dem Hightech-Firmen aus den Branchen Biotechnologe, Krebsforschung und Nahrungsmittelproduktion angesiedelt werden sollen.

Kultur und Leben

Dijon, Rue de la Liberté

BURGUNDER LEBENSART

Bevölkerung

Zunächst die schlechte Nachricht: Es gibt zu wenig Burgunder. Mit gut 1,6 Mio. Menschen stellen sie ganze 3 % der französischen Gesamtbevölkerung. Höchststand war 1881 mit gut 100 000 Köpfen mehr. Seit Ende der 1970er Jahre stagniert die Zahl. Verzweiflung bricht von Sens bis Mâcon deswegen nicht aus, denn das widerspräche dem ausgeglichenen, tief im Innern frohsinnigen Naturell. Man hat schon viel gesehen in der großen Geschichte dieser Wiege des Abendlands. Genug jedenfalls, um sich von demographischen Statistiken nicht erschrecken zu lassen. Allemal genug, um stolz auf die eigene Geschichte zu sein. Sehr stolz sogar. Hinzu gesellt sich eine gehörige Portion Gelassenheit. Sollte etwas schiefgehen, bleibt schließlich die tröstliche Aussicht auf irdische Freuden bei Tisch. Kurzum, ein wahrer Burgunder ist fest davon überzeugt, am besten aller nur möglichen Plätze zu leben. Voilà. Übrigens nicht nur er allein: Als ›echter Burgunder‹ gilt bei unseren niederländischen und belgischen Nachbarn jemand, der zu leben weiß – ein Bonvivant also.

Natürlich gibt es Unterschiede von Landstrich zu Landstrich. Da wären die Städte, allen voran Dijon, mit einem über Jahrhunderte gewachsenen Patriziertum, das seit der Französischen Revolution *la bonne société* genannt wird – artige Bourgeois mit einem Palais in jahrhundertealtem Familienbesitz, den ebenso lange eingeübten Riten, und sonntäglichem Kirchbesuch im Sonntagsstaat. Weltgewandt und bisweilen sogar polyglott sind die Menschen an der nahen Côte d'Or, die seit Ewigkeiten in Handelskontakten mit Weinliebhabern rund um den Globus stehen. Verschlossen und schweigsam wie alle Bergbewohner die Menschen des Morvan, wo die Bevölkerungsdichte am niedrigsten liegt und die Winter die längsten sind. Bäuerlich derb und mit ihrer Scholle verbunden scheinen wiederum die Bewohner des Charollais und Brionnais. Man begegnet hier echten *paysans,* denen auf dem Viehmarkt keiner etwas vormacht und die sich in ihrem Züchterstolz allenfalls mit den Bauern der Bresse messen lassen.

Sie alle eint eine Höflichkeit, deren Wurzeln in des Wortes wahrstem Sinne auf das höfische Zeitalter zurückverweisen. Artig und respektvoll begegnet man dem Fremden, und von dieser Kunst des Empfangs profitiert man als Reisender im Hotel und im Restaurant. Die Schnecke ist das Symboltier der Region: der Burgunder ändert sich nur langsam, und das ist nicht nur in Bezug auf seine Höflichkeit gut so. Man sollte sich bei der Begegnung Zeit nehmen. Einmal in Fahrt gekommen, ist es dem Burgunder eine Freude, ja Verpflichtung, sich differenziert über terroir oder romanisches Tympanon auszulassen. »On ne goûte pas la Bourgogne si on a le nez bouché ou si on ferme les yeux à moitié«, lautet ein Sprichwort – »Man

kann Burgund nicht richtig genießen, wenn man eine verstopfte Nase hat oder die Augen halb zuhält«. Eins weiß der Burgunder nämlich: Leib und Seele sind gleichermaßen wichtig. Das ist die gute Nachricht.

Feste und Veranstaltungen

Januar: Winzerfest St-Vincent Tournante an der Côte d'Or, am Sa nach dem 22.1., der Hauptort wechselt jedes Jahr.

Februar/März: Karneval in Chalon-sur-Saône mit sonntäglichen Umzügen (zweitgrößter in Frankreich), an den zehn Tagen vor Aschermittwoch.

April: Fayence-Biennale in Nevers. Ausstellungen und Verkauf antiker und neuer Stücke, Anfang des Monats; Trödel- und Antiquitätenmarkt unter der alten Markthalle von Nolay – 2005 zum 60. Mal.

Mai: Antiquitätenmesse in Dijon. Zehn Tage lang werden Altertümer von Ancien Régime bis Art Déco verkauft (Monatsmitte); Journées Gourmandes du Grand Morvan (kulinarisches Festival) in Saulieu. Nationale Weinmesse in Mâcon; Mittelalterfest mit kostümiertem Wettrennen (Course des Chausses) und Frankreichs ältestem Galopprennen in Semur-en-Auxois (Ende des Monats).

Juni: Fronleichnamsprozession in Paray-le-Monial (weitere Wallfahrt am 17. Oktober), eine der größten in Frankreich, Grand Pardon des Mariniers (Flussschifferwallfahrt mit Bootssegnung) in St-Jean-de Losne.

Juli: Grand Prix de France (Formel 1-Rennen) in Magny-Cours (bei Nevers); Internationales Barockmusikfestival in Beaune; Festival de la Chanson française in Lormes; Festival de Jazz in Couches (Anfang des Monats); Musique en Morvan (Internationales Chöretreffen geistl. Musik in und um Autun); Fête des Terroirs, kulinarisches Fest mit Weinversteigerung in Pouilly-sur-Loire am zweiten Juli-Wochenende; Straßenkünstlerfest in Chalon-sur Saône (drittes Wochenende); Magdalenenwallfahrt in Vézelay.

August: Flößerstechen am 15. in Coulanges-sur-Yonne; Fête du Grand Morvan im Morvan (Folkloremusik aus aller Welt, Kulinarisches aus der Region, zweite Monatshälfte); Weinmesse in Pouilly-sur-Loire am 15. Aug.; Fête du Charolais in Saulieu zu Ehren des Rinds.

September: Internationales Folklore- und Weinfest in Dijon; Am Wochenende auf den 7. Prozession in historischen Trachten in Alise Ste-Reine; Piano à Auxerre, einen Monat lang Klavierkonzerte in Auxerre; Fête de la Pressée in Chenôve mit Federweißem und Musik; Musiques en Voûtes: Konzerte in den romanischen Kirchen der Region.

Oktober: Internationales Kinotreffen in Beaune; Marathon des Grands Crus de Bourgogne längs der Côte d'Or, Ende des Monats.

November: Internationale Gastronomische Messe in Dijon; Weinfest in Auxerre; Vougeot, Beaune und Meursault teilen sich Les 3 Glorieuses, das prestigeträchtigste Weinfest Burgunds: 20.11. Treffen der Confrérie des Chevaliers du Tastevin (im vollen Ornat) im Clos Vougeot, 21. 11. Weinversteigerung in den Hospices de Beaune, 22. 11. Winzerfestmahl la Paulée in Meursault; Weinfest in Chablis am vierten Wochenende.

Dezember: Weihnachtsmarkt in den Sektkellereien von Bailly (Wochenenden); Putermarkt in Marcigny, zweiter Mo morgens; Wettbewerb der Gefügelzüchter aus der Bresse in der Woche vor Weihnachten in Louhans; Mitternachtsmesse der Winzerbruderschaft am 24. in Brancion.

Märkte

Eine besondere Erwähnung verdienen die **Rindermärkte** im Brionnais: Marcigny, Do morgens, sehr früh, doch vor allem St-Christophe-en-Brionnais, Do morgens, ab 5.30 Uhr. Juli–Aug. mit Führung um 7.30 Uhr ab Rathaus. In Louhans wird jeden Mo morgens **Geflügelmarkt** gehalten

Kulinarische Feste

Der heilige Vincenz ist der Schutzpatron der Winzer: Ihm gebührt zu **Jahresanfang** eine ganzer Festreigen. Im Januar ehrt fast jedes Winzerdorf den aus Saragossa stammenden und französisch Saint Vincent genannten Heiligen. Am bekanntesten ist die Saint-Vincent Tournante der Chevaliers du Tastevin an der Côte d'Or, bei der der Hauptort jährlich wechselt, also auf Tour geht, daher der Zusatz *tournante*. Fast alle der 80 Winzerbruderschaften Burgunds nehmen im Ornat und mit Banner am Defilee teil. So wird es auch im Chablis-Gebiet oder im Auxerrois gehalten, wenn auch in kleinerem Maß. Weinverkostung und eine Prozession mit der Saint-Vincent-Statue gehören natürlich auch hier dazu.

Im **März** folgt mit den Journées Gourmandes in Marsannay-la-Côte ein Fest, bei dem man sich durch alle Köstlichkeiten der Region inklusive der Weine probieren kann. Im Châtillonais knallen kurz darauf zur Fête du Crémant die Korken: gefeiert wird der Schaumwein

LA FOIRE GASTRONOMIQUE INTERNATIONALE DE DIJON

Seit über 80 Jahren fungiert die ›gastronomische Messe‹ als Aushängeschild burgundischer Köstlichkeiten. Der damalige Bürgermeister von Dijon, Maître Gaston Gérard, hat die zehntägige Leistungsschau für Leib und Magen am 7. November 1921 ins Leben gerufen. Gérard öffnete damals sogar das ehrwürdige Rathaus für die in ihrem Anfangsjahr stolze 230 Stände zählende Messe. Der Erfolg der einwöchigen Veranstaltung war mit 80 000 Besuchern enorm, nicht zuletzt auch, weil Gérard bei den Kriterien der Zulassung unerbittlich blieb: nur Burgundisches kam ihm auf die Foire gastronomique. Bereits im Jahr darauf zählte man 381 Stände und 150 000 Besucher, die sich nun über die Place Wilson, Place d'Armes, Place Edgar-Quinet, mithin über die gesamte Altstadt verteilten. 1924 zog die Messe in die Allées du Parc, 1959 schließlich auf das Gelände des Parc des Expositions. Ungebrochen ist ihr Erfolg. Neben Winzern, Käseherstellern oder Backwarenproduzenten stellen auch die besten Köche der Region ihr Können unter Beweis. Die kulinarischen Grenzen sind freilich längst zu eng geworden wie der Zusatz ›internationale‹ zeigt. Jedes Jahr gibt es einen Länderschwerpunkt, bei dem ein Land die Palette seiner gastronomischen Produkte und Köche präsentiert. Eine der Hauptattraktionen bleibt die Table de Lucullus, ein sich drehender Tisch mit kunstvollen Skulpturen aus Schokolade, Paté oder Teigwaren. Kinder lockt hingegen die große Kirmes, die jede Foire gastronomique begleitet. Kurzum, die Messe ist ein Muss für Feinschmecker jeden Alters (Ende Okt. bis erste zehn Tage im Nov.).

Burgunds. Nuits-Saint-Georges zieht ebenfalls im März mit einer Weinschau und der Versteigerung von Weinen der Hospices de Nuits nach.

Bouzeron feiert im **April** seinen Wein und den *Jambon persillé* – was bestens zusammenpasst. Tonnerre lädt ins berühmte Hôtel-Dieu zu den Vinées tonneroises ein, wo die weniger bekannten Weine aus dem Norden verkostet werden. Der Salon des Vins in Mâcon Mitte April ist ein nationales Ereignis – Winzer aus ganz Frankreich schenken ihre Tropfen aus. Ähnlich prominent ist die Foire gastronomique de Dijon: Der kulinarische Marathon Anfang **November** dauert satte 10 Tage, um dann mehr oder weniger nahtlos in die Trois Glorieuses, dem Abschlussritual der Weinlese am dritten Novemberwochende, zu münden.

Den **Festkalender der Weinfeste** gibt es beim Bureau Interprofessionnel des Vins de Bourgogne, 12, boulevard Bretonnière, BP 150, 21204 Beaune Cedex, Tel. 03 80 25 04 80, www.vins-bourgogne.fr. Über kulinarische Feste informiert das CRT (s. S. 210).

KUNST UND KULTUR

Römische und keltische Spuren

Nirgendwo sonst in Burgund sind die Spuren Roms unübersehbarer als in Augustodunum, der ›Burg des Augustus‹, das heute **Autun** heißt. Kaiser Augustus hat Augustodunum 10 v. Chr. an der Fernhandelsstraße Via Agrippa gegründet. Über die antiken Ausmaße ist das heutige ›Tor zum südlichen Morvan‹ kaum herausgewachsen. Aus römischer Zeit blieben das Theater, ein Stück Stadtmauer, zwei Stadttore und der Janustempel. Gallo-römische Ausgrabungsfunde sind zudem im Musée Rolin zu bestaunen, und das Historienspektakel ›Augustodunum‹ erinnert sommers mit 400 Teilnehmern im antiken Theater an die römische Herkunft.

Ganz in der Nähe hielten die keltischen Haeduer auf dem **Mont Beuvray** eine gewaltige Festung. Bei Cäsar heißt die Siedlung Bibracte. Auf dem Hügel wird seit dem Ende des 19. Jh. nach Spuren der Kelten gegraben. Die Fundstücke im Musée de la civilisation celtique geben Einblicke in die keltische Lebenswelt. Ein anderer Berg, der Mont Auxois, wurde zum Schicksalsort der Gallier. Oberhalb von Alise-Ste-Reine schlug Cäsar 52 v. Chr. den Gallierfürsten Vercingetorix. Damals hieß das Oppidum auf dem Mont Auxois Alesia. Gallien fiel danach endgültig ans Römische Reich. Wie Cäsar es trotz der Überzahl der Kelten schaffte, ist in seinem ›De Bello Gallico‹ nachzulesen. Von den Holzpalisaden der Festung blieb nichts, die ausgegrabenen Grundmauern sind hingegen beeindruckend. Wie hochentwickelt die keltische Kultur war, belegt das Grab einer keltischen Prinzessin bei Châtillon-sur-Seine: Unter den prachtvollen Beigaben ist ein 1,64 m hoher, reich verzierter Bronzekrug griechischer Herkunft (6. Jh. v. Chr.), der größte, den die Antike hinterlassen hat.

Klosterkirche von Pontigny

Aufschwung 1000

Lange bevor die Herzöge von Burgund im 14.–15. Jh. europäische Geschichte schrieben, erwuchsen in Burgund mit den Ordensgründungen der **Cluniazenser** (910) und der **Zisterzienser** (1098) zwei das christliche Abendland maßgeblich prägende Kräfte. Die Mönche waren bedeutende Bauherren und Architekten. Unter ihnen erblühte um das Jahr 1000 die burgundische **Romanik,** deren Einfluss weit nach Europa reichte. Die strengen Klöster von Pontigny und Fontenay, die Raumwunder der Kathedralen von La Charité-sur-Loire, Tournus, Autun, Paray-le-Monial, die stolzen Stadtkirchen von Nevers, Saulieu und Beaune, die an skulpturalem Schmuck überreiche Wallfahrtskirche von Vézelay, die erdverbundenen Dorfkirchen von Brancion, Chapaize, Semur-en-Brionnais, Anzy-le-Duc – um nur die bekanntesten zu nennen – bleiben der bedeutendste Kulturschatz Burgunds. Mit der dritten Kirche von Cluny erreichte die Romanik in Burgund 1088 ihren Höhepunkt: ›Cluny III‹ war bis zum Bau des Petersdoms in Rom die größte Kirche der Christenheit. Der Anfang des 19. Jh. abgerissene Bau lieferte den Prototyp für alles Folgende: reiche Bildhauerarbeit, dreigeschossiger Aufriss mit hohen Arkaden, Blendtriforium und Fenstern, Spitztonnengewölbe, als Verweis auf antike Bautraditionen kannelierte Pilaster.

Fremde Gotik

Die Wiege der Gotik liegt in der Ile-de-France, im Kerngebiet des französischen Königtums. Dennoch gehört St-Etienne in Sens (begonnen um 1140) zu den frühesten gotischen Kirchen Frankreichs, und der Ende des 12. Jh. umgestaltete Chor von Ste-Madeleine in Vézelay ist ein Juwel der Gotik. Mit der Kathedrale von Auxerre und Notre-Dame in Dijon vollendete sich im ersten Drittel des 13. Jh. der neue Stil. Hochgotisch ist bereits die Kirche von St-Père-sous-Vézelay – die gerade wegen der so prägenden Wirkung der romanischen Wallfahrtskirche im nahen Vézelay noch heute fremd in Burgund wirkt.

Kunstimport aus Flandern

Reich war Burgund unter den vier Valois-Herzögen (1363–1477), die ihr Territorium bis nach Flandern ausdehnten. Flämische Künstler machten in der Folge ihren Einfluss in der Bildhauerei und Malerei geltend – Gent und Brügge gehörten ebenso wie Dijon zum Herrschaftsgebiet der Valois. In der Kartause von Champmol entstand vor den Toren Dijons eine herzogliche Grablege, deren Skulpturen von den Bildhauern Claus Sluter aus Haarlem und Claus de Werve aus Brüssel geschaffen wurden. Sluter schuf ebenfalls den berühmten Mosesbrunnen, während seine Landsleute Jacques de Baerze und Melchior Broederlam mit den Schnitzaltären beauftragt wurden. In der Malerei bleibt als krönendes Beispiel das Jüngste Gericht von Rogier van der Weyden im Hôtel-Dieu von Beaune.

Ein Bett für die Armen: die Hôtels-Dieu

Am bekanntesten ist das Hôtel-Dieu von Beaune, dessen mit bunten Ziegeln bedecktes Dach und die hölzernen Bettalkoven zu einem Sinnbild Burgunds verschmolzen sind. So wie in Beaune entstanden vom Mittelalter bis ins späte Ancien Régime über 50 Armen- und Siechenhäuser, das letzte in Auxerre 1737. Die Stifter waren Adelige, der Klerus und reiche Bürger, die Nutznießer Arme, Kranke und Waisen. Der reiche Bürger Nicolas Rolin aus Autun stiftete das Hôtel-Dieu von Beaune, wo Beginen die Pflege übernahmen. Bis 1958 wurde der Krankensaal genutzt, dessen originale Ausstattung erhalten ist. Finanziert wurde der Betrieb dieses ›Palastes der Armen‹ aus den dazugehörigen Weinbergen – die *Ventes des Hospices* finanzieren heute den modernen Nachfolgebau.

Aus dem 13. Jh. stammt das gewaltige Hôtel-Dieu von Tonnerre, dessen Schiff fast 90 m lang und knapp 19 m breit ist. Unter dem gewaltigen Dach lagen etwa 40 Bedürftige. Das Hôpital St-Laurent von Chalon-sur-Saône thront auf einer Flussinsel. Erhalten blieben ein prachtvolles Krankenzimmer, die barocke Apotheke und die Renaissancefenster. Barock ist das Hôpital-Dieu in Louhans, bis in die jüngste Zeit funktionstüchtig war das Hôpital-Dieu von Tournus, reich an alten Fayencen ist das Hospice St-Pierre von Arnay-le-Duc.

ESSEN UND TRINKEN

Gute Küche aus Gewohnheit

Gut gegessen wird in Burgund quasi aus Gewohnheit. Davon kann man sich in einem der vielen kleinen Restaurants irgendwo in der Provinz überzeugen, davon zeugt das üppige Mahl auf einer Ferme-Auberge. Daraus erklärt sich die zweistellige Zahl an Michelin-Sternen.

Café, Bar, Restaurant, Bistro und Co.

Morgens geht es freilich etwas spartanisch los: Ein Stück Baguette, vielleicht ein Croissant oder ein Pain au chocolat, dazu Butter, Konfitüre sowie Kaffee und Tee – so sieht ein klassisches Hotelfrühstück aus. Fazit, die im Preis-Leistungsverhältnis teuerste Mahlzeit bleibt das **Frühstück.** Wenn es nicht im Hotelpreis inbegriffen ist, kann man zu *Café au lait* samt Croissant ins Café um die Ecke ausweichen.

Apropos Café: **Café** oder **Bar** bedeutet soviel wie Kneipe. Für den Hunger zwischendurch gibt es ein Sandwich, vielleicht auch eine Quiche. Für Petits fours und Kuchen geht man hingegen in einen **Salon de thé.** Mittags bieten viele Bars und Cafés ein preiswertes Menü oder Tagesgericht *(Plat du Jour)* an. Nach dem Apéritif für die heimkehrende werktätige Bevölkerung schließen jedoch etliche dieser Etablissements, meist gegen 20 Uhr.

Jetzt schlägt die Stunde des **Restaurants,** wo ab etwa 19.30 Uhr die ersten Bestellungen entgegengenommen werden. Entweder wählt man zwischen den vom Haus zusammengestellten Menüs oder – teurer – man speist à la carte. Im Winter macht die Küche spätestens gegen 21.30 Uhr dicht: Gute Gerichte wollen lange vorbereitet sein, und auch in der Küche gilt die 35-Stunden-Woche. Man hat die Wahl zwischen dem kleinen Restaurant ›um die Ecke‹ und kulinarischen Tempeln – wo man allerdings tief ins Portemonnaie greifen muss.

Weniger streng an Mittags- und Abendzeiten halten sich **Brasserien**: Nachtschwärmer in Dijon oder Auxerre etwa können hier nach dem Kinobesuch noch einkehren. Das Rezept heißt ›durchgehend warme Küche‹, auch zu später Stunde.

Unter **Bistro** verstand man früher einfache Restaurants, in denen man unkompliziert schnell etwas essen konnte. Der Begriff hat einen enormem Bedeutungswandel durchlaufen. Michelin-Stern und Bistro schließen sich schon lange nicht mehr aus. An die Herkunft des Bistro erinnert noch der im Gegensatz zum Restaurant weniger offizielle Rahmen – die Preise indes nicht mehr.

Immer verbreiteter wird die **Table d'hôtes:** Man speist bei den Gastgebern der Chambre d'hôtes oder des privaten Gasthauses. Serviert wird ein in Absprache mit dem Gast komponiertes Menü. Ähnlich funktioniert die **Ferme-Auberge** (s. S. 154).

Noch eins: Samstagabend und Sonntagmittag sind in Frankreich für ein Essen außer Haus beliebt – entsprechend groß ist der Andrang. Viele Restaurants legen nach dem Ansturm am Sonntagabend am Montag ihren **Ruhetag** ein. Den Tisch zu reservieren empfiehlt sich fast immer. Wo ein Michelin-Stern prangt, sollte man sogar niemals auf gut Glück vorbeischauen: Je renommierter der Chef de cuisine, desto schneller heißt es *complet* – kein Platz mehr frei.

Kleiner Preis, großes Essen

Generell gilt: Mittags speist man im Restaurant günstiger. Auch feinere Adressen locken dann mit einem Menü zu kleinem Preis *(Menu de la semaine)*, wobei sich das Angebot auf die Zeit von Montag bis Freitag beschränkt. Eine Tendenz bei hochkarätigen Restaurants sind Ableger in Form eines Bistro: Auch hier speist man günstig und bekommt doch einen Geschmack vom Können eines ›großen‹ *Chef de Cuisine.* Bei den Restaurants der Logis de France-Vereinigung steht ein im Preis-Leistungsverhältnis attraktives *Menu du Terroir* auf der Karte: Es umfasst drei Gänge. Serviert wird nur Regionaltypisches.

Restaurant-Knigge

Man setzt sich nicht sofort, und schon gar nicht zu anderen Gästen an den Tisch, sondern überlässt es dem Kellner, einen Tisch vorzuschlagen – den man natürlich höflich ablehnen und um einen anderen Platz bitten kann. Nachdem die Speisekarten verteilt sind, fragt der Kellner, ob man einen Apéritif wünscht *(»Désirez-vous prendre un apéritif?«).* Die Getränkekarte erhält bei gemischten Paaren immer der Mann, dem später auch die Probe des Weins vom Kellner angetragen wird. Hat man gewählt, signalisiert man dies durch das Zuschlagen der Karte. Die Bedienung wird mit *›Monsieur!‹* oder *›Madame!‹* angeredet. Zwar lockern sich die Restaurantregeln, doch abends lediglich einen Salat oder eine Vorspeise zu bestellen, ist ganz und gar ungewöhnlich. Mittags nur einen Hauptgang zu bestellen, ist hingegen kein Fauxpas mehr.

Die rituelle Abfolge von Vorspeise, Hauptgang, Dessert und *Café* erfordert Zeit. Die Rechnung wird am Schluss nur auf Aufforderung gebracht. Dazu reicht ein Zeichen – lautes Zurufen ist verpönt. Die *addition* umfasst immer den Gesamtbetrag und sollte von einer Person beglichen werden – getrennt zu bezahlen ist in Frankreich nicht üblich. Trinkgeld ist auf der Rechnung ausgewiesen, doch den Betrag je nach Höhe der Rechnung mit 5–10 % aufzurunden, ist nach wie vor üblich. Man legt das Trinkgeld nach Herausgabe des Restgeldes dezent auf den Tisch. Obwohl strenge Kleiderordnungen passé sind: Shorts gehören allenfalls auf die Caféterrasse, nicht ins Restaurant. In guten Restaurants wird *tenue correcte* erwartet, was heute jedoch nicht viel mehr als lange Hosen bedeutet.

»Gebt mir Butter und nochmals Butter!«

Die bis in die 1970er Jahre unangefochtene Vormachtstellung der burgundischen Küche hat gelitten, seit Paul Bocuse in Lyon die Nouvelle Cuisine propagierte. Plötzlich waren gekünstelte Arrangements auf dem Teller und mit der Briefwaage bemessene Portionen en vogue – beides löst bei einem echten Burgunder Kopfschütteln aus. Es folgten die Diät-Welle und der Trend zu vegetarischem Essen. *»Bon appétit et large soif«* – »Guten Appetit und breiten Durst« aber lautet in Burgund der Tafelgruß. Das soll Kommentar genug zu den in der Region üblichen Portionen sein. Ein Restaurant ohne ein ordentliches Stück Charolais auf der Karte könnte in Burgund zudem direkt schließen. »Butter! Gebt mir Butter und nochmals Butter!« hat Großkoch Fernand Point auf dem Zenit seiner Macht einmal dekretiert. Ein kulinarisches Zeitalter später aber verlangte der Gast mediterrane Leichtigkeit auf dem Tisch. Die auf Butter eingeschworene Küche Burgunds überlebte freilich auch den Aufstieg der Olivenöl-Küche des Südens. Genussvoll Schlemmen ist wieder in Mode, der Trend weg vom gleichmacherischen

Gutes Essen gehört in Burgund einfach dazu

Einladende Restaurants liegen am Wege ...

Olivenöl hin zur Regionalküche unübersehbar. Davon profitiert die traditionsreiche Küche Burgunds, die in ihren Wurzeln bäuerlich und erdverbunden ist, Butter inklusive.

Weltniveau erreicht sie nicht zuletzt dank ihrer Saucen und des Reichtums, den die Scholle großzügig hergibt. Es findet sich für jeden Geschmack etwas: Rind aus dem Charolais, Weinbergschnecken von der Côte d'Or, Maronen, Pilze, Wild, Honig aus den Wäldern des Morvan, Geflügel der Spitzenklasse aus der Bresse, Krebse und Fische aus den zahlreichen Flüssen. *Gougères* (mit Käse gefüllte Windbeutel) machen den Anfang eines Mahls. Man reicht sie zum Aperitif oder zur Weinprobe. Zu den klassischen **Vorspeisen** zählen *Œufs en meurette* (verlorene Eier in Rotweinsauce mit Speck und Pilzen), *Escargots à la bourguignonne* (Schnecken in Kräuterbutter), *Charcuterie de Morvan* (Wurst,- und Gebirgsschinken), *Jambon persillé* (gekochter Schinken in Petersilien-Gelee), und – sehr deftig – die *Andouillette de Chablis* (Innereienwurst in Weißwein).

Breit gefächert ist das Angebot an **Hauptspeisen**, angefangen von der *Pôchouse* (Flussfischtopf mit Aal, Barsch, Schleie, Hecht, Karpfen und Weißwein), über ein unvermeidliches *Bœuf bourguignon* (Rindfleischtopf mit mariniertem Fleisch, Speck, Champignons, Karotten und Rotwein) und die *Queues de bœuf à la vigneronne* (Ochsenschwanz mit Weintrauben). Weiter geht's mit *Coq au vin* (Hähnchen in Rotwein) oder *Poulet à la crème* (Hühnchen in Sahne-Weißweinsauce). Seltener zu finden sind *Ecrevisses à la nage* (Flusskrebse im Weißwein- und Kräutersud) oder ein *Lapin à la bressane* (Kaninchen in Sahnesauce). Im Herbst stehen *Lapereau à la moutarde* (Kaninchen in Senfsauce) und *Civet de lièvre* (Hasenpfeffer) auf der Karte.

Als süßer Abschluss seien **Dessert**variationen um das *Pain d'épices* (Gewürzbrot), die *Poires belle dijonnaise* (Birnen mit Johannisbeersorbet) oder *Meringues de Chablis* genannt. Nicht zu vergessen Pâtisserien – Burgunds Kuchenbäcker sind mit allen nur erdenklichen Cremes und Teigen bestens vertraut.

Wer's nicht so süß mag: Allein 27 **Käse**sorten stammen aus Burgund. Aus Kuhmilch gewonnen werden Epoisses, Cîteaux, Ami du Chambertin, St-Florentin, Brillat Savarin und Soumaintrain. Bei den Ziegenkäsen überzeugen Crottin de Chavignol und Bouton de Culotte.

Les grands chefs

Von Brillat-Savarin stammt der legendäre Ausspruch, die Burgunder hätten ›seidene Därme‹. Anders gesagt, der französische Küchenphilosoph attestierte den Menschen dieser Region, verwöhnte Leckermäuler zu sein. Dem qualitätsverwöhnten Gast steht eine Schar von Köchen gegenüber, die oft mit Michelin-Stern und Gault-Millau-Kochmützen geadelt über jeden Zweifel erhaben den Löffel schwingen. Ehrfürchtig spricht man von ihnen als ›den großen Chefs‹. Als da wären Jean-Pierre Billoux in Dijon, ein aufgeklärter Herrscher über ein kleines Imperium, dem der Newcomer Stéphane Derbord freilich neuerdings den Rang als bester Koch am Ort abläuft; David Zuddas, der *tout Dijon* mit exzentrischen Kreationen in das Dörfchen Prenois nördlich der Stadt lockt. Jean-Michel Lorain in Joigny, der das kulinarische Erbe seines Vaters hütet; Altmeister Jean Ducloux in Tournus, der Gralshüter der großen burgundischen Küche; ebenfalls in Tournus Michel Charette, der mit einem schlichten Bistro angefangen hat; Marc Meneau in St-Père-sous-Vézélay, ein Philosoph am Herd; Michel Vignaud in Chablis, dessen beste Gerichte selbstverständlich mit Chablis-Wein gekocht werden; Christian Gaulin in Mâcon, der beim gottgleichen Jean Ducloux gelernt hat. Die Liste ließe sich beliebig weiterführen. Nur Bernard Loiseau ist nicht mehr dabei: Der Drei-Sterne-Koch erschoss sich im Februar 2003 in Saulieu. Wählte der Chef de cuisine den Freitod, weil er dem enormen Erfolgsdruck und der in der Spitzengastronomie üblichen Verschuldung nicht mehr gewachsen war? Ganz Burgund diskutiert über diese Fragen – bei Tisch, wo auch sonst?

Identitätsstiftend: Burgunderwein

Einzigartig: Die meisten Tropfen tragen das AOC-Label – Burgund kennt weder Tafel- noch Landweine. Beim Benennungssystem unterscheidet man

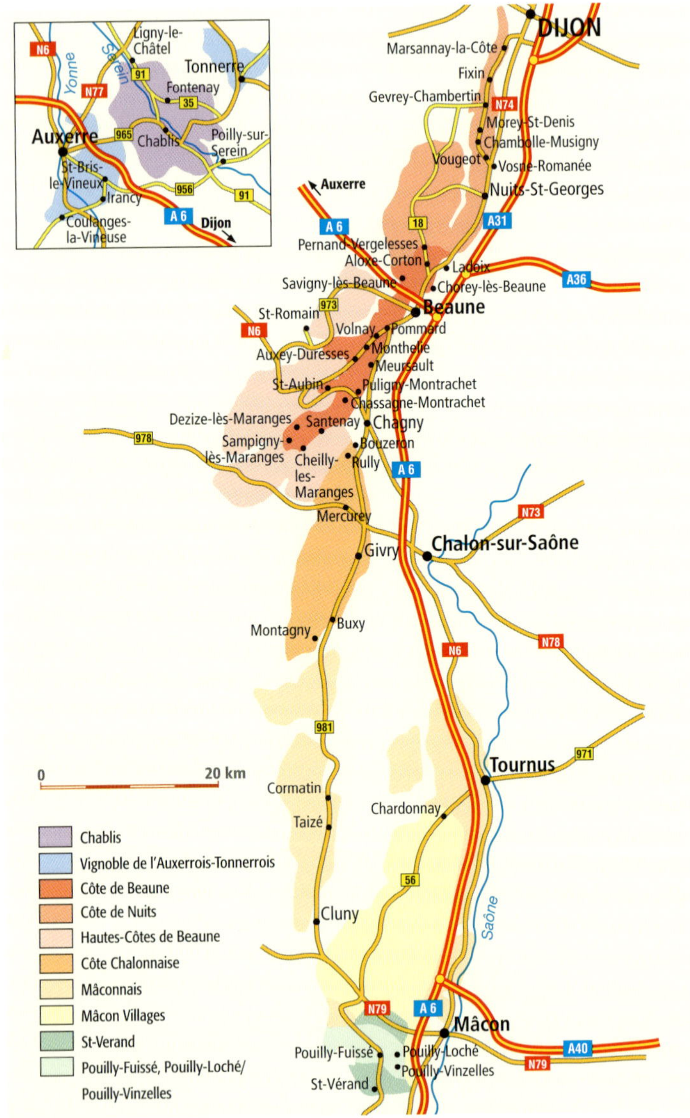
Ligny-le-
Châtel
Tonnerre
Fontenay
Yonne
Serein
N6
N77
91
35
Auxerre
965
Chablis
Poilly-sur-
Serein
St-Bris-
le-Vineux
Irancy
956
91
Coulanges-
la-Vineuse
A 6
Dijon
DIJON
Marsannay-la-Côte
Fixin
Gevrey-Chambertin
N74
Morey-St-Denis
Chambolle-Musigny
Vougeot
Vosne-Romanée
Nuits-St-Georges
Auxerre
A 6
18
A31
Pernand-Vergelesses
Aloxe-Corton
Ladoix
Savigny-lès-Beaune
Chorey-lès-Beaune
A36
St-Romain
973
Beaune
N6
Volnay
Pommard
Monthelie
Auxey-Duresses
Meursault
St-Aubin
Puligny-Montrachet
Chassagne-Montrachet
Dezize-lès-Maranges
Santenay
Chagny
978
Sampigny-
lès-Maranges
Bouzeron
Cheilly-
les-
Maranges
Rully
A 6
Mercurey
N73
Givry
Chalon-sur-Saône
Montagny
Buxy
N6
N78
981
0
20 km
Tournus
971
Cormatin
Chardonnay
Taizé
56
Cluny
Saône
N79
A 6
Mâcon
A40
Pouilly-Fuissé
Pouilly-Loché
Pouilly-Vinzelles
N79
St-Vérand
Chablis
Vignoble de l'Auxerrois-Tonnerrois
Côte de Beaune
Côte de Nuits
Hautes-Côtes de Beaune
Côte Chalonnaise
Mâconnais
Mâcon Villages
St-Verand
Pouilly-Fuissé, Pouilly-Loché/
Pouilly-Vinzelles

zwischen vier Kategorien: die einfachen Appelations régionales (52 %) wie etwa ›Bourgogne grand ordinaire‹ oder ›Bourgogne passe-toutgrain‹, die gehobeneren Appellations communales (gut ein Drittel) wie ›Mâcon-Villages‹, die 562 prestigeträchtigen Appellations communales aus Premier Cru-Lage (10 %), schließlich die 1936 auf 32 beschränkten Grands Crus mit 3 % Marktanteil – die Hocharistokratie im Weinbau. Knapp 90 % der Winzer besitzt weniger als 1 ha Land, was die Vielfalt erhöht.

Sich auf dem Etikett zurechtzufinden, bedarf einiger Übung. Für Burgund gilt als Faustregel: Je genauer die Herkunftsbezeichnung, desto besser der Wein. Das Klassifizierungssystem geht zum Teil auf das Erbe der Zisterzienser zurück. Die Mönche ummauerten die besten Parzellen – die so genannten *Clos* prägen bis heute das Bild an der Côte d'Or. Auch der Begriff *Climat* geht auf die Zisterzienser zurück: Gemeint ist das Zusammenspiel von Boden, Rebsorte und geografischer Ausrichtung, das für eine unverwechselbare Geschmacksnote bürgt.

Fünf Rebsorten begründen den Weltruhm burgundischer Weine: Pinot noir, Gamay (rot) sowie Pinot Blanc, Chardonnay, Aligoté (weiß). Die wichtigsten Anbaugebiete sind **Chablis**, wo erlesene Weißweine von großer Finesse gekeltert werden. Ebenfalls im Norden erstrecken sich die **Coteaux de l'Auxerrois**, deren Weißweine von herrlicher Frische, die Rotweine fein und lange lagerbar sind. Mit der **Côte de Nuits** ist das Kronland des Weinbaus erreicht: die kraftvollen, differenzierten Rotweine verblüffen mit reichem Bouquet. Die Fortsetzung folgt mit der **Côte de Beaune.** Vornehme, elegante Rotweine, sowie prachtvolle Weißweine sind ihr Aushängeschild. Weniger bekannt sind die **Hautes-Côtes de Nuits** und **Hautes-Côtes de Beaune**. Produziert werden robuste Rot- und Weißweine mit gutem Lagerpotenzial. Weiter südlich folgt die **Côte chalonnaise**: die Rot- und Weißweine können es dank großer Finesse mit denen der Côte de Beaune aufnehmen. Im **Mâconnais** hingegen sind die Rotweine solide, die Weißweine lebendig und ausgereift, aber es fehlt an Finesse. Für die bürgt ganz im Süden **Pouilly-Fuissé**: die noblen, gehaltvollen Weißweine zeichnet ein leichter Smaragdschimmer aus. Wegen der Namensgleichheit leicht zu verwechseln sind die Weine von **Pouilly-sur-Loire**. Die charakteristischen Weißweine von der Loire aus den Rebsorten Chasselas und Blanc-Fumé sind ebenso wie die Rotweine aus Cosne-sur-Loire allerdings nicht typisch für Burgund. Ein Wort noch zum **Beaujolais**, obwohl nur der nördliche Zipfel zu Burgund gehört. Das Gebiet wird jedoch mit den burgundischen Weinen abgehandelt. Nur die rote Gamay-Noir-Rebe kommt in die Kelter. Der Saft ist freilich weiß, was den hellen Rotton des mit den ganzen Trauben fermentierten Weins ausmacht. Wer dem süffigen Beaujolais Nouveau nichts abgewinnen kann, sollte einen der zehn Crus, einen Juliénas oder Fleurie etwa probieren – die pure Ausgewogenheit im Glas.

Tipps für Ihren Urlaub

Wohnen wie ein Schlossherr:
Château d'Igé im Mâconnais

BURGUND ALS REISEZIEL

Natur und Kultur heißen die beiden großen Attraktionen Burgunds, zählt man Wein und Küche zur Kultur hinzu – was für den Burgunder selbstverständlich ist. Einerlei ob man die Muskeln betätigen, das Auge oder den Gaumen verwöhnen will: Entspannung verspricht Burgund vom Weinkeller bis in den Heißluftballon.

Besondere Highlights

Herzogspalast mit Musée des Beaux-Arts in Dijon; Côte d'Or: Clos Vougeot; Burgdorf Châteauneuf-en-Auxois über dem Canal de Bourgogne; die Hospices in Beaune; Abtei St-Philibert in Tournus; La Roche de Solutré; Ruine der Abtei Cluny; Basilika St-Hilaire in Semur-en-Brionnais; Château de la Verrerie in Le Creusot; Abtei Sacré-Cœur am Canal du Centre in Paray-le-Monial; römische Stadttore und Arenen in Autun; Ausgrabungsfeld und Museum auf dem Mont Beuvray; Maison du Parc Naturel Régional du Morvan in St-Brisson; Heiliger Berg mit Basilika in Vézelay; Klosterruine Notre-Dame und Loire-Auen in La Charité-sur-Loire; Stadtsilhouette von Auxerre an der Yonne; Zisterzienserklöster Pontigny und Fontenay.

Für Frühaufsteher

Auch wenn man nicht vorhat, eine Hühnerfarm zu gründen, ist der Geflügelmarkt in Louhans (jeden Montag) einen Besuch wert. Eine weitere Sehenswürdigkeit: der Viehmarkt in St-Christophe-en-Brionnais am Donnerstag.

Pauschal oder individuell?

Burgund lässt sich am schönsten individuell bereisen. Der verbummelte Charme der Region verfängt im Handumdrehn. Abgesehen von der Weinlese, wenn vor allem an der Côte d'Or fast alle Hotels ausgebucht sind, findet man leicht eine Unterkunft. Daneben gibt es verlockende Pauschalangebote.

Bootsurlaub

Exakt 1006 km und damit ein Zehntel aller französischen Wasserwege entfallen auf Burgund. Der längste ist der Canal de Bourgogne, gefolgt von der Saône und dem Canal du Nivernais. Elf Segelhäfen und 29 Anleger mit einer Kapazität von annähernd 2000 Booten säumen die Ufer. Allein die Flotte der zu mietenden Hausboote zählt 600 Kiele, was wiederum ein Drittel der landesweit angebotenen Boote ausmacht. Ein Führerschein ist nicht erforderlich. Anders gesagt, Burgund ist unter Freizeitkapitänen sehr beliebt. Locaboat Holidays (Ludwigstr. 1, 79104 Freiburg, Tel. 0761-207 37 37, Fax 207 37 73 www.locaboat.de) und

Bei der Weinprobe

Crown Blue Line (Marktplatz 4, 61118 Bad Vilbel, Tel. 06101-50 10 33, Fax 50 10 66, www.crownblueline.com) haben Burgund mit mehreren Angeboten im Katalog. Auskünfte über das Netz der Wasserwege erteilt die Vereinigung Voies Navigables de France, 2, rue des Patis, 58020 Nevers, Tel. 03 86 71 71 71, www.vnf.fr.

Kochkurse

Nach Burgund, um in die Töpfe zu schauen, eine gute Idee. ›L'A.B.C. de la Grande Cuisine‹ heißen die Kochkurse des Sternekochs Jean-Michel Lorain in seinem Restaurant ›La Côte St-Jacques‹ – eine Einweihung in die große Küche Burgunds (14, faubourg de Paris, 89300 Joigny, Tel. 03 86 87 18 26, www.cotesaintjacques.com).

Etwas Süßes gefällig? An jedem ersten Mittwoch des Monats veranstaltet der berühmte Chocolatier Bernard Dufoux Kurse in der hohen Kunst der Pralinenherstellung (31, rue Centrale, 71800 La Clayette, Tel. 03 85 28 08 10, www.chocolatsdufoux.com).

Wie man Charolais-Rind am besten zubereitet, erklärt das Institut Charolais

(71220 Charolles, Tel. 03 85 88 04 00, www.institut-charolais.com).

Bei Frédéric Doucet vom Hôtel-Restaurant de la Poste (71120 Charolles, Tel. 03 85 24 11 32, www.la-poste-hotel.com) geht es jeden dritten Donnerstag des Monats nicht nur ums Rind, sondern um die die gesamte Palette regionaler Rezepte. Gruppen von vier bis 20 Personen werden in der Ecole d'Hôtellerie et de Tourisme St-Bénigne (99, rue de Talant, 21000 Dijon, Tel. 03 80 58 33 43, www.sb.tm.fr) in die ›Burgundische Küche‹ eingeführt. Teurer wird es beim Gänseleberpastete-Kochkurs. Zum Abschied gibt es eine Schürze, eine Serviette und natürlich die Rezepte.

Die Hostellerie Bourguignonne (71350 Verdun-sur-le-Doubs, Tel. 03 85 91 51 45, www.hostelleriebourguignonne.com) bietet halbtägige Kochkurse für Kinder an.

Die ›Gastronomische Woche‹ richtet sich hingegen an Erwachsene – im hübschen Städtchen an der Doubs ist das erste Haus am Platz eine sichere Adresse. ›Escapade gourmande en Morvan‹ heißt der viertägige Kurs im Hôtel de la Poste in Saulieu. Am Ende weiß man, wie *Foie gras* und *Pain d'épices* hergestellt werden (Buchung über Autun Morvan Tourisme, Tel. 03 85 86 14 41, martine.barbier.amt@wanadoo.fr). Weitere Adressen über das CRT (s. S. 210).

Weinreisen

An den Kellern Burgunds führt keine Reise vorbei. Welche Winzer eine Verprobung (Dégustation), Kellerbesichtigung (Visite de cave) und Direktverkauf (Vente directe) anbieten, erfährt man aus der Broschüre ›Des Vignes en Caves‹, die das CRT verschickt (auch auf Deutsch, s. S. 210).

Wer mehr über Wein lernen möchte, ist mit einem Kurs (1,5 Std. bis 3 Tage, auch auf Deutsch) in der Ecole des Vins de Bourgogne (BIVB, 6, rue du 16ème Chasseur, 21200 Beaune, Tel. 03 80 26 35 10, www.vins-bourgogne.fr) gut beraten.

Gruppen ab sechs Teilnehmern führt die Maison des Vins de la Côte Chalonnaise (Promenade Sainte-Marie, 71100 Chalon-sur-Saône, Tel. 03 85 41 64 00) in die Tropfen der regionalen Appellationen ein.

Zur ›Opération Caves ouvertes‹ laden die Winzer aus Pouilly-sur-Loire (Office de Tourisme, Tel. 03 86 39 03 75) im Sommer ein: Man pilgert von Keller zu Keller und parliert mit dem Winzer.

Daneben bieten Reiseveranstalter Weinreisen an: Feinschmecker-Seminare Exquisite Küche Gertrud Liebhaber (Neptunweg 9, 82205 Gilching, Tel. 08105-42 49, Fax 18 22) etwa ›Burgund weiß: Könige des Weißweins‹ oder ›Burgund rot – Pinot noir vom Feinsten‹. Voyages Girardot (Tel. 03 80 51 78 19, pelican.fr@wanadoo.fr) den Drei-Tage-Trip ›Faites votre cave‹ durch die prestigiösen Keller der Côte de Nuits und Côte de Beaune. Terre Nouvelle (Tel. 03 85 88 86 15, a.terranova@wanadoo.fr) die einwöchige Reise ›Le vignoble bourguignon vous accueille‹, die von Beaune nach Chalon-sur-Saône führt. Weitere Vorschläge über das CRT (s. S. 210).

Urlaub auf dem Bauernhof

Bei der Ferme-Auberge geht es in erster Linie ums Essen: Es handelt sich um Bauernhöfe, die Gäste auf Reservierung bewirten (s. auch S. 154). Was auf den Tisch kommt, muss vom Hof oder aus der Nachbarschaft stammen. So verlangt es die Charta der departementalen Landwirtschaftskammer – man achte auf das Label. Viele Fermes Auberges bieten freilich auch Gästezimmer und Ferienwohnungen *(gîtes)* an (s. S. 215).

Die Vereinigung Accueil Paysan (9, rue de la Poste, 38000 Grenoble, Tel. 04-76 43 44 83, Fax 04-76 17 01 78, www.accueil-paysan.com) verschickt einen jährlich aktualisierten Führer mit 400 Öko-Bauernhöfen in ganz Frankreich. Von Fall zu Fall mit Table d'hôtes, Ferienwohnung, Chambres d'hôtes, Wiese zum Zelten, Aktivitäten, und Direktverkauf ihrer Produkte.

Preisvergünstigungen und Rabatte

Einige Städte bieten einen Museumspass an, der zu Ermäßigungen bei Museen und Denkmälern berechtigt. Auskunft erteilen die Offices de Tourisme.

Interessant für Bahnfahrer: Innerhalb Burgunds kann man mit der *Carte Bourgogne Evasion* zum halben Preis mit dem Regionalzug fahren (22 €, ein Jahr gültig, erhältlich am Bahnhof, jährlich wechselnde, weitere Angebote: www.ter-sncf.com/bourgogne).

Urlaub mit Kindern

Kinder werden in Frankreich weder im Restaurant noch im Hotel als störend empfunden. Ermäßigter Eintritt bei Sehenswürdigkeiten, ein preisgünstiges Kindermenü und ein ins Hotelzimmer hinzugestelltes Bett sind Selbstverständlichkeiten. Spielzeug oder Spielecken gibt es hingegen nicht. Spannend sind die Son et Lumière-Spektakel in der Kathedrale von Auxerre, auf der Burg von La Clayette, auf dem Schloss von St-Fargeau, in den Gassen von Semur-en-Auxois. Für ein tolles Erlebnis bürgt die Baustelle der Burg Guédelon, abenteuerlich sind zudem die vielen anderen Burgen Burgunds. Streichelzoo-Erlebnisse erlaubt der Geflügelmarkt von Louhans. Hirsche, Wildschweine und Bisons zu bestaunen gibt es im Parc naturel de Boutissant in St-Fargeau. Eine Runde Schwimmen gehen oder Bötchen fahren kann man an den Seen des Morvan (siehe Routen). In die Kunst des Weinbaus führen die Caves Champy (5, rue du Grenier à Sel, 21200 Beaune, Tel. 03 80 25 09 99, www.champy.com) Kinder und Jugendliche von 7 bis 17 Jahren ein.

Sportliche Aktivitäten

Angeln

Zusammengezählt ergeben die Flüsse Burgunds ein 12 400 km langes Wasserband. Hinzu kommen 800 km Kanäle und 20 000 ha Seen und Teiche – entsprechend reich ist das Fischvorkommen, entsprechend vielfältig das Angebot, die Angel auszuwerfen. Das CRT Bourgogne (s. S. 210) hat für jedes Département eine Broschüre zusammengestellt, die Anbieter, Pauschalarrangements und Anglerunterkünfte auflistet.

Ballonfliegen

Vom Himmel betrachtet, ist Burgund noch einmal so schön. Saison für einen Ballonflug ist von April bis November. Hoch geht es entweder früh am Morgen oder spät am Nachmittag für ein bis drei Stunden. Air Adventures (21320 Chailly-sur-Armancon, Tel. 03 80 90 74 23, www.airadventures.fr) und Air Escargot (71150 Remigny, Tel. 03 85 87 12 30, www.air-escargot.com) bieten Burgund aus der Vogelperspektive. France Montgolfières (21350 St-Thibault, Place de l'Eglise, Tel. 06 14 08 69 36, Reservierungen Tel. 01 47 00 66 44, www.franceballoons.com) veranstaltet kommentierte Ballonflüge über dem Grabungsfeld von Alesia und Sightseeingflüge nach Wunsch.

Fahrrad fahren und Mountainbiking

Wer sein **Fahrrad im Zug** mitnehmen will, sollte eine Versicherung abschließen. Die französischen Eisenbahnen SNCF verlangen für den Transport eine Pauschalgebühr, die nur bei Gepäckversand gilt. Wer das Rad direkt im Zug mitnehmen möchte, zahlt eine weitaus höhere Summe. Versandkartons erhält man im Fahrradladen, aber auch auf jedem französischen Bahnhof. An vielen Bahnhöfen verleiht die SNCF Fahrräder im train + vélo-Service.

Bei den **Radrouten** unterscheidet man zwischen *Voie verte* (ausschließlich für nichtmotorisierten Verkehr zugelassen) und *Véloroute* (ausgeschilderte Radroute, auch stille Landstraßen). Zahlreiche Veranstalter haben sich auf Radtouristen spezialisiert.

Anspruchsvollen Mountainbikern empfiehlt sich der Morvan mit 137 ausgewiesenen Pisten von 4–50 km Länge durch die Berge (insgesamt 2000 km!), mit oder ohne Begleiter (s. S. 137). Bequemer sind die 2–9-Tage-Touren mit Gepäcktransport im Département Yonne (s. S. 170) oder entlang der ungezähmten Loire (Randonievre, s. S. 163).

Radwandern durch die ›Grands Crus des Burgund‹ oder ›Feinschmeckerwege – gastronomische Entdeckungen per Rad‹ steht bei stb-reisen im Katalog: stb-reisen, Platter Str. 87, 65232 Taunusstein, Tel. 06218-98 25 13, Fax 98 25 15, www.stb-reisen.com.

Golf

Burgund ist ein wahres Mekka für Golfer. Die Region zählt allein ein Dutzend 18 Loch-Parcours, angefangen vom städtischen Platz bis zum noblen Schloss-Golf. Darunter sind Golf Municipal d'Autun (s. S. 128), Château de la Frédière (s. S. 153), Golf de Beaune-Levernois (s. S. 99), der Golf de Mâcon (s. S. 116), Golf du Domaine du Château de Roncemay (s. S. 168).

Die Association Grands Golfs de Bourgogne hält einen Pass bereit, mit dem man unter der Woche auf fünf verschiedenen Parcours günstig golfen kann. Info: Grands Golfs de Bourgogne, 71260 La Salle Mâcon Nord, Tel. 03 85 36 09 71, www.passgolfsbourgogne.com. Es gibt zudem fünf weitere Plätze à 9 Löcher sowie 2 à 6 Löcher. Auskunft erteilt das CRT, s. S. 210.

Reiten

Insgesamt sind für Reiturlauber rund tausend Pferde in der Region gesattelt. Das Comité Régional d'Equitation de Bourgogne erteilt Auskunft über alle Reitschulen und Reitwanderprogramme in Burgund: Comité Régional d'Equitation de Bourgogne, 15, rue Pierre de Coubertin, 21000 Dijon, Tel. 03 80 38 29 95, www.cheval-bourgogne.com. Allein der Morvan verfügt über 500 km Reitwanderwege in Etappen von 15–40 km, die der Parc Naturel Régional (s. S. 136) unterhält. Ein Topoguide im Maßstab 1: 50 000 weist auf Sehenswürdigkeiten und Schwierigkeiten hin.

Weitere Empfehlungen: Das Centre équestre du Pays de Saulieu bietet Reitkurse für jedes Alter und jeden Schwierigkeitsgrad, mit Pferd oder Pony, sowie Pferdewanderungen an (21210 Saulieu, Tel. 03 80 64 04 45, www.centreequestredesaulieu.fr). Les Randonnées de Haute Bourgogne organisiert Ausritte von 1–2 Std., Tagesausflüge und Wochenprogramme inklusive Unterkunft, Verpflegung (21330 Griselle, Rue de la Laignes, Tel. 03 80 81 46 15, Fax 03 80 81 62 77, rando.equestre@gio.fr).

Golfurlaub mit Blick aufs Schloss: Château de Roncemay

Wandern

Die Zahlen sprechen für sich: 6000 km ausgeschilderter Wanderwege, darunter zwei Fernwanderwege, zählt die Region. Fernwanderwege (GR, weiß-rote Markierung) ermöglichen mehrtägige Touren. Allein der GR 13 von Autun nach Vézelay legt 170 km quer durch den Morvan zurück. Hinzu kommen etliche Tages- oder Halbtagestouren. Die Schwierigkeitsgrade wechseln von anspruchsvoll (Gebirgslandschaft des Morvan) bis einfach (Weinberge der Côte d'Or).

Ein Tipp ist der Sentier des Moines von Couches nach Cluny: Zu den Attraktionen des je nach Wahl 5–9 Tage langen ›Mönchsweges‹ gehören 250 romanische Kirchen, die herzogliche Burg von Marguerite de Bourgogne, das Felsdorf Brancion sowie die Weinberge der Côte chalonnaise. Diese und weitere Wanderungen (mit Gepäcktransport, Übernachtung sowie auf Wunsch mit Begleitung) kann man buchen über: France Randonnée, 9, rue Mordelaises, 35000 Rennes, Tel. 02 99 67 42 21, www.france-randonnée.fr.

Auskunft über Anbieter von Wanderurlaub erteilt neben dem CRT (s. S. 210) die Fédération Française de la Randonnée Pédestre (FFRP). Der Verein ist zuständig für den Unterhalt der Fernwanderwege und vertreibt Topoguides (topografische Wanderführer): FFRP, 75011 Paris, 14 rue Riquet, Tel. 01 44 89 93 90, Fax 01 40 35 85 67, www.ffrp.asso.fr.

Im Internet kann man sich unter www.gr-infos.com über den Verlauf aller GR mit sämtlichen Gîtes d'étapes (Wanderunterkünften) und Refuges (Schutzhütten) informieren. Welche Wanderkarte aus der ign-Reihe ›La Carte de Randonnée‹ die richtige ist, erfährt man unter www.ign.fr, der Seite des Institut géographique national.

Wellness

Schon die Römer gingen in Burgund zur Kur. Heute heißt das Ganze Wellness, meint aber immer noch dasselbe: Entspannung pur. Die Thermes de Bourbon-Lancy (s. S. 158) locken mit 58°C heißen Quellen in das Städtchen am rechten Loire-Ufer. Im Belle-Epoque-Komplex kurt man zur Linderung von Rheuma und Herz-Kreislaufproblemen. Nebenan liegt die Domaine Damona, ein modernes Wellness-Bad.

Wellness geht in Burgund vor allem – aber nicht nur – durch den Magen

St-Honoré-les-Bains sagt's bereits im Namen: Auch im schwefel- und arsenhaltigem Wasser der altmodischen Bäderstadt am Rand des Naturparks Morvan wird gekurt. Das Etablissement Thermal im Second-Empire-Stil bietet Kuren zur Nikotinentwöhnung und klassische Wellnesspakete an: BP 08, 58360 St-Honoré-les-Bains, Tel. 03 86 30 73 27, Fax 03 86 30 69 55.

Reisezeit und Kleidung

Das Wetter in Burgund wird vom kontinentalen Klima mit deutlich differenzierten Jahreszeiten beherrscht. Der Sommer ist warm, der Winter kalt mit bisweilen starken Regen- oder Schnee fällen. Im Süden macht sich der Midi mit lauer Frühlingsluft und mildem Herbst bemerkbar. Hier spürt man den klimatischen Effekt der ›burgundischen Pforte‹ am ehesten, durch die die warme Luft aus dem Süden in die Region strömt. Deren Atem reicht bis an die Côte d'Or: das bekommt dem Wein und sorgt für einen sprichwörtlich goldenen Oktober sowie laue Frühlingstage.

Als Schlechtwettergebiet gilt der Morvan: Hier gehört zu jeder Jahreszeit eine Regenjacke und ein Pullover oder Fleeceshirt ins Gepäck. Im Winter kann es kräftig schneien. Aber wetterfeste Kleidung kann auch sonst nicht schaden – die Wetterdaten (s. vordere Umschlagklappe) zeigen, dass man auf alles gefasst sein muss. Feinschmecker sollten einen etwas feineren Garderobesatz dabei haben. Krawatte und Kleid sind zwar im Cuisine-Tempel nicht mehr nötig, Shorts und Radlerhosen jedoch deplatziert. Das gilt auch für Kirchen und Klöster, zumindest während der Messe oder wenn noch eine Ordensgemeinschaft in den Mauern lebt.

UNTERWEGS IN BURGUND

Ein Leitfaden für die Reise und viele Tipps für unterwegs.

Genaue Beschreibungen von Städten und Dörfern, Sehenswürdigkeiten und Einkaufsadressen, Ausflugszielen und Reiserouten.

Burgund erleben: ausgesuchte Hotels und Chambres d'hôtes, Restaurants und Cafés, Wanderungen und Bootstouren.

Bei La Chapelle-sous-Brancion

Dijon und die Côte d'Or

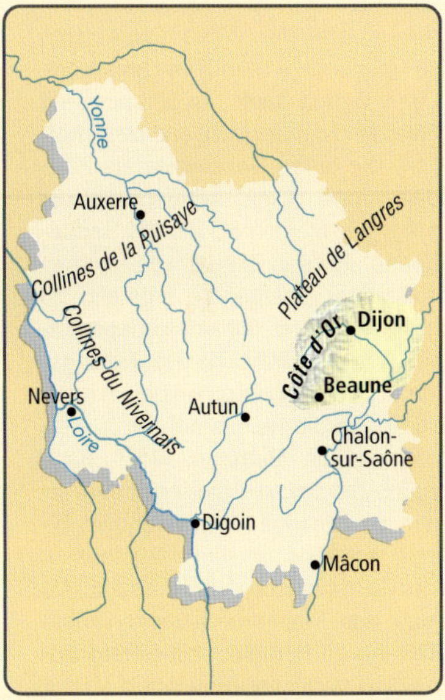

Bei der Weinlese

Burgund-Atlas S. 235, 239

DIJON

»Des monuments, des restaurants« reimt der Volksmund – Denkmäler, Restaurants .... Der Reichtum an kulturellen Schätzen und kulinarischen Verführungen, mit dem die Hauptstadt der Region Burgund aufwarten kann, ist in der Tat rekordverdächtig.

Burgund-Atlas: S. 235, E 3
Dijon ist eine sehr alte Stadt. Dijon ist eine sehr schöne Stadt. Um beides weiß man in der Stadt. Dijon trägt deshalb nicht dick auf, sondern stellt eine Gelassenheit zur Schau, in der dieses Wissen mitschwingt. Kaum eine Spur von Architektur des Ancien Régime, dessen bisweilen kühler *Classicisme* so viele andere Städte im Land prägt. Dijon lächelt sanft. Im Umgang mit Fremden ist man geübt und bleibt höflich. Die lange Geschichte als Handels- und Dienstleistungszentrum prägt die Mentalität. Wo die Saône-Ebene und das Plateau von Langres ineinander übergehen, entstand zu gallo-römischer Zeit ein Heerlager: Divio. Aus Divio erwuchs eine Herzogsstadt: Dijon. Aus Dijon wiederum mauserte sich die Hauptstadt der modernen Region Burgund, doch nach außen hat sich die Stadt seit den Tagen der Herzöge kaum verändert. Dijons makellos erhaltene Altstadt ist das wichtigste touristische Kapital. Als man das Mantel-und-Degen-Drama ›Cyrano de Bergerac‹ mit Gérard Depardieu verfilmte, brauchte man nur die Straßenschilder in der Rue des Forges abzumontieren – schon konnte der Degen gezogen werden.

Dabei ist die Stadt kein Freilichtmuseum. Der neue, hochmoderne Veranstaltungssaal ›L'Auditorium‹ und der Campus der Universität zielen auf die Bedürfnisse einer jungen Bevölkerung. Unerhört finden vielleicht einige konservative Kreise die Umwidmung der Eglise St-Jean: Die Nutzung der Kirche als Sitz des ›Théâtre de Bourgogne‹ hingegen findet weitgehend Anklang und krempelt das umliegende Viertel um. Ausgebaute Speicher in den Hinterhöfen des Guise-Viertels und Lofts in ehemaligen Weinlagern sind Adressen, um die sich Pendler aus Paris reißen – vor allem, seit der Hochgeschwindigkeitszug TGV in eineinhalb Stunden an die Seine rauscht. Die auf Tradition bedachte Handelsmetropole verpasst keinen Anschluss: Nicht nur der TGV, sondern auch Frankreichs erste Autobahn und der Canal de Bourgogne vernetzen die ›Capitale de la Bourgogne‹ in alle Himmelsrichtungen mit den großen Absatzmärkten Frankreichs und Europas. Dijon bleibt trotz des Schwungs, der die Nähe zu Paris mit sich bringt, eine Großstadt mit menschlichen Maßen – knapp 150 000 Einwohner zählt das Zentrum.

Geschichte

Ein Römerlager bei Longvic im Süden der heutigen Stadt hat die Entstehung von Divio gefördert. Die Siedlung am Wegkreuz der Nord-Süd-Handelsroute über Rhein und Rhône, der Römerstraße Lyon-Trier und der Ost-West-Handelsverbindung über Jura und Alpen nach Italien besaß ab dem 3. Jh. Schutzmauern. Bis zum Stadtbrand von 1137 wuchs Dijon kaum über die antiken Mauern hinaus. Danach ließen die Herzöge von Burgund einen größeren Stadtring errichten, der erst ab 1860 niedergerissen wurde. Dijons Werdegang zum europäischen Machtzentrum begann im 12. Jh. 1183 erhielt die Stadt von Herzog Hugues III. das Stadtrecht. Fulminant wurde der Aufstieg erst mit den Valois-Herzögen. 1364 bezog Philipp der Kühne die neue herzogliche Residenz. In den folgenden hundert Jahren expandierte das Herzogtum bis nach Flandern. Mit dem Tod des letzten Valois-Herzogs Karl der Kühne endete 1477 die glorreiche Zeit als Residenzstadt eines auf Pracht und Macht stolzen Herzogtums. Dijon war nun Grenzstadt zum französischen Königreich. Die Herrschaft über Stadt und Herzogtum übernahm ein selbstbewusstes Ständeparlament. Im Stadtbild schlug sich der Wandel durch die eleganten Hôtels particuliers der im Parlament vertretenen Ständevertreter nieder. Erst 1678 fiel Dijon wie ganz Burgund an die französische Krone. In

Auf der Caféterrasse lässt sich das Leben genießen – Savoir vivre à la Dijonnaise

der Revolution erhielt Dijon den Sitz des Départements Côte d'Or. In der Gebietsreform der 1970er Jahre wurde Dijon die Hauptstadt Burgunds. Dijons Bürgermeister erwiesen sich im gesamten 20. Jh. als Glücksgriffe. Gaston Gérard gab in den 1920er Jahren den Anstoß zur international beachteten ›Foire gastronomique‹ (s. S. 33). Von 1945 bis 1967 regierte der eigenwillige Kanonikus Félix Kir die Provinzmetropole, deren wichtigste Exportprodukte bis heute Senf, Cassis und Pain d'épices sind. ›Ville verte‹ hieß seit den 1980er Jahren die Devise von Kirs Nachfolger Robert Poujade, der ebenfalls Frankreichs erster Umweltminister wurde. Ihm verdankt die Stadt ihren Ruf als ›grüne Stadt‹, die sich vom Autoverkehr nicht terrorisieren lässt.

Stadtrundgang

Die Stadtverwaltung von Dijon hat den in Frankreich einmaligen Posten eines ›Inspektors für den geschützten Sektor‹ zu vergeben. Dijons ›Secteur sauvegardé‹ umfasst 97 ha, und damit fast das gesamte Gebiet innerhalb der ehemaligen Stadtmauern. Aufgabe des Inspektors ist es, eine Altstadt vor Bausünden und Verfall zu schützen, die weder Kriege noch industrielle Revolution verschandelt haben.

Die **Place de la Libération** ist der repräsentativste Platz der Stadt. Das im späten 17. Jh. geschaffene Ensemble krönte ursprünglich eine Reiterstatue von Ludwig XIV. Da hieß der Platz freilich noch Place Royale. Fini. Der Name verschwand ebenso wie das Reiterstandbild. Geblieben ist ein etwas unterkühlt wirkender Paradeplatz, mit dem sich das Ancien Régime in Szene setzte.

Geschaffen hat die meisten der im Halbrund gesetzten Häuser 1686–1701 Jules Hardouin-Mansart, des Königs Lieblingsarchitekt. Nobel sind die blassgelben, mit einer Balustrade geschmückten Sandsteinfassaden, nobel auch die meisten Boutiquen und das Restaurant ›Le Pré aux Clercs‹ von Jean-Pierre Billoux, wo sich die hohen Beamten des gegenüberliegenden Rathauses zur Besprechung treffen. Nach Süden flankieren genau im Scheitel der Place de la Libération zwei steinerne Löwen die Rue Vauban, durch die sich das Quartier um den Justizpalast erschließt.

Der Herzogspalast

Nach Norden schweift der Blick über die Weite des Platzes zum streng symmetrisch angelegten Ehrenhof des **Palais des Ducs et des Etats de Bourgogne** [1], der heute als Rathaus (nur zu besonderen Terminen mit Führung zu besichtigen) und Musée des Beaux-Arts dient.

Souverän überragt die kantige **Tour Philippe-le-Bon** das barocke Gleichmaß des im 17. Jh. ebenfalls von Hardouin-Mansart umgebauten Herzogspalasts. Der 46 m hohe Turm ist zusammen mit dem Corps de Logis, dem Wohnbau Philipps des Guten das deutlichste Überbleibsel aus der Zeit der Valois-Herzöge – und ein fantastischer Aussichtspunkt über die Stadt (Führungen April–Nov. 9–12, 13.45–17.30,

Dez.–März Mi 13.30–15.30, Sa, So 9–11, 13.30–15.30 Uhr).

Den besten Blick auf diesen ältesten Teil des Palais hat man von der Place des Ducs de Bourgogne auf der Rückseite des Ensembles. Zurück zur Vorder- und Schauseite: Die Höfe des gewaltigen, aus mehreren Jahrhunderten stammenden, ineinander verschachtelten Komplexes sind frei zugänglich. Ein schmiedeeisernes Gitter schirmt die mittlere **Cour d'Honneur** von der Place de la Libération ab. Zwei mit Säulen und dreieckigen Giebeln an der Antike orientierte Seitenflügel flankieren den Ehrenhof. Unter der großen Uhr über dem Haupteingang des Rathauses flattert die blau-weiß-rote Trikolore. Durch die **Cour de Flore,** den linken Innenhof, gelangt man auf die

Cityplan s. S. 62/63

Sehenswürdigkeiten

1 Palais des Ducs et des Etats de Bourgogne (Herzogspalast)
2 Musée des Beaux-Arts
3 Grand Théâtre
4 St-Etienne mit Musée Rude
5 St-Michel
6 Hôtel Fleutelot de Beneuvre
7 Hôtel Laloge
8 Hôtel de Saulx
9 Hôtel Rolin
10 Maison des Cariatides
11 Hôtel Chambellan
12 Hôtel de Vogüé
13 Notre-Dame
14 Hôtel Bouhier de Lanthenay
15 Cellier de Clairvaux
16 Markthallen
17 Porte Guillaume
18 Kathedrale St-Bénigne
19 Jardin de l'Arquebuse
20 Kartause Champmol
21 Archäologisches Museum
22 St-Philibert
23 St-Jean
24 Hôtel Berbisey
25 Petit Hôtel Berbisey
26 Musée d'Art sacrée
27 Musée de la vie bourguignonne
28 Bibliothèque Municipale
29 Palais de Justice
30 Musée Magnin
31 Hôtel Legouz de Gerland

Übernachten

32 Sofitel La Cloche
33 Hostellerie du Chapeau Rouge
34 Hotel Wilson
35 Le Jacquemart
36 Hôtel du Palais
37 Centre de Rencontres Internationales et de Séjours de Dijon

Essen und Trinken

38 Stéphane Derbord
39 Le Pré aux Clercs
40 Les Oenophiles N. C. B. D. O.
41 Ma Bourgogne
42 La Côte St-Jean
43 Le Chabrot
44 Le Bistrot des Halles

DIJON
0
200 m
N71
Avenue Victor Hugo
Rue Eugéne Guillaume
Rue Montmartre
Rue Jacques Cellérier
Rue des Fleurs
Rue de Lorraine
Rue des Roses
Rue Colonel Marchand
Rue d'Ahuy
Rue Courtepee
Place Dupuis
Rue Sambin
Rue Pierre Prud'hon
Rue Le Muet
Rue Devosge
Rue C. Bernard
Place St-Bernard
Bd. de la
Rue Montigny
Rue Audra
Place Auguste Dubois
Av. de la première Armée
Rue Palliot
Rue Bénigne Frémont
Rue Guillaume Tell
Rue du Rosoir
Square Darcy
32
Rue Michel Servet
Rue du Temple
Rue Jean Renaud
Rue du Château
Boulevard de Brosses
Rue des Godrans
Banque de France
Rue de Suzon
Ruelle de Suzon
15
44
Place de la Banque
Rue Bannelier
Pte R. de Suzon
16
Rue des Perrières
Av. Maréchal Foch
Place Darcy
17
Rue de la Poste
Place Grangier
P
Gare Dijon Ville
20
Rue Dr. A. Remy
Bd. de Sévigné
Rue Docteur Chaussier
Rue Dr. Maret
Rue de la Liberté
Rue Musette
11
Rue des Forges
Av. Albert Ier
19
Jardin Botanique
Rue Mariotte
Place St-Bénigne
18
21
33
Rue Chapeau Rouge
R. de la Prévôté
Parvis St-Philibert
Rue Michelet
22
24
Rue Bossuet
Rue Dauphine
39
Place la Libérat
Cour de la Faïencerie
Rue du Bourg
R. Jules Mercier
Rue Piron
31
Rue Vauban
Rue Jardin des Plantes
Rue Joliet
Rue de l'Arquebuse
Rempart Miséricorde
Rue du Tilot
23
Place Bossuet
Place Jean Mase
Rue Amiral Hous
Rue Condorcet
Rue Cazotte
42
25
Rue Brulard
Rue Charrue
43
Place Emile Zola
Rue Victor Dumay
Place des Cordeliers
Rue Monge
Rue Crébillon
Rue du Gymnase
40
Rue Ste-Anne
Rue de Faubourg Raines
Rue Berbisey
Rue Turgot
Rue Franklin
27
26
Rue de la Manutention
Cour des Frères
Rue du Chaignot
Hopital General
Rue de l'Hôpital
Ouche
Rue de Tivoli
Rue Vivant Carion
Rue Pierre Curie
Rue Sarrigny
Rue Ranfer de Bretenières
R. de la Tour du Fondoir
Rue Colson
Place Suquet
Polizei
Place du premier Mai
N74
Rue de Transvaal

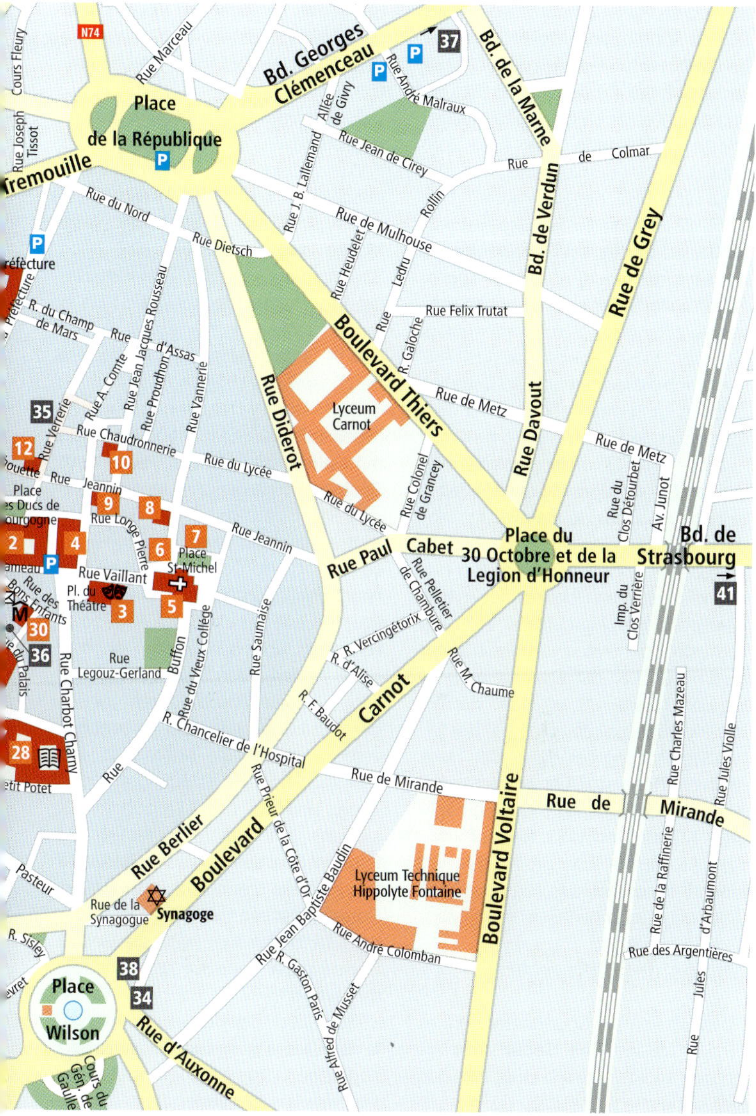
N74
Cours Fleury
Rue Joseph Tissot
Rue Marceau
Place de la République
Tremouille
Bd. Georges Clémenceau
37
Allée de Givry
Rue André Malraux
Bd. de la Marne
Rue Jean de Cirey
Rue J. B. Lallemand
Rue de Colmar
Rue du Nord
Rue Dietsch
Rue de Mulhouse
Rollin
Rue Heudelet
Rue Ledru
Bd. de Verdun
Rue de Grey
Préfecture
Rue Felix Trutat
R. du Champ de Mars
Rue d'Assas
Rue Jean Jacques Rousseau
Rue A. Comte
Rue Proudhon
Rue Vannerie
Rue Galoche
Boulevard Thiers
Rue de Metz
Rue Diderot
Lyceum Carnot
Rue Davout
35
Rue Verrerie
Rue Chaudronnerie
12
10
Rue du Lycée
Rue Jeannin
Place des Ducs de Bourgogne
9
8
Rue Longe Pierre
Rue Colonel de Grancey
Rue du Clos Détourbet
Av. Junot
Rue Jeannin
7
2
4
6
Place St-Michel
Rue Paul Cabet
Place du 30 Octobre et de la Legion d'Honneur
Bd. de Strasbourg
41
Rue Vaillant
Rue des Bons Enfants
Pl. du Théâtre
3
5
M
30
Rue Pelletier de Chambure
Imp. du Clos Verrière
36
Rue du Palais
Rue Legouz-Gerland
Buffon
Rue du Vieux Collège
Rue Saumaise
R. Vercingétorix
R. d'Alise
Rue M. Chaume
Rue Charbot Charny
R. F. Baudot
Carnot
R. Chancelier de l'Hospital
28
Petit Potet
Rue de Mirande
Rue Charles Mazeau
Rue Jules Violle
Rue de Mirande
Rue Berlier
Boulevard
Rue Prieur de la Côte d'Or
Boulevard Voltaire
Rue de la Raffinerie
Pasteur
Rue Jean Baptiste Baudin
Lyceum Technique Hippolyte Fontaine
Rue de la Synagogue
Synagoge
R. Sisley
Rue André Colomban
Rue des Argentières
Rue Jules d'Arbaumont
38
Place Wilson
34
R. Gaston Paris
Rue Alfred de Musset
Rue d'Auxonne
Cours du Gén. de Gaulle

Atlas: S. 235

hinter dem Palast verlaufende Rue des Forges (Durchgang Mo–Fr tagsüber geöffnet). Hinten rechts in der Ecke befindet sich der Zugang zur mit Statuen und prachtvollem Marmoraltar ausgestatteten **Chapelle des Elus** (um Schlüssel beim Empfang des Standesamts ›Etat Civil‹ nebenan bitten). Das 1736–39 im Versailler Rokoko errichtete Kleinod diente den Parlamentariern der Etats de Bourgogne als Kapelle. Schon zuvor ließen sich die hohen Herren ein splendides Schautreppenhaus einbauen. Einen Blick auf den nach seinem Architekten benannten **Escalier Gabriel** kann man rechts in der Tordurchfahrt der Cour de Flore werfen.

Durch einen Durchgang gelangt man von der Cour d'Honneur auf den rechten Hof, die **Cour de Bar.** Rechts hinten in der Ecke führt eine elegante Logiatreppe zur klobigen **Tour de Bar** (14. Jh.), dem ältesten Überrest des mittelalterlichen Herzogspalasts. Vor dem Turm steht die Statue von Claus Sluter – vom Künstler, der wie kein anderer die Kunst Burgunds zu Zeiten der Valois-Herzöge prägte, wird bei der Innenbesichtigung des Palais des Ducs noch die Rede sein. Gegenüber befindet sich der Eingang zu den herzöglichen Küchen von 1433: Sechs monumentale Kamine, jeder groß genug, um einen Ochsen darin zu braten, finden unter dem gotischen Gewölbe Platz.

Musée des Beaux-Arts

Ebenfalls von der Cour de Bar geht es in das **Musée des Beaux-Arts** [2], dessen Kunstwerke alle Flügel um den Hof einnehmen, und dazu noch in die Reste des herzoglichen Palais hinter der Cour d'honneur (tägl. außer Di 9.30–18, Nov.–April 10–17 Uhr; So gratis!).

Es bedurfte des weitläufigen Herzogspalastes und späteren Sitzes des Parlaments von Burgund, um die spektakuläre Sammlung gebührend unterzubringen. Dijon besitzt mit dem Musée des Beaux-Arts das nach Straßburg bedeutendste Provinzmuseum Frankreichs, dessen Säle teils in der akademischen Kühle des 19. Jh., teils in der mittelalterlichen Pracht des Herzogspalasts strahlen.

Den Anfang machen im ersten Stock italienische Malerei des 15. Jh., mittelalterliche Malerei aus dem Rheinland, französische Renaissance- und Barockmalerei. In der Salle des Statues geht der Blick ausnahmsweise nach oben: Das Deckengemälde feiert die ›Glorifizierung Burgunds‹. Dann ist mit der ein Stockwerk tiefer liegenden, über den Escalier du Prince zu erreichenden Salle d'Armes ein von Renaissancegewölben getragener Saal erreicht. Ein Holzmodell veranschaulicht die Anordnung des Palasts. Seiner Bestimmung entsprechend sind im Waffensaal zudem Rüstungen und Waffen ausgestellt. Es folgt der Saal des flämischen Meisters von Flémalle, vermutlich alias Robert Campin, dessen Gemälde ›Die Anbetung der Hirten‹ (um 1425) die Geburt Christi in der Scheune zu Bethlehem thematisiert.

Schließlich der Höhepunkt, die Salle des Gardes im ersten Stock des herzoglichen Corps de Logis. Unter der himmelwärts fliehenden Balkendecke des ehemaligen Festsaals sind seit 1827 die monumentalen Grablegen der burgundischen Herzöge Philipp der Kühne und Johann Ohnefurcht mit Margarete von Bayern ausgestellt. Die von Claus Sluter, seinem Neffen Claus de Werve und anderen zwischen 1400 und 1470 geschaffenen Grabmäler sind mit den Liegefiguren der Herzöge, umlaufenden Trauerfiguren und Engeln grandiose Kunstwerke des Spätmittelalters. Hinzu kommen aus Holz geschnitzte gotische Flügelaltäre (um 1390), die wie die Grabmäler aus der Kartause Champmol stammen. Eine Porträtgalerie zeigt die Herzöge. Von der Ausstattung des Festsaals stammt noch der prachtvolle Kamin mit spätgotischem Zieraufsatz.

Der zweite Stock des Museums ist der Kunst des 19.–20. Jh. vorbehalten. Ein Saal ist ganz dem aus Dijon stammenden Bildhauer François Pompon vorbehalten, natürlich mit der Plastik eines Eisbären, einem Lieblingssujet des Künstlers. Andere sind den Gemälden von Delacroix, Géricault, Braque, Gris, da Silva sowie afrikanischer Kunst aus der Granville-Stiftung gewidmet.

Rund um die Place de la Libération

Von der Place de la Libération geht es nun vorbei am neoklassizistischen **Grand Théâtre** 3, dem im italienischen Stil 1823 erbauten Opernhaus, zur ehemaligen Kirche **St-Etienne** 4. Hinter der barocken Fassade verbirgt sich ein spätgotisches Schiff – unter dessen Dach heute die Handelskammer beheimatet ist, wie die Inschrift ›Chambre et Bourse de Commerce‹ an der Fassade kundtut. Auch das **Musée Rude** (tägl. außer Di Juni–Sept. 9–12, 14–17.45 Uhr) fand Platz im Querschiff von St-Etienne. Gezeigt werden Moulagen von Werken des aus Dijon stammenden Bildhauers François Rude (1784–1855), der die Figur der Marseillaise auf dem Pariser Triumphbogen schuf.

Noch ein paar Schritte weiter und man steht vor der Kirche **St-Michel** 5 (1520–70): Die drei Portale, darüber eine mit Fenster und Türmchen strukturierte Renaissancefassade, ganz oben die beiden Kuppeln der Türme verleihen der Fassade Respekt.

Zwei *Hôtels particuliers* an der Place St-Michel geben einen Vorgeschmack auf die Adels-und Bürgerpalais der Altstadt. Das **Hôtel Fleutelot de Beneuvre** 6 (Nr. 11) ließ 1762 ein Berater des Parlaments errichten. Das **Hôtel Laloge** 7 (Nr. 17) entstand hundert Jahre früher und hat eine elegante Loggiatreppe, die an die in der Cour de Bar des Herzogpalasts erinnert. Der größte Schatz der Altstadt sind nicht Kirchen, Klöster oder der Herzogspalast, sondern die *Hôtels particuliers*. Die ersten dieser prachtvollen Palais reicher Bürgerfamilien und standesbewusster Aristokraten, die als Parlamentarier einen angemessenen Sitz in Dijon benötigten, entstanden im 14. Jh. unter den Valois-Herzögen. Die Tradition erlebte nach dem Ende der herzöglichen Dynastie eine zweite Hochblüte und fand im Ancien Régime des 18. Jh. einen glanzvollen Ausklang. Von den über hundert *Hôtels particuliers* der Alt-

RETTUNGSVERSUCH FÜR DEN TANTE-EMMA-LADEN

Die Zahlen sprechen eine klare Sprache: Allein in der Altstadt von Dijon haben zwischen 1983 und 2001 gut 140 Einzelhändler für immer ihren Laden geschlossen. Die legendäre Belle-Epoque-Epicerie ›Fagart‹ aus der Rue de la Liberté, seit 1888 das Aushängeschild des lokalen Lebensmittelhandels, fand mitsamt Theke, Regalen und Bonbonnieren immerhin Aufnahme im Musée de la Vie bourguignonne. Die übrigen verschwanden sang- und klanglos. Auch im wertkonservativen Burgund machen Supermärkte und Einkaufszentren auf der grünen Wiese dem guten alten Tante-Emma-Laden das wirtschaftliche Überleben schwer. Mit 318 m^2 Supermarktfläche pro Einwohner hält Burgund mittlerweile sogar den landesweiten Rekord. Nur ein Viertel aller Einkäufe wird noch im kleinen Laden um die Ecke getätigt. Weiteres Unheil steht bereits ins Haus: Ende 2005 wird ein schwedischer Möbelgigant eine 23 000 m^2 große Filiale vor den Toren von Dijon eröffnen. In Dijon wird nun mit staatlicher Hilfe versucht, den kommerziellen Aderlass im Zentrum zu stoppen. Als letzte bedeutende Stadt der Region hat Dijon sich Anfang 2003 dem nationalen ›Fonds d'intervention et de sauvegarde du commerce et de l'artisanat‹, kurz Fisac, angeschlossen. Die Gelder aus dem Fonds dienen dazu, das Stadtzentrum als Einkaufsziel wiederaufzuwerten.

Dabei sieht es beim ersten Bummel durch die Gassen gar nicht einmal so schlecht aus. Die ›Mercerie L'Hirondelle‹ (25, rue Musette) etwa ist ein Kurzwarenladen wie aus dem Bilderbuch. Regale mit bunten Garnrollen bis an die Decke, Holzschaukästen mit Glasplatte, ein Patron mit blauem Kittel – Maurice Alvo, 80 Jahre. Das Geschäft haben bereits die Eltern geführt, natürlich. Noch drei Jahre älter als Monsieur Alvo ist Régine Paturel, die Inhaberin der ›Coutellerie Paturel‹ (18, place Bossuet). In der altertümlichen Vitrine liegen Messer, Hobel, Pfeffermühle – selbstverständlich mit einem Mahlwerk von Peugeot! – , Bartschneider und Kartoffelpresse aus. Madame strickt in einer Ecke. »Das Messerfachgeschäft wurde 1860 gegründet. Seit 1981 leite ich den Laden.« Die Käufergewohnheiten haben sich geändert. Traditionelle Heckenscheren etwa sind ein Ladenhüter, weil elektrische Geräte gefragter sind. Scheren, die extra für die ›Coutellerie Paturel‹ angefertigt werden und den Namen des Ladens tragen, verkaufen sich hingegen gut. Mittlerweile steht Régine's Sohn mit im Geschäft. Das lässt für die Zukunft der letzten Coutellerie von Dijon hoffen.

Erst vor drei Jahren hat José Vazquez die seit langem eingeführte Epicerie ›Chez l'Espagnol‹ (2, rue Quentin) übernommen. Zu den Kunden für andalusischen Schinken, Chorizo, Trockenfrüchte und Oliven zählen die in Dijon ansässigen Portugiesen und Spanier. Dazu kommen die Einwohner des Viertels um die Markthalle, wo der knapp 11 m^2 große Laden mit der ausladenden Markise beheimatet ist. Für sie hält José burgundische Wurstwaren bereit. Das Zusammenräumen der weit aufs Trottoir reichenden Auslagen dauert übrigens Stunden, doch José trägt's mit Fassung. Unter den Metzgereien der Altstadt gilt die ›Boucherie Theuriet‹ (26, rue Monge) als allererste Adresse. Das Interieur mit Spiegeln und Belle-Epoque-Kacheln, auf denen sich Hasen tummeln, ist denkmalgeschützt, Würste und Patés sind ein Gedicht. Konkurrenz kann der ›Boucherie Theuriet‹ nur die Metzgerei ›A la bonne Choucroute‹ (15, rue Musette) machen. Inhaber Armand Fauchon ist zugleich Traiteur und bereitet ofenfertige Köstlichkeiten vor, die *tout Dijon* in sein Geschäft treiben. Unter Denkmalschutz stehen ebenfalls die blutrot lackierte, mit neogotischem Schnitzwerk überhäufte Fassade und goldprunkende Einrichtung des Gewürzbrotbäckers ›Mulot et Petitjean‹ (13, place Bossuet). Der Ruf des kleinen, feinen Ladens reicht weit über Dijon hinaus. 1901 führten die Gewürzbrotbäcker Louis Mulot und Alfred Petitjean ihre Geschäfte zusammen. Bis heute wird das *Pain d'épices* nur von Hand gefertigt, worauf Christine Petitjean, Ururenkelin eines der beiden Gründer, größten Wert legt. Fazit: Es gibt noch eine ganze Reihe von alteingesessenen kleinen Läden in der Altstadt von Dijon. Käufer – und Nachfolger – dringend gesucht!

Auch in der Altstadt von Dijon gibt es immer weniger kleine Läden

Alles in Butter

Die Crèmerie Porcheret (18, rue Bannelier) gilt als der beste Käseladen von Dijon. Alle AOC-Käse der Region sind im Angebot, auch unbekannte Sorten wie der Cendré de Vergy (Ziegenkäse im Aschemantel), und natürlich hausgemachte Butter.

stadt stehen gut die Hälfte unter Denkmalschutz – manche samt weitreichender Grundstücke. Es gibt bis heute Einfahrten, die mit 200 Jahre altem echten Eichenholz gepflastert sind.

In der Rue Vannerie folgt mit dem **Hôtel de Saulx** 8 (Nr. 15) ein weiteres Beispiel für eine Loggiatreppe. Ihr barockes Gepräge verdankt die Straße den Palais im Versailler Stil des 17.–18. Jh.: die Hôtels Cœur de Roy (Nr. 35, Hof, Garten, Treppe zugänglich), Chartraire de Montigny, du Commandant Militaire (Nr. 41), Le Compasseur (Nr. 66). Prominenter noch sind die Beispiele hinter dem Palais des Ducs.

In der Rue Jeannin sticht das mit bunten Ziegeln gedeckte Dach des **Hôtel Rolin** 9 von 1707 hervor (Nr. 8), das heute das Archiv des Départements Côte d'Or ist.

Vom kleinen Park an der Place des Ducs de Bourgogne geht es in die **Rue Verrerie.** Auf den ersten Metern konnte sich das Sträßchen auf beiden Seiten seine auskragenden Fachwerkhäuser bewahren. Viele Bauten stammen aus dem 15. Jh. und vermitteln ein Bild davon, wie Dijon zur Zeit der Herzöge

Hôtel de Vogüé aus dem 17. Jh.

ausgesehen haben muss. In die altersgebeugten, jedoch bis auf den letzten Sparren restaurierten Häuser sind Antiquitätenhändler eingezogen. Kopfsteinpflaster und die leicht abgesenkte Gosse in der Straßenmitte betonen den mittelalterlichen Charakter. Im hinteren Teil verbreitert sich die Rue Verrerie: Jetzt geben barocke Fassaden den noblen Ton an.

Ein Schlenker in die Rue Chaudronnerie endet vor der mit Karyatiden geschmückten **Maison des Cariatides** 10 (Nr. 28). Nur wenige *Hôtels particuliers* wie das **Hôtel Chambellan** 11 (um 1500) in der Rue des Forges 34 sind frei zu besichtigen – im spätgotischem Hof sitzt das Office de Tourisme (9–19 Uhr). Die blassrosa Renaissance-Pracht des **Hôtel de Vogüé** 12 von 1614 in der Rue de la Chouette 8 (Ostern–Mitte Nov. Mo–Fr 8–18.30/20.30 Uhr) bekommt man zu Gesicht, weil ein Teil der Stadtverwaltung darin untergebracht ist. Für 70 weitere in einem Faltblatt des Office de Tourisme (OT) zusammengefasste *Hôtels particuliers* gilt: nur von außen zu besichtigen. Wer näher hinter gotische Fensterkreuze oder spitzgiebeliges Fachwerk schauen möchte, sollte sich einer Führung des OT anschließen.

Gerahmt von den Palais erhebt **Notre-Dame** 13 (Mo, Mi, Do, Sa 9–18.15, Di, Fr, So 11.15–18.15 Uhr) die mit mehreren Reihen grotesker Wasserspeier verzierte Westfassade. Wahrzeichen dieses Meisterwerkes burgundischer Gotik (1230–50) ist der Jacquemart, eine Turmuhr mit Figurengruppe als Aufsatz des Südturms: Papa Jacquemart, Mama Jacqueline, Sohnemann Jacquelinet und Töchterchen Jacquelinette. In der Kirche wird eine schwarze Madonna (11. Jh.) bewahrt, die die Bürger der Stadt hoch verehren.

Rund um die Markthallen

Die Rue de la Préfecture gibt sich so gediegen, wie es sich für die Adresse der Präfektur (Nr. 47) gehört. Noble Barockpalais bilden die Nachbarschaft des feudalen **Hôtel Bouhier de Lanthenay** 14, dessen neoklassizistische Pracht seit 1800 Sitz des Präfekten ist. Der **Cellier de Clairvaux** 15 (für Ausstellungen geöffnet, sonst beim Concierge nachfragen) in der nahen Ruelle de Suzon ist ein Klosterweinkeller des 13. Jh.

Hinter der Place de la Banque, wo die Banque de France Quartier bezogen hat, verändert sich das Bild. Kleine Läden, Cafés und Gewimmel auf den Trottoirs kündigen die **Markthallen** 16 aus der Belle-Epoque an. Die Bauern aus der gesamten Côte d'Or schichten

Süße Versuchung

›Bester Handwerker Frankreichs‹ darf sich Chocolatier Créateur Fabrice Gillotte auf die Visitenkarte schreiben. Wer die daunenweichen Macarons, die schwarze Schokolade mit exotischen Gewürzen probiert hat, weiß warum er den Titel 1990 erlangte! Sein Laden Le Parrain Généreux (21, rue du Bourg) ist weit über Burgund hinaus ein Begriff.

unter der gusseisernen Konstruktion Obst und Gemüse zu bukolischen Arrangements auf. Aus der Belle-Epoque stammt ebenfalls das Karussell auf der gemütlichen Place Rude.

Zugig wird es hingegen auf der weiten Place Grangier, an die sich von der Rue du Temple die mit Blumendekor verzierte Masse eines Belle-Epoque-Blocks heranschiebt. Die Rue de la Liberté ist die West-Ost-Magistrale der Altstadt und zugleich Dijons wichtigste Geschäftsmeile. Auf halber Länge wurde die Rue de la Liberté verkehrsberuhigt. Hier kann ›tout Dijon‹ in aller Ruhe die Auslagen bewundern. Eine Einladung zum Schlendern sind auch die Trottoirs, die mit bunt gestreiftem Steinbelag das Muster der farbfroh gedeckten Dächer aufnehmen. Den Auftakt zum Einkaufsbummel macht die klassizistische **Porte Guillaume** 17 an der Place Darcy, die mehr Triumphbogen als Stadttor ist. Auf Läden mit kleinem, feinem Angebot folgen die eleganten Kaufhäuser Pariser Zuschnitts.

Blick in die Markthallen von Dijon

›Au pauvre diable‹, ›Zum armen Teufel‹, hieß ein Konsumtempel einmal, wie die alte Fassadenreklame verrät. Fini. Das Kaufhaus hat den Namen gewechselt, und unter all den gutbürgerlichen Kunden ist heute so schnell kein armer Teufel auszumachen.

Rund um St-Bénigne

Das Viertel um die **Kathedrale St-Bénigne** 18 (9–18.30 Uhr) lag bis zum Bau der mittelalterlichen Stadtmauern vor den Toren Dijons. Der Abt des Benediktinerklosters St-Bénigne vor der Stadt und der Bischof von Dijon im Zentrum regierten folglich jeder für sich über ein kleines Reich, bis es letzterem zu bunt wurde. Im 14. Jh. wurden Kirche und Kloster der Stadt einverleibt. Der Bischof hatte damit das Sagen im Gotteshaus. Die heutige gotische Kathedrale St-Bénigne entstand auf den Fundamenten eines romanischen Vorgängerbaus. Erhalten blieb die Rotunde der Krypta. Steigt man die Treppe zum spätantiken Sarkophag des heiligen Benignus hinab, schlägt einem der Hauch des frühen Mittelalters entgegen. Zum unterirdischen Säulenwald gehören die ältesten romanischen Kapitelle Burgunds. Ein Gang, in dem weitere Sarkophage aufgestellt sind, endet in der Chapelle Ste-Marie. Sie soll aus dem 6. Jh. stammen. Wahrscheinlicher ist die Datierung auf das 9. Jh. – an keinem anderen Ort von Dijon wird das Alter der Stadt so greifbar wie tief unter der Kirche St-Bénigne.

Zur Kartause von Champmol

Von der Place Ste-Bénigne ist es nicht weit zum Boulevard Albert 1ier – doch die von den Betonburgen großer Hotelketten gesäumte Ausfallstraße hinter dem Bahnhof lässt die nahe Altstadt schnell vergessen. Rechts rollen überwindschnittige Hochgeschwindigkeitszüge über die Gleise vorbei, links fallen die üppig blühenden Anlagen des botanischen Gartens **Jardin de l'Arque-**

buse 19 (Winter 7.30–17, Sommer bis 22 Uhr) zum Ufer der Ouche ab. Dann baut sich unverhofft ein gotisches Portal am Straßenrand auf. Der Blick geht über die Mauer zu einer Kapelle, die als einziger Rest an die 1792 abgerissene **Kartause Champmol** 20 erinnert. Philipp der Kühne hatte den Ort 1383 als Grablege der Valois auserkoren. Grabmäler und Altäre sind längst in den Palast der Herzöge nach Dijon verschafft. Auf dem Gelände um die Kapelle entstand eine psychiatrische Klinik. In einem Pavillon aber blieb der für den Klosterhof geschaffene Mosesbrunnen zurück. Den Figuren, allen voran dem bärtigen Moses, hauchte der Bildhauer Claus Sluter soviel Leben ein, dass man die heute wenig anheimelnde Lage der Kartause darüber vergisst (wegen Bauarbeiten z. Zt. geschl., Tel. 03 80 44 11 44).

Zurück in die Altstadt: Ein Studentenwohnheim liegt in unmittelbarer Nachbarschaft zum Kloster an St-Bénigne, das als **Archäologisches Museum** 21 (tägl. außer Di Winter 9–12.30, 13.35–18, Sommer 8.55–18 Uhr) genutzt wird.

Zwei weitere Gotteshäuser, die romanische Kirche **St-Philibert** 22 und die spätgotische Kirche **St-Jean** 23, rücken nah an St-Bénigne heran. Das populäre Viertel zeigt sich von der starken kirchlichen Präsenz wenig beeindruckt. In St-Jean wird keine Messe mehr gelesen, sondern vom ›Nouveau Théâtre de Bourgogne‹ Avantgarde-Theater aufgeführt.

Die Place Bossuet lädt mit ihren eleganten Palais und alteingesessenen Läden zum Verweilen ein. Längs der Rue Berbisey wechseln nordafrikanische Läden mit An- und Verkaufsboutiquen und Studentencafés. Immer wieder taucht ein Hôtel particulier dazwischen auf: allen voran das **Hôtel Bérbisey** 24 (Nr. 19), ein spätmittelalterliches Beispiel mit Holzgalerie im Hof, und bereits barock das **Petit Hôtel Bérbisey** 25 (Nr. 27). Ein Schuss Schmuddel kommt hinzu, an dem auch die postmodernen Fassaden des Architekten Nunez Yanowski im **Quartier Guise** nichts ändern.

Vom Palais de Justice zum Couvent des Bernardines

Verschwiegene Einfahrten, auf Hochglanz gewienerte Messingknäufe – gediegen stimmt die Rue Ste-Anne auf das Viertel um den Justizpalast ein, eine Hochburg des gutbürgerlichen Dijon. Unter der Barockkuppel der ehemaligen Bernhardinerinnenkirche zeigt das **Musée d'Art sacrée** 26 (tägl. außer Di Winter Mi–Mo 9–12, 14–18 Uhr, Sommer 9–18 Uhr) liturgische Geräte, Altäre, Prozessionszubehör vom 12.–19. Jh.

Das im benachbarten Kloster eingerichtete **Musée de la vie bourguignonne** 27 (tägl. außer Di Winter Mi–Mo 9–12, 14–18 Uhr, Sommer 9–18 Uhr) stellt komplette Ladeneinrichtungen aus dem Dijon des 19. Jh. aus. Hinzu kommen ländliche Küchen und Stuben sowie Präsentation von Festen, Handwerk und Persönlichkeiten Burgunds.

Auf die Place des Cordeliers laufen aus allen Richtungen Gassen und Straßen zu – der Verschwiegenheit der

MAÎTRE THIBERT BITTET AN DEN HEIMISCHEN HERD

Viele Jahre glänzte Jean-Paul Thibert als einer der Sterne am kulinarischen Himmel von Dijon. Als er der Küche in einem Luxushotel an der Place Wilson den Rücken kehrte, war das Gejammer unter seinen Stammgästen und Anhängern groß. Thibert ist seit September 2003 wieder da, wenn auch als ein gänzlich anderer. Nicht mehr ein von Guide Michelin und Gault Millau beobachteter *Chef de cuisine* will er sein, sondern ein Lehrer, der den Laien in fast privatem Rahmen in das A & O von Braten, Sieden und Kochen einführt. Thiberts Rückzug ins Private fällt in eine Zeit, in der heftig über den Erfolgsdruck in der Spitzengastronomie diskutiert wird. Auslöser war der Selbstmord des Drei-Sterne-Kochs Bernard Loiseau aus Saulieu. Das neue ›Atelier de cuisine‹ am nordwestlichen Stadtrand von Dijon setzt statt auf Glamour auf Geselligkeit, was eine gewisse Geschäftigkeit nicht ausschließt. Drei Stunden dauert die Vorbereitung eines Menüs unter seiner Anleitung. Drei Stunden, während derer jeder mit anfasst und *en passant* kleine Kniffe als auch große Küchenkunst erlernt. Danach geht es zu Tisch, wo der passende Wein bereits dekantiert wurde. Jeden Dienstag wird nach diesem Rezept gekocht. Die Menüfolge ergibt sich aus der Jahreszeit und dem Marktangebot. Donnerstags steht jeweils ein Winzer im Mittelpunkt, zu dessen Tropfen passend ein traditionelles Mahl zubereitet wird. Wer mehr wissen will, kann mit Thibert einen Marktbesuch oder weitere Kochtermine ausmachen. Wer einfach nur genießen möchte, darf einmal im Monat zuschauen, wie der Meisterkoch ein Menü zubereitet – um es anschließend zu verspeisen. Jean-Paul Thibert, 45, boulevard de Troyes, Talant, Tel. 06 72 25 42 59, ca. 70 € pro Person.

Barockpalais tut's keinen Abbruch. Die **Bibliothèque Municipale** 28 im ehemaligen Jesuitenkolleg des Godrans (3, rue de l'Ecole de Droit) war im Ancien Régime die Eliteschule der Stadt. Der Lesesaal befindet sich in der Kapelle des 17. Jh.

Im **Palais de Justice** 29 (16. Jh.) tagte einst das Parlament von Burgund. Hinter der Renaissancefassade liegt die ›Salle des pas perdus‹ – die Eingangshalle mit Holzgewölbe ist frei zugänglich. Auf den Justizpalast zu läuft die Rue des Bons-Enfants, wo das **Musée Magnin** 30 (tägl. 10–12, 14–18 Uhr) im Barockpalais Lantin Kunst und Gemälde des 16.–19. Jh. in quasi privatem Ambiente ausstellt.

Die Rue Vauban wartet erneut mit einigen außergewöhnlichen *Hôtels particuliers* auf. Das **Hôtel Legouz de Gerland** 31 (Nr. 21) gehörte dem Garderobenmeister der Prinzessin und erinnert an die Bauten an der Place de la

Libération, auf dessen Weite man sich ein paar Schritte später wiederfindet.

Office de Tourisme: Place Darcy, 21000 Dijon, Tel. 03 80 44 11 44, Fax 03 80 42 18 83 (bis Mitte Okt. auch So 9–14 Uhr geöffnet), und 34, rue des Forges, Tel. 03 80 44 11 44, Fax 03 80 30 90 02, Mo–Sa 9.30–13, 14–18 Uhr, info@dijon-tourism.com, www.ot-dijon.fr, www.dijon-tourism.com.

Sofitel La Cloche 32: 14, place Darcy, Tel. 03 80 30 12 32, Fax 03 80 30 04 15, E-Mail: h1202@accor-hotels.com. Das erste Haus am Platz, mit allem Stuck und Lüsterglanz der Belle-Epoque. Komfortable, modern möblierte Zimmer, zuvorkommender Service. Vom stillen Garten ahnt man auf der Straßenseite nichts, DZ 135–210 €.
Hostellerie du Chapeau Rouge 33: 5, rue Michelet, Tel. 03 80 50 88 88, Fax 03 80 50 88 89, www.bourgogne.net/chapeaurouge. Gegründet vor 400 Jahren, nach einer Phase des Niedergangs wiederauferstanden: das elegante kleine Hotel ist eine Institution. Verglaster Wintergarten, DZ 122–141 €.
Hôtel Wilson 34: Place Wilson, Tel. 03 80 66 82 50, Fax 03 80 36 41 54, hotel-wilson@wanadoo.fr. Die ehemalige Postkutschenstation aus dem 17. Jh. macht von sich reden, seit Stéphane Derbord unter demselben Dach wirkt (s. Restaurants). Zimmer um einen Innenhof mit Fachwerkbalustraden, DZ 67–85 €.
Le Jacquemart 35: 32, rue Verrerie, Tel. 03 80 60 09 60, Fax 03 80 60 09 69, www.hotel-lejacquemart.fr. Alle Zimmer sind in Größe und Ausstattung verschieden (Blümchentapete, Marmorkamine, Louis-Philippe-Sesselchen, Grand Lit), was der Atmosphäre des 400 Jahre alten Baus entspricht. Es geht treppauf, treppab durch Flure in Altrosa und Pistazie, DZ 44–54 €.
Hôtel du Palais 36 : 23, rue du Palais, Tel. 03 80 67 16 26, Fax 03 80 65 12 16. Der Bau aus dem 18. Jh. liegt in einer malerischen Altstadtecke. Die properen Zimmer wurden jüngst renoviert. Ruhig gelegen. DZ 29 €.
Centre de Recontres Internationales et de Séjours de Dijon 37: 1, boulevard Champollion, Tel. 03 80 72 95 20, Fax 03 80 70 00 61, www.auberge-cri-dijon.com. Schlichte Doppel- und Mehrbettzimmer mit Jugendherbergsatmosphäre, 15 Min. Fußweg außerhalb vom Zentrum. Selbstbedienungskantine (7 €), pro Person inklusive Frühstück 17,50–20 €.

Stéphane Derbord 38: Place Wilson, Tel. 03 80 66 82 50, Mo mittags, Di mittags und So Ruhetag, erste Aug.hälfte sowie erste Jan.woche geschl. Willkommen bei Dijons neuem Küchenwunder, der vielen als der beste Koch der Stadt gilt. Der erste Stern ist dank gegrilltem Zanderrücken mit Walnüssen und einer Crème brûlée vom Kürbis wohl verdient, Menü 22–73 €.
Le Pré aux Clercs 39: 13, place de la Libération, Tel. 03 80 38 05 05, So abends, Mo Ruhetag, eine Woche im Aug. geschl. Jean-Pierre Billoux kämpft um den Rang des Hauses als Dijons erster Gourmetadresse. Terrine mit Taschenkrebsen und Foie gras, Enten-Charlotte mit Pain d'épices, *Croustillant de chocolat aux marrons confits*. Auf der Weinkarte die Tropfen der Côte de Nuits, Menü 32–85 €.
Les Oenophiles N.C.B.D.O. 40: 18, rue Ste-Anne, Tel. 03 80 30 73 52, So geschl. Chef de Cuisine Daniel Broyer hält die Ehre der burgundischen Küche hoch, indem er nach alter handwerklicher Kunst arbeitet. Man speist unter dem Gebälk aus dem 15. Jh. Zum Schluss steht es dem Gast frei, über einen zweiten Innenhof mit Renaissance-Fachwerk das hauseigene Puppenmuseum zu besichtigen, Menü 40–50 €.

Ma Bourgogne 41: 1, boulevard P. Doumer, Tel. 03 80 65 48 06, So abends, Sa geschl. Der Name ist Programm: Man trinke einen Kir und bestelle anschließend einen *Coq au vin.* Da kann nichts schiefgehen, Menü 19–30 €.
La Côte St-Jean 42: 13, rue Monge, Tel. 03 80 50 11 77, Mi und Sa mittags, Di geschl. Rodrigue am Herd, Olivier im Saal: Die Gebrüder Bérard sind ein eingespieltes Team. Heimeliger als das Erdgeschoss ist der Gewölbesaal im Keller. Perlhuhn mit Pilzen! Menü 21–25 €.
Le Chabrot 43: 36, rue Monge, Tel. 03 80 30 69 61, So geschl. Geselliges Bistro-Caveau. Deftige Menüs sowie durchgängig ›burgundische Teller‹ mit Morvan-Schinken, Käse und offenen Weinen, Menü 12–29 €.
Le Bistrot des Halles 44: 10, rue Bannelier, Tel. 03 80 49 94 15, So, Mo geschl. Das Restaurant gegenüber den Markthallen ist mit Holzstühlen, marmornen Tischplatten und Kachelboden der Inbegriff eines Bistrots. *Paté en croûte à l'ancienne* (Paté im Teigmantel nach Großmutters Art), Faux-filet charolais in Biersauce. Erschwingliche Weine, viele werden im Glas ausgeschenkt – siehe Schiefertafel an der Wand. Bestellungen bis 22.30 Uhr! Menü 14 €.

Markt: Di, Fr morgens und Sa ganztags in den und um die Belle-Epoque-Markthallen, Rue Quentin.
Flohmarkt: jeden 3. So, Rues Verrerie, Auguste Comte, Chaudronnerie.
Antiquitäten: Die Rue Verrerie ist die Meile der Antiquitätenhändler. Nobel ist das Angebot bei ›Isabelle T‹, in der ›Galérie des 3 Soleils‹ oder im ›Au Vieux Dijon‹. Trödel gibt es um die Ecke in der ›Maison Gossot‹, 2, rue Laudromerie, und ›La Brocante‹, 4, rue Auguste Comte.
Mulot et Petitjean: 13, place Bossuet. Süße Köstlichkeiten und Feinkost, allem voran das Pain d'épices.
Maille-Grey-Poupet: 32, rue de la Liberté. Moutarde de Dijon in allen Variationen, dazu Gürkchen, Essig und Öl aus dem Traditionshaus schlechthin von Dijon.
Le Chalet Comtois: 28, rue Musette. Gutsortierter Käseladen. Spezialität ist ein Beaufort aus Almherstellung.
Bourgogne Saveurs: 14, rue Musette. Feinkost: Senf, Pain d'épices, Terrine d' escargots und natürlich Wein.
La Cave de Bacchus: 16–18, rue Bannelier. Über 350 Weine aus Burgund, dazu Trester, Liköre und Feinkost.
Nicot: 48, rue Jean-Jacques Rousseau: Önologe Yves Nicot vertreibt die besten Tropfen der Region. Ebenfalls im Angebot: Rum, Whisky, Portwein.
Parrain Généreux: 21, rue du Bourg. Bonbons & Chocolats. Der ›großzügige Pate‹ heißt Fabrice Gillotte, war 1990 bester Chocolatier de France (s. Tippkasten S. 69).
Vannier: 4, rue François Rude und 12, rue de la Liberté. Pralinés, Torten, Petits-Fours – sonntags steht ganz Dijon Schlange.

Le 55: 55, rue Concordet, ab 18 Uhr. Bar, Restaurant und Weinkeller in einem. Chic. So morgens Brunch.
L'Agora Café: 10, place de la Libération, 11–2 Uhr, So, Mo geschl. Weinbar mit kleiner Speisekarte.
La Comédie: 3, place du Théâtre. ›Die‹ Brasserie der Stadt & the place to be für den Apéritif.
Le Cercle/La Jamaique: 14, place de la République, Di–Sa 14–4 Uhr. Latinogruppen und Cocktails im Erdgeschoss, Disko im Untergeschoss.

Théâtre Dijon Bourgogne: Parvis St-Jean, Rue Danton, Tel. 03 80 30 12 12, www.tdb-cdn.com. Die innovativste Theaterbühne der Region in der Kirche St-Jean.

Grand Théâtre: Place du Théâtre. Opernhaus mit neoklassizistischer Fassade, klassisches Repertoire, Karten unter Tel. 03 80 68 46 40, www.duodijon.com.
Auditorium: Place Jean Bouhey. Moderner Veranstaltungssaal u. a. für Musik, Tanz, Lesungen etc. Karten unter Tel. 03 80 60 44 44, www.duodijon.com.
Music Hall Cap Vert: 1, rue du Cap Vert, Quétigny (6 km östl.), Tel. 03 80 48 55 00, www.capvert.fr. Dinner-Shows mit Varieté- und Revuekünstlern.
Kinos:
Cinéma Gaumont: 16, avenue Maréchal Foch, Tel. 03 80 45 14 00.
Cinéma Le Darcy: 8, place Darcy, Tel. 03 80 30 25 13.
Cinéma ABC: 7, rue du Chapeau Rouge, Tel. 03 80 30 55 66.

Mai: Théâtre en Mai, zeitgenössische Theaterstücke in der Kirche St-Jean; Salon des Antiquaires et de la Brocante, Antiquitätenmesse (zweite Mai-Hälfte).
Juni/Juli: Estivade, Konzerte, Folkloretanz, Chöre in der ganzen Stadt (Ende Juni–Anfang Juli).
Juli/Aug.: Eté Musical, sommerliches Opernfestival (Ende Juli–Anfang Aug.).
Aug./Sept.: Les Fêtes de la Vigne/Les Folkloriades, zehntägiges Tanz- und Gesangsfest mit Teilnehmern aus aller Welt.
Okt.: Les Ecrans de l'Aventure, Festival des Abenteuerfilms.
Nov.: Foire internationale gastronomique, die Messe für Essen und Trinken, ein absoluter Jahreshöhepunkt (1.–11. Nov.; s. S. 33).

Lac Kir: 37 ha großer See mit 30 ha Park (Kanu, Kajak, Minigolf, Badestrand) 4 km westl. am Ufer der Ouche. Dijons beliebtester Sonntagsspaziergang. Vom See startet der nostalgische Petit Train de la Côte d'Or nach Velars-sur-Ouche (1,5 Std. hin und zurück, Juli/Aug. tägl., April, Juni, Okt. So, Tel. 03 80 45 88 51).
Centre Aquatique du Cap Vert: 1, rue du Cap Vert, Quétigny (6 km östl.), Tel. 03 80 48 55 00, Mitte März–Sept. Fun-Bad mit Wellenmaschine, Riesenrutsche, Strand, Sauna, Fitness.
Piscine du Caroussel: 1, cours du Parc, Tel. 03 80 67 20 12. Dijons einziges Freibad.
Dijon Skate Park: 2, rue Général Delaborde, Tel. 03 80 74 31 23. Mit Verleih von Rollern und Helmen.
Eurobike: 4, rue du Faubourg-Raines, Tel. 03 80 45 32 32. Verleih von Tourenrädern, Mountainbikes, Tandems, Motorrollern.

Bahn: Gare de Dijon, Rue des Perrières. Auskunft Tel. 08 36 35 35 35. TGV nach Paris, Lyon, Marseille. Nahverkehr mit den TER-Zügen (www.terbourgogne.com).
Bus: Gare Routière, vor dem Bahnhof. Auskunft Tel. 03 80 42 11 00. Tägl. 21 Buslinien in alle Richtungen. Für jede gibt es ein Faltblatt im Bureau d'Accueil.
Taxi: Taxi Dijon, vor dem Bahnhof, Tel. 03 80 41 41 12. Auch Minibus für acht Personen und touristische Exkursionen ins Umland.
Autovermietung: Avis, Tel. 03 80 42 05 99 u. Europcar Tel. 08 21 80 58 07 u. a. neben dem Bahnhof.
Mitfahrgelegenheit: La Clé de Contact, 10, rue de Vaillant, Tel. 03 80 66 31 31. Bezahlt wird neben der Pauschalgebühr nach Kilometern.

Poste Centrale: Der wuchtige Gebäudekomplex, in dem sich die Hauptpost an der Place Grangier befindet (Ecke Rue du Château/Rue du Temple), ist ein meisterhaftes Beispiel der späten Belle-Epoque: Pagodendach, Lianen- und Blumendekor, Balkone.

SENF AUS DIJON

Jedes Kind in Frankreich weiß, dass die ›Moutarde de Dijon‹ der beste aller möglichen Mostriche ist. Schließlich wird der würzige Senf seit dem Mittelalter in Dijon hergestellt, und dies beileibe nicht nur aus Essig und Senfkörnern. Grund dafür waren zum einen die an Kalium reichen Böden der Region, auf denen die Senfpflanze prächtig gedeiht, zum anderen der zur Herstellung nötige Traubensaft. Nicht zu vergessen die Finanzkraft des Adels und reicher Kaufleute, die sich den täglichen Verzehr von Fleisch erlauben konnten – wozu man wiederum gern Senf reichte. Als die besten Marketingstrategen des heimischen Produkts bewiesen sich im 15. Jh. die Valois-Herzöge: Philipp der Kühne ließ auf das Wappen von Dijon »Moult me tarde«, den Wahlspruch der Senfmacher, schreiben, der zudem auf allen Senftontöpfen der Epoche stand. 1390 wurde die Herstellung erstmals reglementiert. Seit 1937 bestimmt ein Erlass, was in den Senf gehört und wie er herzustellen ist. Im 17. Jh. entstand die mächtige Vereinigung der *vinaigriers* (Essigmacher) und *moutardiers* (Senfmacher), zu deren Schutzpatron der heilige Vinzenz erwählt wurde. 1867 gelang der internationale Durchbruch auf der Pariser Weltausstellung. Die hohe Kunst des Senfmachens hat sich im Laufe der Jahrhunderte verfeinert. Betriebe, die auf sich halten, verschmähen einfachen Essig als Zutat, und fügen den ›moût‹, ein Gemisch aus Traubensaft und Verjus (Saft aus unreifen grünen Trauben) hinzu. Beim Edelsenfmacher Fallot in Beaune (31, rue du Faubourg Bretonnière) etwa werden die zuvor in Wasser und Weißwein eingeweichten Körner sogar nach wie vor in der Steinmühle zermahlen. Bevor der scharfe Brei in die typischen Steinguttöpfe wandert, wird der Geschmack mit bis zu fünf Dutzend Aromen variiert. Neben Klassikern wie Knoblauchsenf gehören raffinierte Kreationen wie Cassis- oder Gewürzkuchensenf zum Angebot. Die Senfkörner selbst stammen nicht mehr aus der Umgebung von Dijon, sondern werden aus dem süditalienischen Bari, Straßburg, Kanada, oder Bombay geliefert. Mittlerweilen wird allerdings über Neuanpflanzungen auch in Burgund nachgedacht. Sieben Betriebe sind in Dijon weiterhin ansässig, die es zusammen auf eine Jahresproduktion von 60 000 t Senf bringen. Der größte davon ist Amora hinter dem Bahnhof (48, quai Nicolas-Rolin, Tel. 03 80 44 44 44), wo man über das Office de Tourisme eine Werksbesichtigung reservieren kann. Trotz des Eindrucks, den der nostalgische Laden erweckt, auch nicht ganz klein ist Maille-Grey-Poupet (32, rue de la Liberté). Neben Moutarde de Dijon in allen Variationen gibt es Gürkchen, Essig und Öl. Nicht in Dijon, sondern in Couchey ein paar Kilometer weiter südlich, wird einer der besten, weil schärfsten Dijon-Senfe hergestellt. »Ma Force est en ma qualité« (Meine Stärke liegt in meiner Qualität) lautet die Devise von Les Moutardes Le Téméraire, (7, rue Jean Moulin, Tel. 03 80 30 41 02). Wovon der im 19. Jh. gegründete Betrieb bis heute kein Senfkorn abweicht.

DIE CÔTE D'OR

Bienvenue in der Hocharistokratie der burgundischen Weine – Chambertin, La Romanée, Corton, Montrachet sind Namen, die weltweit im Glas klingen. Die Côte d'Or ist eine der prestigeträchtigsten Weinregionen der Welt. Das Meer der Reben, in denen die Dörfer zu versinken scheinen, reicht bis vor die Tore von Dijon.

32 von 33 Grands Crus entfallen auf die Côte d'Or. Dabei ist die Anbaufläche mit 9200 ha eher bescheiden. Die Côte d'Or teilt sich in die nördliche Côte de Nuits (3000 ha) und die südliche Côte de Beaune auf (5000 ha). Hinzu kommen die Hautes Côtes, die höher gelegenen, deutlich weniger prestigeträchtigen Lagen.

Côte de Nuits und Nuits St-Georges

Die Côte de Nuits, der nördliche Abschnitt der Côte d'Or, schließt im Süden von Dijon fast nahtlos an das Stadtgebiet an. Doch schon bald erreicht man die ersten wirklichen Dörfer. Auf den Reben geradezu zu schwimmen scheint der Clos Vougeot, das wohl bekannteste Weingut Burgunds.

Chenôve

Burgund-Atlas: S. 235, D 3
Die Hangkante der Côte de Nuits und HLM-Türme (*Habitation à loyer modéré,* die französische Form des sozialen Wohnungsbaus) rücken an Chenôve heran. Das Schild an der D 122 verkündet stolz, dass hier die prestigeträchtige, 80 km lange **Route des Grands Crus de Bourgogne** beginnt.

Daran erinnern ebenfalls die **Pressoirs des Ducs de Bourgogne** (herzögliche Weinpressen) aus dem 13.–14. Jh. (8, rue Roger Salengro, Juli–Sept. tägl. 14–19 Uhr, Eintritt gratis). Die hölzerne Konstruktion gilt als eine der ältesten Kelteranlagen Burgunds – auch wenn die Herzöge wohl niemals die Eigner waren.

Le Clos du Roy: 35, avenue du 14-Juillet, Tel. 03 80 51 33 66, So abend, Mo geschl. Exzellentes Preis-Leistungsverhältnis für burgundische Küche und Weine der Côte d'Or; Menü (mittags)16 €, bis 55 € (abends).

Hélix: 56, route de Dijon, Fr 9–12, 14–17.30 Uhr. Weinbergschnecken, bereits für den Ofen vorbereitet. Mit Versand.

Fête de la Pressée: Weinlesefest am Wochenende nach dem 15. Sept.

Marsannay-la-Côte

Burgund-Atlas: S. 235, D 4
Das Dorf produziert als einziges an der Côte de Nuits einen fruchtigen Rosé mit Pfirsicharoma. Das Weinbau- und lokalgeschichtliche Museum **La Maison du Patrimoine** (41, rue de Mazy, im selben Haus wie Office de Tourisme, Mo–Sa 9.30–12.30, 14–18, So 9–13, Winter So geschl.) erklärt die seit 658 bezeugte Weinbautradition.

Ein Schlenker führt von den Weinhängen in die Ebene nach **Perrigny-lès-Dijon,** wo das Musée du Cerf-Volant (12, rue Vignery, Mo–Fr 10–12, 14–18 Uhr) Drachen und Drachenbautechniken aus aller Welt vorstellt.

Office de Tourisme: 41, rue de Mazy, Tel. 03 80 52 27 73, www.ot-marsannay.fr.

Au Chardonnay: 31, rue de Mazy, Tel. 03 80 51 37 23, Fax 03 80 51 37 38, Dez.–Mitte März geschl. Vier ansprechende Chambres d'hôtes und eine Ferienwohnung in schmuckem Winzerhaus, Pool, DZ 60–70 €, Wohnung in separatem Cottage 85 €.

Les Gourmets: 8, rue du Puits-de-Têt, Tel. 03 80 52 16 32, So abend, Di geschl. Futuristisches Mobiliar schon im Eingangsbereich, an den Wänden ein kräftiges Orange, gepaart mit einem knalligen Rot – doch auf der Karte kulinarische Klassiker von Schnecken, die im Windbeutel und mit Minze serviert werden, bis hin zu *Œufs pochés en meurette.* Tipp: *Travers de veau de 8 heures aux arômes d'orange et parmesan,* eine Kreation mit Kalbsrippchen, Orangen und Parmesan, Menü 29–75 €.

Domaine Olivier Guyot: 39, rue de Mazy, Tel. 03 80 52 39 71. Ein Winzer, der seinen Weinberg mit dem Pferd bearbeitet und auf alte Rebstöcke setzt. Tipp: die Lage ›Les Chenevières Vieilles vignes‹.

Marathon des Grands Crus: Marathon von Dijon (Start Place de la Libération) nach Marsannay-la-Côte, Ende Okt.

Führungen durch den Weinberg mit einem Geologen und Weinprobe – das Glas mit Gravur darf man behalten (Juli–Sept. über Office de Tourisme).

Couchey

Burgund-Atlas: S. 235, D 4
Die D 122 taucht in Reben ein, aus denen dann und wann ein stattliches Weingut herausragt. Doch berühmter als die Weine sind ausnahmsweise die Senfsorten der **Senffabrik Le Téméraire** in der Rue Jean Moulin Nr. 7 (s. S. 77). Neben der Kirche steht ein prachtvolles **Renaissancekreuz.**

Les Brugères: 7, rue Jean-Jaurès, Tel. 03 80 52 13 05, Fax 03 80 52 93 20, www.francoisbrugere.com, Dez.–März geschl. Vier Chambres d'hôtes beim Winzer. Sandfarbener Bau des 16. Jh., Zimmer mit Balken und Antiquitäten, Kellerprobe, DZ 54 €.

Fixey, Fixin, Brochon

Burgund-Atlas: S. 235, D 4
In **Fixey** bleibt der Blick am ersten Kirchturm der Route des Grands Crus hängen, der mit buntglasierten Ziegeln gedeckt ist. Das Gotteshaus (Sa, So

auf Anfrage, Mairie Tel. 03 80 52 45 52) überragt das winzige Bilderbuchdorf seit 902, und gilt damit als das älteste romanische Bauwerk der Côte de Nuits. Ebenfalls über das Rathaus erhält man Zugang zum 500 Jahre alten Four banal, dem mit Steinplatten gedeckten Gemeindebackofen.

Etwas größer als Fixey ist **Fixin.** Im schmucken Ortskern fällt das klassizistische Waschhaus auf. Das Winzerdorf ist das erste, das die begehrte Appellation ›Premier Cru Côte de Nuits‹ tragen darf. Ein Premier Cru ist auch der Clos de la Perrière. Ein Besuch des Manoir de la Perrière lohnt sich wegen des mittelalterlichen Kellers mit Presse aus dem 12. Jh.: Das Gut war eine Art Erholungsheim für die Mönche der Abtei von Cîteaux. Als Ruhesitz wählte auch Claude Noisot das Dorf, ehemals Capitaine de la Garde in Napoleons Diensten. Dem Kaiser zu Ehren ließ er oberhalb von Fixin das Monument ›Das Erwachen Napoleons‹ und einen Park anlegen. Für das Denkmal beauftragt wurde kein Geringerer als der aus Dijon stammende Bildhauer François Rude. Der Park ist frei zugänglich, nicht aber das Musée Noisot, in dem Memorabilien von den Feldzügen des Capitaine de Garde gezeigt werden (Mitte April–Mitte Okt. Mi, Sa, So 14–18 Uhr).

Direkt an Fixin schließt **Brochon** an. Das imposante Neo-Renaissance-Schloss etwas unterhalb der D 122 ist heute eine Schule. Bauen ließ es 1898 Stephan Liégeard, der den Namen der ›Côte d'Azur‹ in Anspielung an die heimatliche Côte d'Or erfunden hat (Führungen Mitte Juli–20. Aug. 14.30, 18.30 Uhr).

Manoir de la Perrière: Tel. 03 80 52 47 85, 8–18 Uhr, während der Weinlese geschl. Prämierte AOC-Fixin-Rotweine (Pinot noir) des 1er Cru ›Clos de la Perrière‹, Weißweine (Chardonnay).
La Laiterie de la Côte: Brochon, 14, rue de la Maladière, Mi, So geschl. Die besten Kuhkäse weit und breit: L'Ami du Chambertin, Epoisses, Cendré de Vergy ...

Weinlese in der Côte d'Or

Gevry-Chambertin

Burgund-Atlas: S. 235, D 4
Bis 1847 hieß das Dorf schlicht Gevry. Dann beantragte man beim Präfekten die Umbenennung in Chambertin – die Lage macht Gevrys weltweites Renommée. Der Präfekt war nicht einverstanden, und drohte, das Dorf ›Gevry-tout-court‹ (›Gevry und damit Schluss‹) zu nennen. Man einigte sich auf den Doppelnamen – was in der Folge etliche Dörfer mit prominenten Reblagen nachmachen sollten. Das Château über dem Dorf, eine klobige Burg aus dem 10. Jh. mit Louis-XIII- und XIV-Mobiliar, ist Privatbesitz – die Schlossherrin persönlich führt durch das Gemäuer, inklusive einer Weinprobe im Keller (Jan.–Mitte Nov. 10.30–12, 14–17, Sommer 18 Uhr, So morgen geschl.).

Für alle, die es vergessen haben sollten, verkündet ein Schild hinter dem Ort: ›Ici finit le Chambertin‹ – hier endet Chambertin.

LES TROIS GLORIEUSES

Mehr als Blumenkörbe zu gewinnen gibt es bei ›Les Trois Glorieuses‹

Alle Jahre wieder schaut Frankreich nach Burgund. Zwische Dijon und Beaune ist trotz der herbstlichen Witterung kein Hotelzimmer mehr zu bekommen. Der Grund dafür sind Les Trois Glorieuses, das Abschlussritual der Weinlese, dessen Datum seit 1942 auf das 3. Novemberwochenende festgesetzt ist. Der Auftakt, ›Le Chapitre‹, wird samstags im Schloss Clos Vougeot mit einem Festbankett der Confrérerie des Chevaliers de Tastevin feierlich zelebriert. Prominente Mitglieder mischen sich unter die roten Roben, darunter Schauspieler, Industriekapitäne und Minister. Ihre Namen sorgen für den nötigen Glamour (s. S. 20). Mit dabei ist immer der Tastevin, eine flache silberne Weinprobierschale. Am Sonntag folgt die traditionelle Weinversteigerung in den Hospices de Beaune. *Pièce* heißen die zu Gebot stehenden Lose. Gemeint sind damit Einheiten zu je 228 Litern. Die mediengerecht mit großem Prominentenaufgebot inszenierte Versteigerung markiert den Höhepunkt der ›glorreichen Drei‹. Nicht mit dem Hammer, sondern mit einem Kerzenlicht, das der Auktionator beim höchsten Gebot löscht, entscheidet sich das Wettbieten. Der Erlös geht seit 1857 an soziale oder humanitäre Einrichtungen – bis heute ist diese *Vente de charité* die weltweit bedeutendste Auktion zu karitativen Zwecken. Richtig gefeiert wird noch einmal am Montag zur volkstümlichen ›Paulée‹ in Meursault, seit 1922 mit einem feierlichen Bankett, Gesang und viel Wein, versteht sich. Alle Hände, die bei der Weinlese mit angepackt haben, greifen nun noch einmal kräftig zu. Und zwar auf Kosten ihres Arbeitgebers, der sich nicht lumpen und ein paar gute Flaschen springen lässt.

Gilly-lès-Cîteaux und Cîteaux

Burgund-Atlas: S. 235, D 4
Der Name sagt's: Auch in **Gilly-lès-Cîteaux** gaben die Mönche aus Cîteaux den Ton an. Das Land ringsherum ist flach, das Barockschloss, im 17. Jh. als Landsitz der Äbte erbaut (heute Luxushotel), wirkt daher um so gewaltiger. Im gotischen Keller wurden die Weine der Abtei Cîteaux gelagert. Ebenfalls von den Zisterziensern erbaut wurde im 14. Jh. die Kirche.

15 km östlich stößt man auf **Cîteaux** selbst, oder besser gesagt das, was nach der Französischen Revolution von der Mutterabtei des Zisterzienserordens übrigblieb. Die Geschichte von Cîteaux beginnt am 21. März 1098. Man schreibt den Tag des heiligen Benedikt. Auf dessen zu Armut, Keuschheit und Einsamkeit mahnende Regeln beruft sich Robert, ein ehemaliger Benediktinerabt des Cluny nahestehenden Klosters Molesmes. In einem Sumpf- und Waldgebiet südlich von Dijon beginnen Robert und einige Gleichgesinnte, die Regeln in die Praxis umzusetzen. Von einer Ordensgründung ist zunächst nicht die Rede. Schilfrohr, ›cistels‹, gab Ort und Orden den Namen, das Gewand aus ungefärbter Wolle den Mönchen den populären Namen ›die weißen Mönche‹. Als entscheidend für den Aufstieg von Cîteaux zum expansionsfreudigsten Orden des 12. und 13. Jh. erwies sich 15 Jahre später der Eintritt von Bernard de Fontaine in Cîteaux. Dem jungen burgundischen Grafen schlossen sich 30 Verwandte und Freunde an.

Göttlich

50 Milchkühe, zwei Dutzend Mönche, eine Abtei: macht zusammen einen göttlichen Käse, der unter dem Namen der Abbaye de Cîteaux im abteieigenen Laden vertrieben wird. Auch der Honig und die Kräuterbonbons stammen aus Klosterherstellung (tägl. außer Mo).

Mit Bernard gewannen die Zisterzienser die am nachhaltigsten wirkende – und begeisterungsfähigste – Persönlichkeit ihrer Ordensgeschichte. Mütter sollen ihre Kinder versteckt haben, sobald sich der Mönch einem Dorf näherte, um sie der verführerischen Wortgewalt Bernards zu entziehen. Bei Bernards Tod 1153 zählte man in Europa 343 Zisterzienserabteien. Bis zum Ende des Mittelalters stieg ihre Zahl auf 1500.

Durch die Jahrhunderte hatte sich der burgundische Adel in Cîteaux bestatten lassen. Entsprechend heftig wütete nach 1790 der revolutionäre Furor. Bis auf den klassizistischen Nordflügel, einen Bibliotheksbau des 15. Jh. sowie ein Versammlungsgebäude aus dem 17. Jh. entging nichts der Zerstörung.

1898 konnten die Zisterzienser die zwischenzeitlich als Besserungsanstalt für junge Delinquenten genutzten Bauten zurückkaufen. 1902 erhielt Cîteaux den Rang als Mutterkloster zurück. Zur 900-Jahrfeier wurde 1998 ein Besichtigungsparcours eröffnet, auf dem einer der 36 Mönche oder ein autorisierter Führer durch die Abbaye de Cîteaux führt (St-Nicolas-lès-Cîteaux, Tel. 03 80 61 32 58, www.citeaux-abbaye.com, Diorama zur Geschichte des Reformordens, historischer Parcours mit zweistündiger Führung Mitte Mai–Juni, Mitte Sept.–Anfang Okt. tägl. außer Mo, So morgen 9.45–12.45, 14.15–18, Juli–Mitte Sept. tägl. außer Fr 9.45–18.30 Uhr).

Château de Gilly: Gilly-lès-Cîteaux, Tel. 03 80 62 89 98, Fax 03 80 62 82 34, www.chateau-gilly.com, Feb.–Mitte März geschl. Zimmer im barocken Abtspalast, gotische Gewölbe im Restaurant. Park, Pool und Tennisplatz. Tipp: das zweistöckige Gartenhaus ›La Maison du Père Abbé‹ in einem stillen Gartenwinkel, DZ 88–235 €, Suite 213–416 €.

Le Petit-Paris: Tel. 03 80 62 84 09, Fax 03 80 62 83 88, www.petitparis.bourgogne.free.fr, Flagey-Échezeaux (südl.). Vier Chambres d'hôtes in einem zauberhaften Anwesen am Ufer der Vouge. Einladende Zimmer mit den Namen von Grands Crus, DZ 77 €.

Château de Longecourt: Longecourt-en-Plaine (18 km östl.), Tel. 03 80 39 88 76, Fax 03 80 39 87 44. Fünf Chambres d'hôtes auf dem Wasserschloss der Gräfin de Sainte Seine, zwei davon mit gemeinsamem WC. Splendider Grand Salon, mit Familienantiquitäten möblierte Zimmer, die ihre Macken haben, aber umso mehr wie echte Gästezimmer wirken, DZ 122 €. Table d'hôtes 42 € inklusive Wein.

Robert Losset: Flagey-Échezeaux (südl.), Place de l'Eglise, Tel. 03 80 62 88 10, So abend, Mi geschl. Anständige Landküche im ehemaligen Bar-Tabac des Dorfs, Menü 23–74 €.

Nuits-St-Georges

Burgund-Atlas: S. 235, D 4

Den von höchst ministerieller Stelle empfangenen Ehrentitel ›Site Remarquable du Goût‹ (für den Geschmack bemerkenswerter Ort) erhielt das schmucke Städtchen wegen der schwarzen Johannisbeeren, die hier ebenso prächtig gedeihen wie der Wein – und zu Cassis verarbeitet werden. Doch schon seit die Weine Ludwig XIV. als Medizin verschrieben worden sind, ist Nuits-St-Georges ein gemachter Winzerort.

Das geschäftige Städtchen legt sich wie Kringel um die Grand'Rue, die Hauptachse im Ort. Das Wahrzeichen ist der **Beffroi,** ein weinberankter Belfried von 1619. Die Pfarrkiche **St-Symphorien** ist bis auf weiteres nur von außen zu besichtigen: Innen wird saniert.

Das **Musée Municipal** (12, rue Camille-Rodier, tägl. außer Di Mai–Okt. 10–12, 14–18 Uhr) zeigt gallo-römische Funde, Exponate aus merowingischer Zeit und einen Film zum Einfluss der Abtei Cîteaux.

Ein gallo-römisches Ausgrabungsfeld mit Tempel und Sanktuarium befindet sich im Süden des Orts (Fouilles des Bolards, Route de Seurre, Mai–Okt. Mi, So 14–18 Uhr).

Office de Tourisme: 3, rue Sonoys, Tel. 03 80 62 11 17, Fax 03 80 61 30 98, www.ot-nuits-st-georges.fr. Mehrere Pauschalangebote: ›Pass Côte de Nuits‹, Besichtigungen Clos Vougeot, Museen, Verprobung 13 €. ›Pass Bacchus Privilège‹: Besichtigungen Clos Vougeot, Cîteaux, Cassissium, Verkostung 15 €.

EIN MANN, EIN APÉRITIF: FÉLIX KIR

Man nehme zwei Drittel gut gekühlten Aligoté, füge ein Drittel schwarzen Johannisbeerlikörs hinzu – fertig ist der Kir. Santé! Der Urheber des mittlerweile weltweit bekannten Apéritifs war kein Geringerer als ein ehemaliger Bürgermeister von Dijon, dessen eigentliche Berufung die katholische Kirche war – das klingt komplizierter, als das Rezept im Vergleich ist. Félix Kir (1876–1968) war viele, viele Jahre ein einfacher Landpfarrer, und wäre es wohl auch geblieben, wenn er nicht aufgrund seiner mutigen Résistancetaten 1945 als fast Siebzigjähriger zum Bürgermeister von Dijon und Abgeordneten des Départements Côte d'Or gewählt worden wäre. Das blieb er bis zu seinem Tod, fast ein Vierteljahrhundert lang, in dem er nicht nur die Geschicke der burgundischen Hauptstadt lenkte und sich mit Präsident de Gaulle anlegte, sondern auch einem fruchtigfrischen Apéritif den Namen gab – *le Kir*. Das Mischgetränk ließ der Bürgermeister auf den offiziellen Empfängen des Rathauses ausschenken, damals ein Skandal, was *Monsieur le Maire* herzlich wenig scherte.

Kurzum, Félix Kir verband aufs Schönste alle burgundischen Kardinaltugenden: Er war katholisch, redegewaltig, heimatstolz und ein Bonvivant vor dem Herrn. Eins übrigens wusste der Bürgermeister: Den besten Likör für sein Lieblingsgetränk gab es nicht in Dijon, sondern im nahen Winzerort Nuits-St-Georges bei Védrenne. Daran hat sich nichts geändert. Der Likörist in der Rue Fagon (ebenfalls Boutique in Dijon: 1, rue Bossuet) produziert nach wie vor ›die‹ Crème de Cassis für den Kir (www.vedrenne.fr). Und Nuits-St-Georges ist in Folge des Erfolgs seiner Cassis-Liköre sogar in den erlauchten Kreis der ›Sites remarquables du goût‹ aufgenommen worden, mithin ein Ort des Genusses. Was den seligen Félix Kir sicher gefreut hätte.

La Gentilhommière: Route Meuilly (1,5 km westl.), Tel. 03 80 61 12 06, Fax 03 80 61 98, Mitte Dez.–Mitte Jan. geschl. Jagdschlösschen aus dem 16. Jh. Die schönsten Zimmer gehen zum Bach und zum Park, DZ 85–200 €. Sehr gutes Restaurant.

Domaine Comtesse Michel de Loisy: 28, rue Général de Gaulle, Tel. 03 80 61 02 72, Fax 03 80 61 36 14, www.domaine-de-loisy.com, Ende Dez.–Anfang Jan. geschl. Gräfin Christine de Loisy, ihres Zeichens Önologin und Doyenne unter den Winzern der Côte d'Or, ist zudem Herrin über drei Chambres d'hôtes und zwei Suiten. Ihr Haus verstrahlt den Charme des Ancien Régime. Nachteil: die Lage an der lauten Durchgangsstraße, DZ 100–130 €.

Le Chef Coq: Route de Meuilly, D 25, 2 km westl. von Nuits-St-Georges, Tel. 03 80 61 12 06, Di, Mi u. Sa mittag geschl. Das gediegene Restaurant des Landhotels La Gentilhommière lockt mit edelrustikalem Ambiente und raffinierter Landküche.

L'Alambic: Rue du Général-de-Gaulle, Tel. 03 80 61 35 00, Mo mittag, 22. Nov.–Ostern auch So abend geschl. Hotelrestaurant mit ausgefallener Küche zu räsonablen Preisen – Rochen mit einem Püree schwarzer Oliven!

Domaine Anne-Marie Gille: Comblanchien (6 km südl.), Route Nationale 74, Tel. 03 80 62 94 13. Traditionell ausgebaute Rotweine.
Cassissium: Avenue du Jura/Rue des Frères Montgolfier, www.cassissium.com, April–Mitte Nov. tägl. 10–13, 14–19, sonst Di–Sa. Moderne Ausstellung zum Thema Cassis, Werksbesichtigung und Verkauf der Crème de Cassis und der Liköre von Védrenne.
Josèphe Cartron: 25, rue du Docteur-Louis-Legrand, Marc de Bourgogne (Trester), Eaux de Vie von Mirabelle, Birne, Liköre sowie Crème de Cassis.
Caveau St-Uguzon: 3, rue du Grenier à sel, 9–12, 15–19 Uhr, Mo, So nachmittag geschl. Kulinarisches wie Käse aus eigener Herstellung und *Jambon persillé*.
Armelle et Bernard Rion: Vosne-Romanée, 8, rue de Dijon, Mo–Fr 8–18 Uhr, www.domainerion.com. Trüffel, frisch und im Glas, sowie Wein.

La Route du Cassis: ausgeschilderte Route auf den Spuren von Cassis & Kir Royal, Auskunft über Office de Tourisme.
Weinseminare: mit Probe, Mahlzeit und Unterkunft veranstaltet Gräfin Christine de Loisy (s. Unterkunft). Die Hausherrin führt passioniert in die Tropfen der Region ein.
Piscine Municipale: Avenue de Chambord. Frei- und Hallenbad mit Liegewiese.
Les Attelages de la Grappe d'Or: Jacques Henri Jean, Tel. 06 08 33 77 37. Kutschfahrten durch die Weinberge.

VTT Aventure: 17, rue Comblancien, Tel. 03 80 61 06 97, Mountainbike-Verleih.

Bahn: Zahlreiche Nahverkehrszüge nach Dijon, La Gare, Tel. 03 80 61 05 84.

Hautes Côtes de Nuits und Ouche-Tal

Winzergehöfte und -keller gehören auch in den Hautes Côtes zum Bild. Die Tropfen sind nicht so renommiert wie die tiefer am Hang, dafür ist die Landschaft abwechslungsreicher. Die 550 ha Reben verlieren sich zwischen Wäldern und Wiesen. Tiefe Klüfte, die Combes, zerschneiden die Hautes-Côtes. Nach Westen begrenzt das Tal der Ouche die Hautes Côtes de Nuits.

Curtil-Vergy, Reulle-Vergy, L'Etang-Vergy

Burgund-Atlas: S. 235, D 4
Verschlungene Landsträßchen führen von Nuits-St-Georges über Concœur-et-Corboin ins unaufgetakelte Vergy, dessen drei Ortsteile alle nur einen Steinwurf auseinander liegen. In einer Lichtung des Mantua-Forsts erhebt sich die Silhouette des **Château d' Entre-deux-monts** (Tel. 03 80 61 10 85, www.entre2monts.free.fr). Einer der Türme dient als Taubenturm. Zum Schloss im Louis-XIII-Stil gehört eine Orangerie, die erst 1733 gebaut wurde.

Im Hauptdorf **Reulle** kündigt eine **Burgruine** von der einstigen Bedeutung des Orts. Intakt ist noch die ehemalige Burgkirche (Château de Reulle,

Juli–Aug. Sa, So 15–18 Uhr, sonst nach Absprache, Tel. 03 80 61 48 19). Man ist stolz auf die Vergangenheit, die die Mitglieder der ›Association des Amis de Vergy‹ in langen Archivstudien erforscht haben. Einer der ›Freunde von Vergy‹ ist der ehemalige Bürgermeister Bernard Coudin. In seiner Werkstatt hat er ein Tischmodell der Burg vor ihrer Zerstörung gebastelt (Tel. 03 80 61 42 48).

Im Heimatmuseum **Musée des Arts et Traditions des Hautes Côtes** (Place de la Fontaine, Juni–Sept.) gibt es Ausstellungen zu Alltag, Fauna und Flora der Region.

Das ehemalige **Zisterzienserkloster St-Vivant** liegt an der Straße nach Nuits-St-Georges, südlich des Mont de Vergy (freier Zugang. Achtung: Die maroden Gewölbe sind gefährlich!)

Office de Tourisme: im Musée des Arts et Traditions des Hautes Côtes, Place de la Fontaine, Tel./Fax 03 80 61 41 98.

Le Manassès: Curtil-Vergy, Tel. 03 80 61 43 81, Fax 03 80 61 42 79, www.ifrance.com/hotelmanasses, Dez.–Feb. geschl. Schmuckes, um einen Hof gebautes Dorfhotel. Kleine, gemütliche Zimmer im Haupthaus, geräumige und elegante im Nebenhaus (Annexe). Der Besitzer ist Winzer, der Keller nicht weit, DZ 70–95 €.

Le Val de Vergy: Curtil-Vergy, Ortsteil Pellery, Tel. und Fax 03 80 61 41 62, Ostern–Ende Okt. Table d'hôte zweimal pro Woche auf Reservierung. Keine Kreditkarten! Altes Winzerhaus mit Garten und vier gemütlichen Chambres d'hôtes in der ersten Etage. Moderne Bäder, Antiquitäten, Balken und knarzende Holzböden. Die ›Chambre à baldaquins‹ – mit Baldachinbetten – kann man mit der ›Chambre Aurélie‹ zu einer Wohnung verbinden, DZ 48–56 €, Suite 70 € bei 3, 95 € bei 4 Personen. Frühstück inklusive. Table d'hôte 19 €.

Auberge du Coteau: Villars-Fontaine (südl.), Tel. 03 80 61 10 50, Di abend, Mi geschl. Ein echter Landgasthof mit entsprechenden Portionen – die *Côte de bœuf* besser zu zweit bestellen! Menü 13–20 €.

Ferme de Rolle: Hameau de Rolle (nördl.), Tel. 03 80 61 40 10, Ternant, Mo, Di geschl. Zünftiger Saal mit Holzschuhen am Deckenbalken. Rustikaler geht's kaum: gegrillt wird über dem offenen Kamin, Menü 17–24 €.

La Ferme Fruirouge: Hameau de Concœur (östl.), Tel. 03 80 62 36 25, www.fruirouge.fr. Beeren in jedem Rotton, frisch oder in Form von Konfitüren, Säften, Essig und Fruchtweinen.

Arcenant

Burgund-Atlas: S. 235, D 4

Wir sind mitten im ›Pays des fruits rouges‹, dem Land der roten Früchte, sprich Himbeeren, Johannisbeeren, Brombeeren… Die bescheidene Hauptstadt des Pays des Fruits Rouges ist auch wegen der Grotten bekannt. Einfacher zu besichtigen ist die gallo-römische Fundstätte L'Ecartelot, die von der D 18 ausgeschildert ist.

Hostellerie du Vieux Moulin: Bouilland (10 km westl.), 1, rue de la Forge, Tel. 03 80 21 51 16, Fax 03 80 21 59 90. Komfortables Haus am Ende der Welt, mit hervorragender Küche – Pierre Silva zählt zu den Großen seiner Zunft (Menü 36–60 €, Mo mittag, Mi, Do mittag geschl.). Einige Zimmer der ehemaligen Mühle gehen zum Bach, DZ 80–140 €.

La Maison des Hautes Côtes: Marey-lès-Fussey, Tel. 03 80 62 91 29, So abend, Mo geschl. Großer Saal mit Kamin, Balkendecke und weißem Mobiliar. Tipp: *Faux filet* mit Epoisses-Käse, Menü 11–19 €. Verkauf von Produkten der Hautes Côtes.

Gilles Joannet: Tel. 03 80 61 22 80. Monsieur ist Liquoriste und produziert Liköre aus roten Früchten, aber auch aus Melone, Weinbergpfirsich, Tomate.

Der Fernwanderweg GR 7 verbindet Arcenant mit Bouilland (10 km westl.). Vom zwischen Felsen eingekeilten Dorf geht es weiter zur Ruine der Abtei Ste-Marguerite (2 km) aus dem 11. Jh.

Bligny-sur-Ouche

Burgund-Atlas: S. 234, C 4
Mit dem Dorf, das immerhin Hauptstadt eines gleichnamigen Kantons ist, erreicht man das Tal der Ouche. Die prachtvolle Kirche thront über dem Ufer. Das Flüsschen entspringt wenige Kilometer weiter südlich (schöner Spaziergang ab Lusigny!), um seinen Weg in Schlangenlinien durch ein bukolisches Wald- und Wiesental fortzusetzen. Louis Malle hat 1958 an der Quelle ›Les Amants‹ (›Die Liebenden‹) gedreht.

Douce France

Die Biscuiterie de Vergy (Ortsteil Reulle-Vergy, Rue du Pré d'Ânon, tägl. außer Mo) ist ein wohnzimmergroßer Salon de thé mit Direktverkauf süßer Spezialitäten aus hauseigener Herstellung wie *Pain d'épices* oder *Dents de loup*.

Office de Tourisme Bligny-sur-Ouche: Place de l'Hôtel de Ville, Tel. 03 80 20 16 51, Fax 03 80 20 17 90, April–Mitte Okt.

La Saura: Lusigny-sur-Ouche (2,5 km südl.), Route de Beaune (D 970), Tel. 03 80 20 17 46, Fax 03 80 20 07 73, la-saura@wanadoo.fr. Stattliches Herrenhaus aus hellem Naturstein mit einem halben Dutzend unterschiedlich ausgestatteter Chambres d'hôtes – mal Parkett und Antiquitäten, mal modern. Pool, Garten, DZ 77 € inklusive Frühstück.

Hostellerie des Trois Faisans: Tel. 03 80 20 10 14, www.troisfaisans.fr, Nov., Jan.–Feb. geschl., Di, Mi außer Juli–Aug. Ruhetag. Ehemalige Postkutschenstation mit Hof, wo sommers getafelt wird. Heiterer Garten zur Ouche, Menü 11 € (mittags) bis 37 €. Dazu ein halbes Dutzend schlichte Zimmer, DZ 45–62 €.
Ferme-Auberge La Bâche: La Bâche, Tel. 03 80 20 11 58. Der Bauernhof von M. et Madame Finot ist ein Bild burgundischer Ländlichkeit: Balken, Natursteine, warmer Ziegenkäsesalat, Lammkoteletts, hausgemachter Kuchen, Menü ab 16 €. Es gibt (leider nur) eine Chambre d'hôte. Verkauf von Eiern und Geflügel aus Freilandhaltung.

Markt: Mi morgen Lebensmittelhändler, an jedem dritten Mi auch Textilien und anderes.

Le Petit Train de Bligny: Tel. 03 80 20 16 65, www.lepetittraindebligny.

com, Mai–Sept. Nostalgische Dampfbimmelbahn durch das Tal der Ouche, unter der Woche mit Diesellok.
Radverleih: Office de Tourisme. Sechs Mountainbikes können ausgeliehen werden.

La Bussière-sur-Ouche

Burgund-Atlas: S. 235, D 4
Beim Weiler **Pont d'Ouche** trifft das Flüsschen auf den Canal de Bourgogne, der zwar breiter ist, aber sich an den Windungen der Ouche orientiert.

Zur **Zisterzienserabtei** von La Bussière-sur-Ouche aus dem 12. Jh. mit Refektorium, Kreuzgang, Kirche, Weinpresse und -keller gehört eine Mühle – nur eine von 16, die heute noch die Ouche säumen (Besichtigung April–Okt. 9–19 Uhr, sonst unregelmäßig). Im Park mit Arboretum findet sich eine Hecke, die in Form von Mühlen gestutzt ist.

Abbaye de La Bussière-sur-Ouche: Tel. 03 80 49 02 29, Fax 03 80 49 05 23, www.abbayelabussiere.com. 53 einfache Zimmer, ein Gruppenhaus (Le Moulin) mit 72 Plätzen sowie Seminarsäle machen aus der Abtei zugleich ein Diözesangasthaus mit Verpflegungsmöglichkeit, Preise auf Anfrage.

L'Ouchotte: Tel. 03 80 49 03 35. Brot, Baguette, Madeleines, Pain d'épices nach alten Rezepten.

Ferme équestre de la Volte: Tel. 03 80 49 04 73. Reiterhof mit Pferd- und Ponyverleih, organisierte Tagesausflüge mit Verpflegung.

Barbirey-sur-Ouche

Burgund-Atlas: S. 235, D 4
Zartrosa leuchtet das **Château** aus dem üppigen Grün eines englischen Landschaftsgartens. Ein klassischer Gemüsegarten in Terrassen, ein Feuchtbiotop und ein Obstgarten vervollständigen das bukolische Tableau (Jardins et Parc du Château, zweite Aprilhälfte, Mitte Sept.–Mitte Okt. Sa, So 13.30–19, Mai–Mitte Sept. tägl. außer Di 13.30–19 Uhr).

Das ehemalige Schleusenwärterhaus **L'Ecluse de la Charme** in St-Victor-sur-Ouche 3 km südlich ist eine Anlaufstelle für Besichtigungen und Ausflüge im Ouche-Tal. Regelmäßig werden Verkostungen regionaler Produkte mit musikalischer Untermalung angeboten, zu denen ein gutes Dutzend Erzeuger etwas beisteuert (Tel. 03 80 49 05 22 oder 03 80 57 67, April–Sept. tägl. außer Mo).

Auberge du Domaine: Pont de Pany (8 km nördl.), Tel. 03 80 49 77 79. Herrschaftliches Anwesen mit 4 ha großem Park. Klassische französische Küche – *Foie gras* mit einem Monbazillac, Cassis-Sorbet, Menü 15–36 €.

Entre Cour et Jardins: Gartenfestival mit Open-Air-Darbietungen im Schlossgarten sowie in anderen Gärten der Côte d'Or, zweite Juli-Hälfte.

Lantenay

Burgund-Atlas: S. 235, D 3
Mit Lantenay verlässt man das Tal der Ouche. Von der Burg der Herzöge von Burgund blieben nur ein paar Steine

Hier kann man wohnen: Château Chorey-lès-Beaune

auf einem Hügel. Das zweiflügelige Barockschloss Bouhier (17. Jh.) in der Rue du Château hingegen steht so stolz da wie von Antoine Bouhier, Mitglied des Parlaments zu Dijon, einst gewollt. Das Interieur mit den beiden prachtvollen Treppenhäusern kann man besichtigen.

Auberge de la Charme: Prenois (7 km nördl.), Rue de la Charme, Tel. 03 80 35 32 84, So abend, Di mittag, Mo Ruhetag. Eine Woche im Feb., erste Aug.-Hälfte geschl. Zander mit Rinderkompott in Rotwein, Maronensuppe mit Kürbis und Flusskrebs, zum Dessert *Tarte sablé aux Pêches de vigne* (Sandgebäck mit Weinbergpfirsichen, nur im Spätsommer auf der Karte). Küchenchef Zuddas wagt sich in kulinarische Höhen vor, Menü 16 € (Mo–Fr mittag)–68 €.

Bahn: Zugverbindungen nach Dijon.

Beaune und Côte de Beaune

In Lardoix-Serrigny beginnt die Côte de Beaune. Sie endet gut 25 km weiter südlich an den Hängen von Maranges. In ihrem Verlauf machen renommierte Weißweine den nicht minder bekannten Roten Konkurrenz: Bei Namen wie Meursault, Montrachet, Corton-Charlemagne denkt man zuerst an Chardonnay-Reben und brillante Weißweine.

Aloxe-Corton

Burgund-Atlas: S. 235, D 4
Das **Château** mit dem bunten Ziegeldach im Rautenmuster ist eines der symbolträchtigsten Bilder Burgunds – und liegt zudem fotogen im Weinberg. Die Keller des laut Eigenwerbung ›einzigen Schlosses in den Grands Crus‹ kann man am besten bei einer Probe besichtigen (Tel. 03 80 26 44 25, www.pierre-andre.com). Die Reben gedeihen in optimaler Südost-Ausrichtung. Karl der Große alias Charlemagne soll 775 Mönchen aus Saulieu eine Weinparzelle vermacht haben. Nach ihm heißt eine der besten Lagen, der Corton-Charlemagne.

Auch das elegante Schloss im benachbarten **Savigny-lès-Beaune** kann man bei einer Kellerprobe besichtigen. Der Besitzer zeigt zudem eine Sammlung von 80 Jagdflugzeugen, 300 Motorrädern und anderen Technikwundern (Tel. 03 80 21 55 03, www.chateau-savigny.com, April–Okt. 9–18.30, Winter 9–12, 14–17.40 Uhr).

Villa Louise: Le Bourg, Tel. 03 80 26 46 70, Fax 03 80 26 47 16, www.hotel-villa-louise.fr. Die Atmosphäre im 300 Jahre alten Winzerdomizil ist familiär. Zehn geräumige Zimmer, Garten, Blick in die Weinberge, DZ Hauptsaison 92–145 €, 20. Nov.–15. März 74–116 €.
Château de Chorey-les Beaune (südl.): Rue Jacques-Germain, Tel. 03 80 22 06 05, Fax 03 80 24 03 93, www.chateau-de-chorey-les-beaune.fr, April–Ende Nov. Ebensoviel Charme wie Schloss und Park versprühen die sechs Chambres d'hôtes und die kleine Suite. Mal bettet man sich in einem Empire-Bett aus poliertem Nussholz, mal in einem bronzenen Bettgestell. Tipp: Wo man schon beim Winzer nächtigt – nutzen Sie die Gelegenheit zu Probe und Einkauf, DZ 140–155 €, Suite 185 für 3, 195 € für 4 Pers., Frühstück inklusive.
Le Hameau de Barboron: Savigny-lès-Beaune (südwestl.), Tel. 03 80 21 58 35, Fax 03 80 26 10 59, www.hameau-barboron.com. *Hameau* bedeutet Weiler. In der Tat wirkt das Hotel wie ein Dörfchen. Luxuriöse Zimmer, Blick auf *la campagne,* klassische Musik zum Frühstück, DZ 84–153 €, Suite 153–213 €. Tipps: Die Besitzer sind Winzer – Meursault 1er Cru les Perrières, Puligny Montrachet Les Folatières. Okt.–März organisierte Wildschweinjagden!

Ermitage de Corton: N 74, Route de Dijon, Tel. 03 80 22 05 28, Mitte Jan.–Mitte Feb., Di mittag, So abend, Mo geschl. Der Sprung in die Haute Cuisine: gegrilltes Täubchen mit *Foie gras,* Meerspinne auf Gemüse-Tartar, Menü 40–95 €.
La Cuverie: Savigny-lès-Beaune, 5, rue Chanoine Donin, Tel. 03 80 21 50 03, Di, Mi geschl. Das Haus behauptet sich mit gut zubereiteter *Cuisine du terroir* als erste Adresse am Platz, Menü 15–35 €.
L'Ouvrée: Savigny-lès-Beaune, Route de

Grottenblick

Die Domaine de Chandon de Briailles, ein seltener, weil seit seiner Schaffung Anfang des 18. Jh. bewahrter Park, steht Besuchern offen. Von der Sichtachse fällt der Blick auf eine Grotte in Form einer Muschel (1, rue Sœur-Goby, Savigny-lès-Beaune, Nov.–Feb. 14.30–17.45, März–Okt. 9–12, 14.30–17.45 Uhr).

Beaune, Hospiz

Bouilland, Tel. 03 80 21 51 52, Feb.–Mitte März geschl. Bodenständige Küche. Am späten Nachmittag Weinprobe im hauseigenen Keller, Menü 16–28 €. Ebenfalls Hotel, DZ 51–57 €.

Domaine Jean-Jacques Girard: Savigny-lès-Beaune, 16, rue de Cîteaux, Tel. 03 80 21 56 15. Nussiger Weißwein, dessen Climat den schönen Namen ›Les belles Filles‹ trägt.
Daniel Lageot: Chorey-lès-Beaune, 5, rue des Brenôts, Tel. 03 80 22 15 10. Gutes Preis-Leistungsverhältnis für honette, ausgewogene Rotweine.

Zug: Bahnhof 2 km östl. (über D 115 D). Nahverkehr nach Dijon, Meursault, Santenay.

Beaune

Burgund-Atlas: S. 239, D 1
Bienvenue, Welcome, Willkommen ruft es dem Besucher am Ortsrand in allen gängigen Touristenidiomen entgegen. Die Stadt, in der es sich einst die Herzöge Burgunds gut gehen ließen, ist der Tourismusmagnet an der Côte d'Or. Hinter den Stadtmauern empfängt eine geranienbepflanzte und adrette Altstadt. Für den burgundischen Weinhandel gelten die Preise der in den Hospices versteigerten Flaschen als das Konjunkturbarometer schlechthin.

Ausgangspunkt sind die spätmittelalterlichen **Hospices** 1 (Mitte März–Mitte Nov. 9–18.30, sonst 9–11.30, 14–17.30 Uhr, www.hospices-de-beaune.tm.fr.). Schon der Blick in den gepflasterten Innenhof des hochgotischen Kranken- und Armenhospizes ist erhebend. Steinsäulen tragen die Fachwerkgalerie des ersten Stocks und das in buntem Rautenmuster gedeckte Dach. Das Ensemble entstand 1443 im burgundisch-flämischen Stil. Innen verblüfft die bis in die 1970er Jahre als Krankensaal genutzte Salle des Pôvres. Über den aufgereihten Holzalko-

ven für die Kranken hebt sich die mit Schnitzwerk reich verzierte Decke. An der Stirnseite trennt eine Schranke den Saal von einer Kapelle ab. Schüsseln, Aderlassinstrumente, Nachtgeschirr vermitteln den Eindruck, als ob die letzten Kranken (die übrigens zu zweit lagen) gerade erst das Bett verlassen hätten. Dasselbe gilt für die barocke Apotheke und die mit offenem Kamin, Drehspießmechanik von 1698 und Kupferkasserollen ausgestattete Großküche. Höhepunkt ist der in der Salle St-Louis (mittelalterliche Tapisserien aus Tournai und Brüssel) ausgestellte Flügelaltar des Jüngsten Gerichts von Rogier van der Weyden. Eine fahrbare Lupe erlaubt das Erkennen von meisterlich gemalten Details: die feinen Falten im weißen Gewand des Erzen-

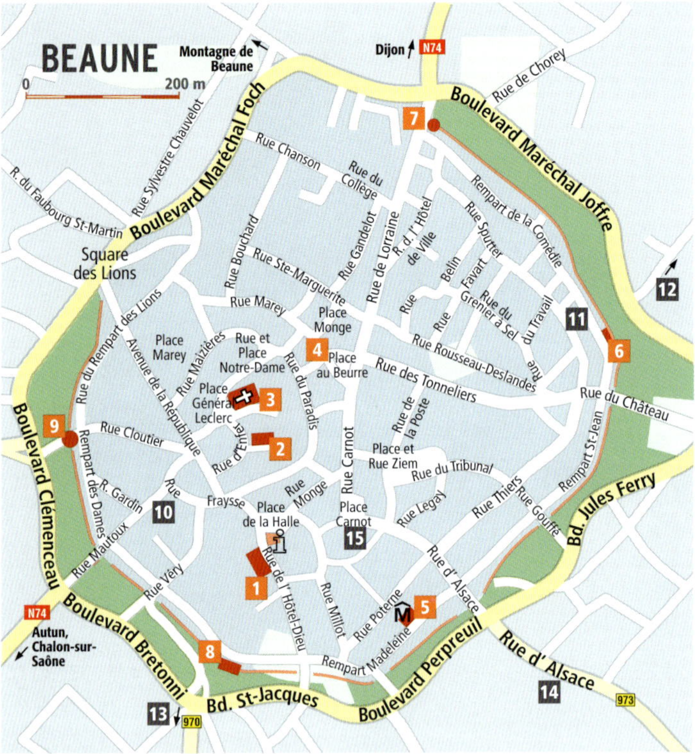

Sehenswürdigkeiten

1 Hospices
2 Hôtel des Ducs de Bourgogne
3 Collégiale Notre-Dame
4 Beffroi
5 Musée des Beaux-Arts
6 Musée Marey
7 Tour Blondeau
8 Porte St-Nicolas
9 Tour des Dames

Übernachten

10 Le Cep
11 Les Remparts
12 La Villa Fleurie

Essen und Trinken

13 Hostellerie de Levernois
14 Les Tontons
15 Ma Cuisine

gels etwa, oder das Entsetzen auf den Gesichtern der zur Hölle Verdammten. Auftraggeber des 5,6 m breiten Altars war um 1450 Nicolas Rolin, Kanzler des Herzogs von Burgund und großzügiger Stifter, der die Hospices finanzierte. Eingeritzt in Balken und Sandsteinmauern taucht immer wieder das Wort ›*seulle*‹, gefolgt von einem Stern, auf: Rolin, hat die Inschriften anbringen lassen: ›*seulle*‹ bedeutet ›einziger‹, und Nicolas' Stern hieß Guigone de Salins, seine über alles geliebte Frau, die er frühzeitig verloren hatte.

Rolin machte seinen Schmerz öffentlich. Diskreter geben sich die Beaunois unserer Tage. Die für Beaune sprichwörtliche ›Kunst zu leben‹ entfaltet sich im Stillen, hinter hohen Portalen und Hofmauern. Das **Hôtel des Ducs de Bourgogne** [2] etwa versteckt sich in einer Stichgasse. Im Renaissancepalais ist das mit alten Pressen, silbernen Tastevins, Flaschen, Gläsern und Etiketten bestückte Weinmuseum untergebracht (April–Nov. tägl. 9.30–18, Dez.–März tägl. außer Di 9.30–17 Uhr).

Auch die Gassen um die **Collégiale Notre-Dame** [3] sind still. Die Kirche vereint romanische (Schiff) und gotische (Portal und Vorhalle) Architekturmerkmale mit Renaissance-Erweiterungen (Kirchturm). Im Chor hängen Tapisserien des frühen 16. Jh. aus Tournai (Kirche tägl. 9–19 Uhr, Tapisserien zweite Aprilwoche–Okt. Mo–Sa 9.30–12.30, 14–17, So 13–17 Uhr, Juni–Sept. bis 19 Uhr).

Quirlig geht es rund um die moderne **Markthalle** zu. An der nahen Place Carnot reiht sich ein Café an die nächste Brasserie. Geschäftiger noch wird es in der Rue Monge, die zum **Beffroi** [4], dem Belfried der Stadt mit flämischen Glockentürmchen (14. Jh.), führt.

Alles über Wein

Das Atheneum de la Vigne et du Vin (7, rue Hôtel-Dieu, tägl. 10–19 Uhr) gilt als bestsortierte Fachbuchhandlung Burgunds für Wein und Weinbau. Angeboten werden auch Utensilien wie Dekantierkaraffen und Sommelier-Messer sowie Souvenirs und *Produits du terroir.*

Das **Musée des Beaux-Arts** [5] ist mit Gemälden und archäologischen Fundstücken in der Porte Marie de Bourgogne, einem im 19. Jh. zum Weinlager umgebauten Stadttor im Süden, untergebracht (19, rue Poterne, April–Okt. 14–18 Uhr). Nun belegen nur noch das Rathaus und das der frühen Film- und Fotokunst gewidmete **Musée Marey** [6] das ehemalige Ursulinenkloster in der Rue de l'Hôtel de Ville (17. Jh.).

Die mittelalterlichen **Stadtmauern** blieben mit Türmen und Toren fast komplett erhalten: in der **Tour Blondeau** [7] residiert das Winzerimperium Bouchard Père et Fils, die **Porte St-Nicolas** [8] wirkt wie ein barocker Triumphbogen, von der **Tour des Dames** [9] kann man zum Parc de la Bouzaie spazieren – um anschließend ins Kanu zu steigen (Bootsverleih am Teich, April–Okt.).

Office de Tourisme: 1, rue de l'Hôtel-Dieu, Tel. 03 80 26 21 30, Fax 03 80 26 21 39, www.ot-beaune.fr.

Le Cep 10: 27, rue Mafoux, Tel. 03 80 22 35 48, Fax 03 80 22 76 80, www.hotel-cep-beaune.com. Alteingesessene Luxusadresse im Zentrum. Die eleganten Zimmer verteilen sich über mehrere Palais des 14.–18. Jh. Frühstück sommers im Renaissancehof. DZ 166–190 €.
Les Remparts 11: 48, rue Thiers, Tel. 03 80 24 94 94, Fax 03 80 24 97 08, www.webstore.fr/hotel-rempart.com. Der Charme der Vieille France, von den Bodenfliesen bis zum Gebälk. Höflicher Empfang, Zimmer mit viel Stil und Patina, DZ 65–80 €.
La Villa Fleurie 12: 19, place Colbert, Tel. 03 80 22 66 00, Fax 03 80 22 45 46, Jan. geschl. Anheimelnder Belle-Epoque-Bau mit kleinem Blumengarten davor. Zimmer modern oder nostalgisch, DZ 70–75 €.

Hostellerie de Levernois 13: Levernois (6 km südöstl.), Route Combérault, Tel. 03 80 24 73 58, Dez.–Jan., So abend, Di mittag geschl. Chef de Cuisine Crotet kocht auf Sterneniveau: Über Rebholz geräucherter Lachs, Lamm mit *Foie gras,* Menü 60–104 €.
Les Tonton 14: 22, rue du Faubourg Madeleine, Tel. 03 80 24 19 64, So, Mo geschl. Unvergesslich das *Confit de Joue de Bœuf en Parmentier à l'Huile de Truffe:* Das butterzarte, im eigenen Fett eingelegte Rindfleisch ummantelt frisches Kartoffelpüree, dem Trüffelöl Würze verleiht, Menü 18–41 €.
Ma Cuisine 15: Passage Ste-Hélène, Tel. 03 80 22 30 22, Sa, So, Mi geschl. Erfrischend geradlinige Küche, tolle Weine: Kaninchen mit Estragon, Kalbsfilet mit hausgemachten Nudeln, Menü 16 €.

Markt: Mi morgen (klein), Sa morgen (riesig).
Pâtisserie Bouché: 1, place Monge. Pralinés aus eigener Herstellung wie Les Burgondines oder Les Crumelles.
La Boutique des Domaines: 12, rue d'Alsace. Feinkostgeschäft mit Karamellbonbons, Maronenpüree, Konfitüre, Foie gras und Wurst.
Maison Fallot: 31, rue du Faubourg Bretonnière. Senf in ungewöhnlichen Geschmacksrichtungen wie Cassis, *Pain d'Epices*. Ebenso große Auswahl an Essigsorten. Mit Versand.
Charcuterie Batteault: 4, rue Monge, Di–Sa 8–12.30, 14.30–19 Uhr. Die besten Würste an der Côte d'Or.
Patriarche Père et Fils: 5, rue du Collège, Tel. 03 80 24 53 01, tägl. 9–12, 14–18 Uhr. Paradebeispiel für eine burgundische Weinhändlerdynastie. Geradlinige Rotweine mit eindeutig zu identifizierendem Aroma, etwa schwarze Johannisbeere.
Hospices de Beaune: Les Caves des Hautes-Côtes, Route de Pommard, Tel. 03 80 25 01 00. Die Hospices de Beaune bedeuten: großer Name. Aber auch hier gibt's erschwingliche Weine, etwa die Cuvée Dames de la Charité.

Le Pickwick's: 2, impasse Notre-Dame, 17–3 Uhr. Wein- und Bierbar mit musikalischen Themenabenden.
Le Bistro Bourguignon: 8, rue Monge. 60 Flaschenweine im Ausschank, 15 davon auch per Glas. Sa Jazzkonzerte.

Festival International de Musique Baroque: vierwöchiges Festival der Barockmusik, Juli–Anfang Aug.
Ciné-Rétro: vierwöchiges Stummfilmfestival, Aug.
Jazz à Beaune: Jazz-Festival, Mitte Sept.
Salon Pains Vins Fromages: gastronomische Messe und Fest, Mitte Okt.
Vente des Vins des Hospices de Beau-

ne: Versteigerung von Weinen zu wohltätigen Zwecken, Hauptveranstaltung der 3 Glorieuses (s. S. 84), 16. Nov.

Stade nautique: Frei- und Hallenbad, Boulevard Jacques Copeau, Tel. 03 80 22 00 55.
Golf de Beaune-Levernois: Levernois (6 km südöstl.), Tel. 03 80 24 10 29. Ein eleganter Platz – 18- und 9-Loch – mit Anschluss an die Spitzengastronomie.
Ballonflüge: Air escargot, Tel. 03 85 87 12 30, www.air-escargot.com. 1–1,5 Std.-Flüge ab Beaune. Mit einem Glas Crémant de Bourgogne als Dreingabe.
Radverleih: Bourgogne Randonnées, 7, avenue du 8 septembre, Tel. 03 80 22 06 03. 200 Räder.

Zug: Bahnhof Avenue des Lyonnais, Tel. 03 80 22 13 13. Nahverkehr nach Dijon, Meursault, Santenay.
Bus: TUB, 4, rue du Moulin-Perpreuil, Tel. 03 80 24 56 78. Innerstädtischer Verkehr und Linien zu anderen Städten des Départements.

Pommard und Volnay

Burgund-Atlas: S. 239, D 1
Das nüchtern-elegante **Château de Pommard,** 1802 im Stil des Directoire erbaut, schwimmt auf den Reben seines 20 ha Clos, den eine Mauer schützt (Weinprobe tägl. April–Ende Nov.).

Wegen eines Sprichworts berühmt ist die **Croix de Pommard,** ein Wegkreuz: ›Du bist noch nicht am Kreuz von Pommard‹ bedeutet ›Das ist noch nicht das Ende der Fahnenstange‹. Das schmucke Dorf mit dem lauschigen Platz um einen Empire-Brunnen ist nach der Göttin Pomona, Beschützerin aller Früchte, benannt – so behütet ergeben die Reben einen kraftvollen Rotwein.

Volnay produziert hingegen feine, fast kapriziöse Weine – über die bessere Wahl wird seit Jahrhunderten zwischen beiden Dörfern gestritten. Für Volnays Schutz sorgt seit 1870 die gusseiserne Statue der Notre-Dame-des-Vignes. Der wehrhafte Belfried der Kirche St-Cyr (14. Jh.) diente früher als Wachturm. So blieben die Palais und Winzerdomizile über die Jahrhunderte unbeschadet.

Reyane et Pascal Bouley: Volnay, Place de l'Eglise, Tel. 03 80 21 61 69. Drei Jahre muss man mindestens warten, bis dieser typische Rote aus Beaune seine volle Kraft entfaltet.
Domaine Nicolas Rossignol: Volnay, Rue du Mont, Tel. 03 80 21 62 43. Noch ein typischer Beaune-Rotwein, der Eleganz mit Kraft abrundet.
Domaine de la Galopière: Bligny-lès-Beaune, 6, rue de l'Eglise, Tel. 03 80 21 46 50. Samtiger Pinot noir. Ein Beispiel dafür ist der '99er Les Valozières.
Les Caves de la Vervelle: Château de Bligny-lès-Beaune, Tel. 03 80 21 47 38, tägl. 8–12, 14–18 Uhr. Genossenschaftskeller mit samtigen, feinkomponierten Weinen.

Meursault und Monthélie

Burgund-Atlas: S. 239, D 1
Artig gluckt das Winzerstädtchen auf einem Hügel. Im aus dem 14./15. Jh. stammenden Keller des Château werden 800 000 Flaschen aufbewahrt – es darf probiert werden (s. Einkauf, 9.30–12, 14.30–18.30 Uhr). Zu Meursault gehört das **Archéodrome de Bourgogne** an der Autobahnraststätte Beau-

In Meursault

ne-Tailly (A 6, Mai–Sept. 10–19, sonst bis 18 Uhr, www.archeodrome-bourgogne.com). Das historische Freilichtmuseum zeigt neolithische Hütten, ein Römerkastell und einen gallo-römischen Friedhof. Ein Abstecher nach Westen führt von Meursault nach **Monthélie** – ein Bilderbuchdorf mit romanischer Kirche und Weinschloss.

Office de Tourisme: Place de l'Hôtel de Ville, Tel. 03 80 21 25 90, Fax 03 80 21 61 62, www.ot-meursault.fr.

Les Magnolias: 8, rue Pierre Joigneux, Tel. 03 80 21 23 23, Fax 03 80 21 29 10, www.les-magnolias.com, Mitte März–30. Nov. geöffnet. Alte Bürgervilla mit Rosenstöcken, Magnolien und Glyzinien. acht der insgesamt zwölf gemütlichen Zimmer (darunter eine Suite) liegen im Haupthaus. Die übrigen sind in den Nebengebäuden untergebracht, DZ 78–116 €, Suite 145 €.
Les Charmes: 31, rue du Murger, Tel. 03 80 21 63 53, Fax 03 80 21 62 89. Charmantes Haus aus dem 18. Jh. mit Terrasse, Garten und Pool. Individuell gestaltete, angenehme Zimmer, DZ 80–110 €.
Camping La Grappe d'Or: 2, route de Volnay, Tel. 03 80 21 22 48, Fax 03 80 21 65 74, April–Mitte Okt. Campingplatz (11–15 €/2 Pers.) mit Bungalows (46 €/4 Pers.), Pool, Tennis, Radverleih.

Le Bouchon: Place de l'Hôtel de Ville, Tel. 03 80 21 29 56, So abend, Mo geschl. Ein Bistro mit entsprechend unkomplizierter Küche, Menü 13–26 €.

Markt: Fr morgen
Weinkauf:
Domaine du Château de Meursault: Tel. 03 80 26 22 75. Les Petits Noizons heißt das Climat, das den Weg zum Schloss

lohnt. Belohnt wird man mit einer Appellation Pommard, die an kräftigenden Tanninen nichts zu wünschen übrig lässt.
Pascal Prunier: 23, rue des Plantes, Tel. 03 80 21 66 56. Rotweine der Appellation Auxey-Duresses, mit starkem Aroma.
Michel Bouzereau et Fils: 3, rue de la Planche-Meunière, Tel. 03 80 21 20 74. Exzellente Weiße der Climats Les Grands Charrons und Les Tessons.

La Banée: Weinfest zur Feier des neuen Jahrgangs, drittes Märzwochenende.
Festival de Bach à Bacchus: Zweiwöchiges Bach- und Klassikfestival, Mitte Juli.
La Paulée: Abschluss der Trois Glorieuses (s. S. 84) mit Banketten und der Verleihung eines Literaturpreises, 17. Nov.

Zug: Bahnhof 2 km östl. über D 23. Nahverkehr nach Dijon, Santenay, Beaune.

Puligny-Montrachet und Chassagne-Montrachet

Burgund-Atlas: S. 239, D 1
Montrachet bedeutet ›kahler Berg‹ und bezeichnet zugleich einen Grand Cru, der 1879 an die beiden Dorfnamen angehängt wurde. Unaufgeregt kommen beide Dörfer daher, trotz des großen Rufs ihrer Weine. Der Romancier Alexandre Dumas behauptete, diese Chardonnay-Weißweine müsse man ›auf den Knien und mit gezogenem Hut‹ trinken. Hut ab vor so viel Respekterweisung. Keller aber gibt es in Puligny nicht, weil das Dorf auf einem unterirdischen Grundwasservorkommen gebaut ist, dafür jedoch in Chassagne.

Le Montrachet: Puligny-Montrachet, 10, place des Maronniers, Tel. 03 80 21 30 06, Fax 03 80 21 39 06, www.le-montrachet.com. Gepflegte, komfortable Zimmer in einem Bau von 1824, DZ 95 €.

Le Chassagne: Chassagne-Montrachet, 4, impasse des Chevenottes, Tel. 03 80 21 94 94, So abend, Mo, Mi mittag geschl. Gelungene Mischung von Tradition und Innovation: Täubchen in Kakao-Jus, Menü 18–45 €.

Bernard Colin et Fils: Chassagne-Montrachet, 22, rue Charles-Paquelin, Tel. 03 80 21 32 78, Mo–Sa 8.30–12.30, 14–19 Uhr, So auf Vereinbarung. Ofenfrische Brioche, Birne, Jasmin, die Aromenvielfalt dieser Weißweine verblüfft. Man weiß seit acht Generationen, wie man das Potenzial des Climat Les Caillerets in der Flasche zur Geltung bringt.
Jean-Claude Bachelet: St-Aubin, Rue de la Fontaine, Tel. 03 80 21 31 01. Die Appellation Bienvenues-Bâtard-Montrachet ist ein Zungenbrecher, aber die blumigen Weißweine bügeln alle Dellen im Gaumen aus.

Santenay

Burgund-Atlas: S. 239, D 1
Santenay war in der Antike eine Stadt, in der gekurt wurde. Erst später überholte Wein das Wasser an Bedeutung. Casino, Thermalbad und einige Hotels erinnern in der Unterstadt daran, dass man hier weiterhin allerlei Zipperlein ausheilen kann. Fazit: Santenay-les-Bains reimt sich auf Santenay-les-Vins. Ein wuchtiges Château mit bunten Dachziegeln sowie Weinprobe im Keller gibt's auch. Es stammt aus dem 11.–16. Jh. und gehörte einst Herzog

Philipp dem Kühnen (8.30–12, 13.30–17.30, drei Wochen im Aug. geschl.). Die Kirche St-Jean im Weiler Narosse oberhalb von Santenay vereinigt ein romanisches Portal mit gotischem Schiff.

Office de Tourisme: im Bahnhof, Tel. 03 80 20 63 15, Fax 03 80 20 69 15.

Château de la Crée: Les Hauts-de-Santenay, Tel. 03 80 20 62 66, Fax 03 80 20 66 50, www.chateauxhotels.com/cree. Vier Chambres d'hôtes, ein Appartement in einem Weinschloss des 18. Jh. Elegant und aristokratisch, DZ 145–195 €, Appartement 270–295 €.

Mestre Père et Fils: 12, place du Jet-d'Eau, Tel. 03 80 20 60 97. Rote AOC Santenay mit langem Abgang sowie ein fruchtiger AOC Aloxe-Corton.

Radverleih: Im Bahnhof, Tel. 03 80 20 63 15. Vier Mountainbikes.

Zug: Bahnhof östl. vom Zentrum. Nahverkehr nach Dijon, Meursault, Beaune.

Hautes Côtes de Beaune

›Arrière-Côte‹, Hinter-Côte, wurden die Hautes Côtes früher abschätzig genannt. Fini. Die Weine haben längst aufgeholt. Die 650 ha Reben der Hautes Côtes de Beaune reichen von der Côte d'Or bereits hinüber ins Nachbardépartement Saône-et-Loire. Es ist eine Landschaft von archaischer Schönheit, mit versteckten Grotten, kühnen Felsnadeln und authentischen Dörfern.

St-Romain

Burgund-Atlas: S. 239, D 1
Die Panoramastraße ›Cluny-Beaune par le Vignoble‹ (D 17) verläuft hart an einem Felskamm nach St-Romain. Das Dorf liegt etwas abseits der Route zu Füßen eines Felshalbrunds. Die Grotten im Fels dienten im 6. Jh. als Zufluchtsort vor dem Ansturm der Erobervölker aus dem Norden.

Im Rathaus (Mairie, Juli–Aug. 14–18 Uhr) zeigt eine kleine Ausstellung, was bei Ausgrabungen an dem zu gallo-römischer Zeit gegründeten Ort gefunden wurde. Modelle erläutern die antike Siedlung.

Von der mittelalterlichen Burg blieb nur die malerische Ruine.

Hart in den Fels gestemmt folgt weiter südlich das Dörfchen **Orches** – noch ein Ort von berückender Schönheit, so wie auch die Weiler **Evelle** und **Baubigny**.

La Rochepot

Burgund-Atlas: S. 239, D 1
Über dem Dorf thront die trutzige **Burg** (13.–15. Jh.) auf einem Felssockel. Weithin sichtbar sind das mit buntglasierten Ziegeln gedeckte Dach des Haupttrakts und die spitzen Dächer der Türme. Innen zu sehen sind Zinnen, Wehrgang, Zugbrücke, ein 72 m tiefer Brunnen sowie das neogotische Interieur mit einem ›chinesischen Zimmer‹ (tägl. außer Di April–Juni 10–11.30, 14–17.30, Juli–Aug. 10–12, 14–18, Sept.–Okt. 10–11.30, 14–16.30 Uhr).

Unter dem stolzen Gemäuer duckt sich das Dorf, von dem es nur ein

Schlenker nach Gamay ist – von wo die gleichnamige Rebsorte stammen soll. Die **Maison Forte de Gamay**, ein befestigter Feudalbau des 14./15. Jh., bettet sich in einen englischen Landschaftsgarten. Herrlich sind der Donjon und die mittelalterlichen Säle (Besichtigung auf Anmeldung nur Juni und zweite Septemberhälfte, Tel. 03 80 21 3 06 oder 03 80 22 77 80).

La Pauline: Rue de l'Orme, Tel. 03 80 21 72 80, Fax 03 80 21 74 69, Sept.–Mitte Okt. geschl. Zwei einfache Chambres d'hôtes beim Winzer, DZ 40 € inklusive Frühstück.

Régal Terroir Les Louchardes: Tel. 03 80 21 73 51. Sieben Bauern und Winzer haben sich zusammengetan: Direktverkauf von Charolais-Rind, Foie gras, Paté, Obst, Gemüse, Käse, Wein.

La Rochepot

EIN ERBE DER HERZÖGE – DIE BUNTEN DÄCHER DER CÔTE D'OR

Die buntglasierten Dachziegel vom Château La Rochepot zieren etliche Reiseführer und Magazinseiten über Burgund. Ebenso verhält es sich mit den auf dem Dach des Château von Aloxe-Corton im gelb-schwarzen Rautenmuster verlegten Ziegeln oder dem geometrischen Muster auf der Dachlandschaft des Hôtel-Dieu von Beaune. Auch die Adelspalais Hôtel de Vogüé und das Hôtel Aubriot sowie die Kathedrale St-Bénigne in der Altstadt von Dijon erfreuen sich des farbenfrohen Dachschmucks. Gelb, Schwarz, Grün, Rot und Braun leuchten die Dächer vieler prominenter Bauwerke zwischen Dijon und der Côte d'Or. Was genau mit den geometrischen Bändern aus Rauten und Winkeln ausgesagt werden sollte, ist heute unbekannt. Der Überlieferung nach brachten die Valois-Herzöge die farbigen Dachziegel im 15. Jh. aus den flandrischen Territorien mit in die burgundische Heimat. An stichhaltigen Gegenargumenten mangelt es nicht. Auf dem Grabstein von Abt Hugues d'Arc aus dem 13. Jh. etwa ist das Dach der Kathedrale St-Bénigne bereits mit einem Ziegelmuster gedeckt. Wann immer die Sitte, das Dach mit bunt glänzenden Ziegeln zu schmücken, in Burgund Fuß fasste: Der Anstoß zur Keramikfertigung in der Region ging von den Valois-Herzögen aus. Sie waren zudem die ersten weltlichen Herren, die ihre Burgen mit bunten Ziegeln herausputzten. Bald folgten die hohen Herren des Parlaments zu Dijon, die im Spätmittelalter ihre *Hôtels particuliers* nach Art der Herzöge zu schmücken begannen. Eine Renaissance erlebte der Brauch im 19. Jh. Aus dieser Zeit stammt etwa das Dach des Rathauses von Meursault (1870).

Festival de Musique Classique: Festival klassischer Musik, erste Julihälfte.

Nolay

Burgund-Atlas: S. 239, D 1
Mit Nolay betritt man ein Städtchen, dem mittelalterliches Fachwerk und die auf dicken Balken ruhende Markthalle von 1388 viel Flair einhauchen. Das Dorf ist Heimat etlicher Trödel- und Antiquitätenhändler. Aus den Gassen heraus ragt die gotische Pfarrkirche St-Martin. Bescheidener kommt die Kapelle St-Pierre aus dem 16. Jh. daher – sie ist die letzte von 16 Kapellen, die Nolay einst zählte. Im Norden erreicht man über das enge Tal der Tournée (D 111E) den **Cirque du Bout du Monde**: zu Fuß gelangt man zum kleinen Wasserfall am Ende des Talkessels.

Office de Tourisme: 24, rue de la République, Tel./Fax 03 80 21 80 73, www.nolay.com.

Le Burgonde: 35, rue de la République, Tel. 03 80 21 71 25, nur abends, Di, Mi Ruhetag. Heimeliges Bistro mit besten Produkten: das Spanferkel stammt von der Ferme La Chaume des Buis (s.u.), Menü 17–55 €.
Ferme-Auberge La Chaume des Buis: Ferme de Dragny, Cirey-les-Nolay (12 km westl. von Nolay), Tel. 03 80 21 84 10. Ist für ihre im Freiland gehaltenen Schweine bekannt: Zünftig schmausen auf dem Bauernhof, etwa Spanferkel vom Spieß oder Schweinepfeffer.

Markt: Mo morgen, in der mittelalterlichen Halle.

Pierre Sirot: Rue de la Toupe-Evelles, Tel. 03 80 21 84 78. Obstbrände, Konfitüren, Ratafia (Aperitif).

Foire à la Brocante et aux Antiquités: dreitägiger Trödel- und Antiquitätenmarkt, Mitte April und Mitte Aug.

Plan d'Eau: Badeteich, Route de Couches. Mit Snackbar, Pontons. Juli–Aug. Bademeister. Gratis!

Couches

Burgund-Atlas: S. 239, D 1
Die saftigen Hügel auf dem Weg nach Couches kündigen den Übergang ins Charollais an. Das hübsche Dorf steht ganz im Schatten der gewaltigen Burg samt **Donjon** (11.Jh.), in der 1333 die französische Königin Marguerite de Bourgogne gestorben sein soll. Besichtigt werden kann die Kapelle mit reichem Figurenschatz (15. Jh.), die Terrasse mit Blick zurück auf die Hautes Côtes de Beaune, die Zugbrücke und der Gefangenenturm (Juli–Aug. tägl. 10–12, 14–18, Juni/Sept. 14.30–18, April/Mai/Okt. So 14.30–18 Uhr).

3 km außerhalb an der D 978 in Richtung Autun erinnern die sechs **Menhire von Epoigny** an die schon zu prähistorischer Zeit erfolgte Besiedlung des Landstrichs – der größte wiegt 20 t und ist 7,35 m hoch!

Accueil Touristique du Pays Couchois: 3, Grande-Rue, Tel. 03 85 49 69 47, Sommer tägl.

Festival de Jazz: hochkarätiges Jazz-Festival mit Weinproben, Juli, Tel. 03 85 49 66 29, www.jazzacouches.com.

Das Tal der Saône und die Bresse bourguignonne

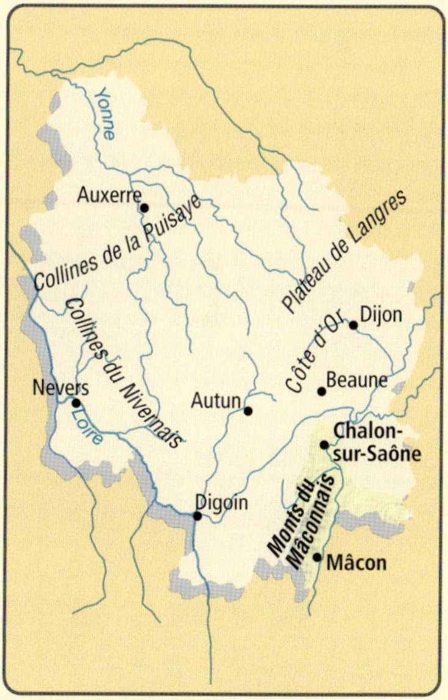

La Chapelle-sous-Brancion

Burgund-Atlas S. 239

DAS TAL DER SAÔNE

Die Saône markiert Burgunds Grenze im Osten. Seit der Antike wird der Fluss als Handelsweg für das begehrteste Gut der Region genutzt: Wein. Am Ufer entstanden mit Chalon-sur-Saône und Tournus wichtige Hafenstädte. Heute gehört der Fluss den vielen Hobbykapitänen, die über den Canal du Centre und die Doubs ins Tal der Saône schippern.

Chalon-sur-Saône

Burgund-Atlas: S. 239, D 2
Die zweitgrößte Stadt Burgunds ist Standort für die Elektronikindustrie, für Unternehmen der Nukleartechnik und der Fotografie wie etwa Kodak.

›Wiege der Fotografie‹ nennt sich Chalon-sur-Saône jedoch, weil der Foto-Pionier Nicéphore Niepce hier 1765 geboren wurde. 1816 gelang Nièpce in einer Dunkelkammer das erste Negativbild auf einem mit Chlorsilber präpariertem Papier. Die bahnbrechende Erfindung nannte Nièpce später ›Heliographie‹. Den Ruhm als Erfinder der Fotografie steckte jedoch zunächst Louis-Jacques Daguerre ein, mit dem Nièpce 1829 einen Vertrag schloss. Niépce starb 1833. Daguerre änderte den Vertrag zu seinem Nutzen ab. Doch in der Stadt an der Saône hat man den Foto-Pionier nicht vergessen. Am Quai des Messageries würdigt das **Musée de la Photographie** in einem Barockpalais Werk und Erfindungen von Nicéphore Nièpce (tägl. außer Di 9.30–11.30, 14.30–17.30, Juli–Aug. 10–18 Uhr). Wechselnde Fotosonderausstellungen erhöhen die Attraktivität des ohnehin sehr sehenswerten Museums, durch dessen Fenster man auf die Saône schaut.

Jahrhundertelang garantierte der Fluss Chalon-sur-Saône die Anbindung an die ostfranzösischen Wirtschaftszentren. Heute dienen die Kais als stimmungsvolle Kulisse. Lastkähne ankern im Schatten von Platanen. Vom Museum schaut man über den Fluss auch auf die **St-Laurent-Insel**. Wahrzeichen der Flussinsel Ile-St-Laurent ist die **Tour du Doyenné** (15.Jh.). Vom im 16. Jh. hier gegründeten Hospital blieben Teile des Kreuzgangs, die Kapelle

Noch ein Bier

Genug von den Weinkellern? Dann nichts wie in die ›Cave à Bières‹ in Chagny (22, place d'Armes, ab 17 Uhr), wo über 50 Biersorten ausgeschenkt werden. Und dazu spielt man eine Partie Billard.

sowie eine spätbarocke Apotheke (Führungen April–Sept. Mi, Do, So, Okt.–März Mi um 14.30 Uhr und So auf Anfrage, Tel. 03 85 44 65 87).

Eine Brücke mit vier Obelisken verbindet die Flussinsel mit dem Zentrum der Altstadt um die Kathedrale St-Vincent. Fachwerk- und steinerne Renaissancebauten prägen die autofreien Gassen. Unter den Arkaden der Rue du Châtelet und Rue St-Vincent bieten Feinkosthändler, Prêt-à-Porter-Boutiquen, altertümliche Geschäfte für Kurzwaren und Antiquitätenhändler ihre Waren an.

Die mächtige, im neogotischen Stil veränderte Westfassade der **Kathedrale St-Vincent** (8–19.30 Uhr) überragt die Place St-Vincent. Der Platz mit seinen restaurierten Fackwerkfassaden und Caféterrassen ist die gute Stube der Stadt.

Weniger herausgeputzt wirkt die Place de l'Hôtel de Ville, wo das **Musée Denon** im ehemaligen Ursulinenkoster archäologische Funde aus der Umgebung sowie französische Malerei und burgundisches Mobiliar zeigt (tägl. außer Di 9.30–11.30, 14.30–17.30 Uhr).

Ein Spaziergang nach Osten führt zum **Rosarium** am der Altstadt gegenüberliegenden Saône-Ufer. Die Anlage unweit des Jachthafen und eines Golfplatzes zählt über 26 000 Rosenstöcke (tägl. 9–18 Uhr).

Office de Tourisme: 29, boulevard de la République, Tel. 03 85 48 37 97, Fax 03 85 48 63 55, www.chalon-sur-saone.net.

St-Jean: 24, quai Gambetta, Tel. 03 85 48 45 65, Fax 03 85 93 62 69.

Weißer Altbau am Saône-Kai. Die Zimmer im zweiten Stock sind am geräumigsten, DZ 34–46 €.

Café du Vert Galant: 8, place St-Vincent, Tel. 03 85 93 09 87, So, Mo geschl. Hübsches Bistro hinter Fachwerk des 14. Jh., Menü 12 €.

Markt: So, Di Place de l'Hôtel de Ville, Fr Rue de la Faivre.

Karneval: der zweitgrößte Frankreichs, Beginn am Karnevalssonntag.
Les Montgolfiades: Heißluftballonparade, Pfingsten.

Golf: Parc de Loisirs St-Nicolas, Tel. 03 85 93 49 65. Öffentlicher 18- und 9-Loch-Platz, Verleih von Ausrüstung, Kurse.

Zug: Bahnhof Place de la Gare, Tel. 08 36 35 35 35, Nah- und Fernverkehr.

La Côte Chalonnaise

Burgund-Atlas: S. 239, D 1–2
An der 40 km langen Weinstraße von Chagny nach Sercy reihen sich die Weindörfer der Côte Chalonnaise. Natursteinmauern umfassen die bis zu 400 m ansteigenden Weinberge. Das Städtchen **Chagny** am Canal du Centre ist Weinort, Anlegestelle für Bootstouristen und gastronomisches Mekka zugleich (s.u.).

Malerische Gassen, stolze Winzerdomizile und sehr gute Weißweine findet man in **Rully**, dessen Château seit 850 Jahren im Besitz ein- und derselben Familie ist (Juli–Aug. Di–Sa 11–19, So 15–19 Uhr).

Wohlhabend wirkt auch **Mercurey** – der Name steht für große Rotweine. Das zauberhafte Dorf **Givry** produziert sowohl rote als auch weiße Tropfen. Die kreisrunde Markthalle, das barocke Rathaus, das zugleich Stadttor ist, und etliche Winzerpalais zeugen vom neoklassizistischen Geschmack des 18.–19. Jh.

Ein Schlenker führt von Givry ins romantische **Vallée des Vaux**, wo die Dörfer Heiligennamen tragen: **St-Mard**, **St-Jean** und **St-Denis-de-Vaux**, dessen rumpelige Gassen sich einen Hang hochschieben. Bummeliger wie im Hinterland der Côte Chalonnaise ist Burgund fast nirgends. Stiller auch nicht.

Buxy konnte Teile der Stadtmauern bewahren, darunter die Tour Rouge. Der Wachturm Tour de l'Horloge ist durch einen Steinbogen mit dem Kirchturm verbunden.

Office de Tourisme: Chagny, 2, rue des Halles, Tel. 03 85 87 25 95, Fax 03 85 87 14 44.

Hostellerie du Château de Bellecroix: Chagny, Tel. 03 85 87 13 86, Fax 03 85 91 28 62, www.chateaubellecroix.com, Mitte Feb.–Weihnachten geöffnet. Restaurant Mi, Do mittag außer Juni–Sept. geschl. Etwas in die Jahre gekommenes Schlosshotel. Manchen Zimmern im Hauptbau ›Le Château‹ täte eine Verjüngungskur gut. Zimmer im mittelalterlichen hinteren Bau ›La Commanderie‹ verlangen! DZ 90–180 €.
Le Monestier: St-Denis-de-Vaux, Tel. 03 85 44 50 68, www.lemonestier.com, Table d'hôtes auf Reservierung. 400 Jahre altes Herrenhaus, mit Park und sechs Chambres d'hôtes (Nichtraucher): Weiße Wände, Dielenböden, farbkräftige Bettüberwürfe, DZ 70–93 €. Table d'hôte ab 20 €, Wein nicht inbegriffen.
Auberge du Camp Romain: Chassey-le-Camp, Tel. 03 85 87 09 91, Fax 03 85 87 11 51. Landherberge mit Niveau. Vom Zimmer viel Aussicht auf ein bukolisches Tal. Absolute Stille. Sehr empfehlenswertes Restaurant. Terrasse, Wellness-Bereich. DZ 60–75 €, Menü 24–42 €.

Jacques Lameloise: Chagny, 36, place d'Armes, Tel. 03 85 87 65 65, Do, Di mittag, Mi geschl. Seit 30 Jahren bürgt Lameloise für große burgundische Küche. Drei Michelin-Sterne und 19 Gault-Millau-Punkte küren den kulinarischen Olymp, Menü 80–115 €.
Le Petit Blanc: Charrecey, Le Pont Piley, Tel. 03 85 45 13 43. Familiärer Landgasthof, solide und günstig.
Aux Années Vin: Buxy, 2, Grande-Rue,

Tournus, im Vordergrund das ›Greuze‹, dahinter St-Philibert

Tel. 03 85 92 15 76, Mi mittag, Di geschl. Ehrgeizige Küche: Hasenrücken mit Trüffeljus, Menü 15–50 €.

Hôtellerie du Val d'Or: Mercurey, 140, Grande Rue, Tel. 03 85 45 13 70, Di mittag geschl. Ausgefallenes wie ein Fricassée von Gemüse und Flusskrebsen mit einem Sud junger Erbsen, Menü 23–55 €.

L'Abeille de Guye: Marcilly-les-Buxy, Juli–Aug. 14–19 Uhr, sonst auf Voranmeldung, Tel. 03 85 96 10 68. Honig von Akazien, Linden, Kastanien, Weißdorn sowie *Pain d'Epices*.

Weinkauf:

Aubert et Pamela de Vilaine: Bouzeron, 2, rue de la Fontaine, Tel. 03 85 87 04 10. Jugendliches Temperament, eine gewisse Leichtfüßigkeit: Aligoté in seiner feinsten Form – jung zu trinken.

Domaine Thénard: Givry, 7, rue de l'Hôtel de Ville, Tel. 03 85 44 31 36. König Heinrich IV. hat dem Givry gefröhnt, worauf sich man sich gern beruft. Einerlei, der Grand Cru Corton Clos du Roi ist royal, der Clos St-Pierre verspricht heitere Augenblicke.

La Voie Verte: 44 km Radweg auf der ehemaligen Bahntrasse Givry–Cluny.

Tournus

Burgund-Atlas: S. 239, E 3

Tournus wurde zu gallo-römischer Zeit als Saône-Hafen mit wehrhaftem Castrum gegründet. Heute ankern Flusstouristen am dank Platanen und Cafés südlich wirkenden Quai du Midi. Dahinter wartet mit St-Philibert eins der bedeutendsten romanischen Bauwerke Burgunds. Ein Schutzring aus Wehrtürmen, Mauern und Pforten umgibt die Abteikirche aus dem 11. Jh.

In einer der Bauten, die sich um St-Philibert reihen, zeigt das **Musée bourguignon,** ein Heimatmuseum, Szenen aus dem Alltag der Flussstadt (April–Okt. tägl. außer Di 9–13, 14–18 Uhr).

Hinein in die Kirche **St-Philibert:** Ungewöhnlich hoch ist der Innen-

Château Cormatin

raum, getragen von himmelsstürmenden, archaisch schlichten Säulen. Fast stolpert man die Treppe in die stockfinstre Krypta hinunter (tägl. 8–18, Sommer bis 19 Uhr, Lapidarium mit Kapitellen und Säulenheiligen in der Kapelle im Durchgang zum Kloster. Für die Kryptabeleuchtung Münzen bereithalten!).

Die Altstadt erstreckt sich parallel zur Saône zwischen den Kirchen **St-Valérien** (11.–12. Jh., heute Antiquitätengalerie) und **Ste-Madeleine** (12. Jh.): enge Gassen, prachtvolle Plätze wechseln mit Fischerkaten und noblen Palais. Stößt man an der Place Carnot die Tür zum Haus Nummer 12 auf, steht man unverhofft vor den Galerien im Renaissancehof des **Hôtel de Sagy.** An der dusteren **Impasse du Bief Potet** warnt ein Verkehrsschild ›Passage étroit‹ – kaum schulterbreit ist die Gasse. Das barocke Hôtel-Dieu hinter dem ebenfalls barocken Rathaus war bis 1982 in Betrieb (Apotheke, Krankensaal von 1660). Heute beherbergt das ehemalige Krankenhaus archäologische Ausgrabungsstücke, Sakralkunst und Gravuren des **Musée Greuze** (April–Okt. tägl. außer Di 11–18 Uhr).

Office de Tourisme: Place Carnot, Tel. 03 85 51 13 10, Fax 03 85 27 00 21.

Le Rempart: 2–4, avenue Gambetta, Tel. 03 85 51 10 56, Fax 03 85 51 77 22. Alteingesessenes Haus mit einem an einen Klostergang erinnernden Innenhof, große Zimmer, DZ 63–125 €.

Greuze: 1, rue Albert-Thibaudet, Tel. 03 85 51 13 52, 19. Nov.–9. Dez. Betriebsferien. Altmeister Jean Ducloux serviert *Quenelle de Brochet* (Hechtklößchen) und Poulet de Bresse auf höchstem Niveau, Menü 45–92 €.

Aux Terrasses: 18, avenue du 23 Janvier, Tel. 03 85 51 01 74, Mo, Di mittag, außer Juli–Aug. auch So abend geschl. Die warme *Terrine de Colvert* (Wildentenpastete in leichtem Teigmantel) gilt als Neo-Klassiker der burgundischen Küche, Menü 19–52 €.

Fromagerie Giroud: Ecke Rue du Docteur Privey/Rue Jean Jaurés, im Reifekeller affinierte, also optimal genussfähig gereifte Epoisses und Brillat-Savarin.

La St-Philibert: dreitägiges Patronatsfest am Saône-Kai, letzte Aug.-Woche.

Zug: Bahnhof Place de la Gare, Tel. 08 36 35 35 35, Nah- und Fernverkehr.

Im Umland von Tournus

Burgund-Atlas: S. 239, D/E 3
Die romanischen Dorfkirchen westlich von Tournus sind Zeugnisse des ›Aufschwungs 1000‹ (s. S. 35), der sich nach Ausbleiben des für die Jahrtausendwende erwarteten Weltuntergangs mit emsiger Bautätigkeit einstellte. In **Ozenay** wirken das dustere Château (15.–17. Jh.) und die romanische Kirche (12. Jh.) wegen der mit Steinplat-

ten gedeckten Dächer besonders archaisch. Über das Dorf **Chardonnay** (wie die Rebe!) gelangt man nach **Uchizy**: Wieder ist die Kirche romanisch (11. Jh.), diesmal mit auffällig hohem Glockenturm – der Bauherr war der Abt von St-Philibert in Tournus.

Der höchste romanische Turm steht allerdings in **Chapaize**. 35 m hoch ragt der um 1000 gebaute Kirchturm empor. Neben der Kirche plustert sich der gallische Hahn über dem Dorfbrunnen auf.

Die Kapelle von **La Chapelle-sous-Brancion** fügt sich harmonisch ins Feld-, Wald-, und Wiesenburgund des Touringeois. Ein Wanderweg führt aus der Ebene hoch nach **Brancion**, dem Dorf auf dem Hügel oberhalb von La Chapelle-sous-Brancion. Wieder gibt es eine romanische Pfarrkirche. Und dazu eine Markthalle (14. Jh.) sowie eine Burg (14. Jh.). Die fällt, wie beim Château de Nobles westlich des Dorfs (D 14), wehrhaft und klobig aus.

In **Cormatin** kündigt sich ein anderer Feudalstil an. Das barocke Wasserschloss mit prachtvollem Louis-XIII.-Interieur hat einst Raoul Gunsberg gehört, seinerzeit Direktor der Oper von Monte-Carlo. Caruso und Sarah Bernhardt spazierten durch die Salons und Gärten. Die Liste prominenter Gäste wurde später von Michail Gorbatschow und François Mitterrand fortgeführt (Ostern–11. Nov. 10–12, 14–17.30, Mai–Sept. bis 18.30 Uhr).

Le Domaine de Trémont: Plottes, Tel. 03 85 51 00 10, Fax 03 85 32 12 28, www.chateauxhotels.com/tremont. Hideaway im rosafarbenen Stein aus Prétry, an der Fassade Glyzinien und wilder Wein. Liebevoll gestaltete Zimmer, altmodische Bäder, Park, DZ 65–107 €, Menü (nur für Hausgäste) 17–23 €.
Château de Nobles: La Chapelle-sous-Brancion, Tel. 03 85 51 00 55, Ostern–11. Nov. geöffnet. Zwei Chambres d'hôtes im Nebengebäude eines der schönsten Schlösser Burgunds. Überdachte Terrasse. Moderne Badezimmer, das Frühstück wird im Schloss serviert, DZ 70 €, Frühstück inkl.

La Montage de Brancion: Brancion, Col de Brancion, Tel. 03 85 51 12 40, Mitte Nov.–Mitte März geschl., Mo–Fr nur abends. Ländlich gehobene Küche, Menü 45–65 €.
Café St-Martin: Chapaize, Tel. 03 85 50 13 08. Die Dorfkneipe haben junge Schweizer übernommen. In der Woche kleine Speisen, Sa gastronomische Themenabende.

Marché Biologique: Brancion, Biomarkt erster und dritter So des Monats, unterhalb des Dorfs.

Seltener Tropfen

Pascal Pauget ist der einzige Winzer, der die lokale Appellation Mâcon Tournus vertritt. Man trinkt den gefälligen Rotwein jung: Direktverkauf in der mittelalterlichen Tour du Porteur, Place de l'Abbaye, Tournus, Tel. 03 85 32 53 15.

MÂCONNAIS UND CLUNISOIS

Ein erster Hauch Süden liegt in der Luft. Das milde Klima im äußersten Süden von Burgund regte so manchen Bauherren zum Blick über die Alpen an: Aus den Weinbergen des Mâconnais ragen italienisch anmutende Herrensitze hervor. Nicht so im Clunisois, wo die burgundische Romanik vorherrscht. Deren wichtigstes Zeugnis, die Abtei von Cluny, ist freilich nur noch Ruine.

Mâcon

Burgund-Atlas: S. 239, D 4
Mâcon, die Hauptstadt des Départements Saône-et-Loire, zählt nicht einmal 40 000 Einwohner. Pompöse Verwaltungsbauten der Belle-Epoque und nüchterne Händlerdomizile des frühen 19. Jh. prägen das Stadtbild. Von der fast zweitausendjährigen Geschichte ist wenig zu spüren. Zu oft wurde die Stadt an der Südgrenze Burgunds verwüstet.

Von der ehemaligen Kathedrale **Vieux St-Vincent** blieb nur eine Ruine: 1799 wurde mit der Kathedrale St-Vincent das bedeutendste mittelalterliche Baudenkmal der Stadt bis auf das Westwerk abgerissen. Das **Lapidarium** in der Ruine zeigt antike Fundstücke, darunter auch Sarkophage (tägl. 10–18 Uhr). Immerhin, die beiden ungleichen Türme des Westwerks überragen bis heute die Stadtsilhouette – den schönsten Blick hat man von der barocken **St-Laurent-Brücke**, die über die Saône in den Stadtteil St-Laurent führt. Weithin sichtbar mit seiner frühklassizistischen Kuppel ist ebenfalls das **Hôtel-Dieu**: die Apotheke von 1775 prunkt mit Fayencegefäßen und Holzvertäfelungen im Louis-XV-Stil (Sommer Do–So 14–19 Uhr). Gegenüber steht die neue **Kathedrale St-Vincent**, in der 1869 die Totenmesse für Lamartine gehalten wurde. Dem großen Sohn der Stadt zollt das **Musée Lamartine** im Hôtel Senecé (1715–50) Respekt. Das grandiose Barockpalais hütet Mobiliar und literarische Zeugnisse aus der Zeit des Romantikers (tägl. außer Di 10–12, 14–18 Uhr. So morgens geschl.). Die **Maison de Bois**, ein Fachwerkbau aus der Zeit um 1500, bringt an der nahen Place aux Herbes ein bisschen krummschiefe Romantik unter die nüchternen Fassaden des 19. Jh. und *Hôtels particuliers* des Ancien Régime. Nüchtern wirkt auch das **Rathaus** am Quai Lamartine, schwerfällig die dahinter gelegene neoromanische Kirche **St-Pierre**. Einen Schuss Exotik fügt zum Abschluss das **Postgebäude** an der Rue Victor Hugo ins Stadtbild. Der Bau in einem Stilgemisch aus Orient und Jugendstil war ursprünglich für die algerische Kolonialstadt Oran bestimmt.

Office de Tourisme: 1, place St-Pierre, Tel. 03 85 21 07 07, Fax 03 85 40 96 00, www.macon-tourism.com.

Château des Poccards: Hurigny (5 km nördl.), 120, route des Poccards, Tel. 03 85 32 08 27, Fax 03 85 32 08 19, www.chateau-des-poccards.com, März–30. Nov. geöffnet. Ausgefallen-elegante Chambres d'hôtes mit einem Hauch Toskana: Die Wände des klassizistischen Château leuchten pastellgelb. Pool, Park, DZ 76–108 €, Frühstück inkl.

Pierre: 7–9, rue Dufour, Tel. 03 85 38 14 23, So abend, Mo Ruhetag. 1.–21. Juli geschl., Rillette aus frischem und geräuchertem Lachs, verfeinert mit Anis und Schnittlauch, Croustade von schwarzen Trüffeln und Waldpilzen, Menü 22–62 €.
La Maison Mâconnaise des Vins: 484, avenue de Lattre-de-Tassigny, tägl. 8–21 Uhr, Tel. 03 85 22 91 11. Repräsentanz der Winzer aus dem Mâconnais. Zum günstigen Menü (15 €) Weine im Glas – St-Véran, Rully, Givry, Prissé, Pouilly-Fuissé, Uchizy.
Le Saint-Laurent: St-Laurent-sur-Saône, 1, quai Bouchacourt, Tel. 03 85 39 29 19. Sympathisches Bistro, mit Blick über den Fluss auf die Altstadt. Bresse-Huhn in Sahnesauce!, Menü 17–40 €.

Fromagerie Chevenet: Hurigny (5 km nördl.), Le Bourg. Ziegenkäse pur oder als ›*lardu*‹ in Speck gehüllt.

Foire aux Vins: Auf der Weinmesse von Mâcon wird alle zwei Jahre der landesweit beachtete ›Prix littéraire Lamartine‹ (Literaturpreis) verliehen, Mai.

Golf: Château de la Salle, Tel. 03 85 36 09 70, www.golfmacon.com. Ein anspruchsvoller 18-Loch-Parcours sowie einfacher 9-Loch-Parcours: Der 1987 verwirklichte Entwurf des Architekten Robert Berthet umfasst drei Teiche, Restaurant und Reitstall inmitten der Weinberge.

Zug: Bahnhof Rue Bigonnet, Tel. 08 36 35 35 35, Nah- und Fernverkehr.

Das Mâconnais

Burgund-Atlas: S. 239, D 3-4
Die 6500 ha Weinberge des Mâconnais gehen im Süden fast unmerklich in die des Beaujolais über. In **St-Amour** wird bereits ein roter Beaujolais-Cru gekeltert, in den heiteren Nachbardörfern **Vinzelles**, **St-Véran** und **Loché** hingegen südlich geprägte Weißweine, die das Wahrzeichen des Mâconnais sind.

Aus den Reben empor ragt die **Roche de Solutré**. Der Berg ist ein für die Weinberge des Pouilly-Fuissé typischer Kalkhöcker (493 m), von dem Jäger vor mehr als 15 000 Jahren ihre Beute auf den Abgrund zutrieben. Genaueres erfährt man im **Musée de la Préhistoire** (April–Sept, tägl. außer Di 10–18, Feb.–März, Okt.–Nov. 10–12, 14–17 Uhr, Dez.–Jan. geschl.). Das Panorama von der markanten Steilkante des Kalkbuckels reicht über die Saône und das Mâconnais – ein Blick, der fast jedem Franzosen vertraut ist. François Mitterrand hat den archaisch anmutenden Fels während seiner langen Präsidentschaft alle Jahre wieder zu Pfingsten

La Roche du Solutré

bestiegen, mit entsprechendem Medienspektakel. Fini, es ist wieder stiller im Süden Burgunds geworden.

Das Dorf **Fuissé** ertrinkt in den Weinbergen. Selbst die Kirche wird bis fast an die Grundmauern von Reben bestürmt. Das Dorf **Chasselas** (wie die Traubensorte) überrascht mit einer Burg, die drei Türme krönen – und auf der man Wein probieren kann (10–12, 14–18 Uhr, www.chateaudechasselas.fr).

Vom 758 m hohen **Signal de la Mère Boitier** weiter westlich überblickt man das gesamte Mâconnais. Der Ortsname **La Roche Vineuse** verspricht Weinkeller und Winzerseligkeit. In **Igé** ist die aus dem 11. Jh. stammende Chapelle de Domanges heute Winzermuseum mit Probierkeller. In der nahen Cave des Vignerons d'Igé (Mo–Sa, So Ausschank in der Chapelle de Domanges) kann man die weißen Mâcon-Igé kosten und kaufen.

Office de Tourisme de la Route des Vins Mâconnais-Beaujolais: Mâcon, 6, rue Dufour, Tel. 03 85 38 09 99, zwölf ausgearbeitete Weinrouten.

Château d'Igé: Tel. 03 85 33 33 99, Fax 03 85 33 41 41, www.chateaudige.com, März–Ende Nov. geöffnet. Schlosshotel im 700 Jahre alten Château d'Igé. Renaissancetreppenturm, mannshohe Kamine und schwere Balkendecken, noble Zimmer, DZ 70–131 €, Suite 161–218 €. Restaurant: Mo–Do mittag geschl., große Küche: *Pressé de homard, Foie Gras* aus der Pfanne mit einer Konfitüre grüner Tomaten, Schnecken mit Pain d'épices, Menü 35–70 €.

Au Pouilly-Fuissé: Fuissé, Tel. 03 85 35 60 68, Mi, So abend Ruhetag. Aug. Betriebsferien. Kulinarische Bastion an der Route du Vin. Weine im Glas, Froschschenkel, Zanderfilet in heller Buttersauce und Bresse-Huhn, Menü 16–36 €.

Ferme-Auberge de la Mère-Boitier: Tramayes, Chemin de la Mère Boitier, Tel. 03 85 50 59 83, www.mereboitier.com. Erst auf den Berg, dann auf den Bauernhof von Elisabeth Briday, wo der Tisch sich unter ländlichen Leckereien biegt, Menü ab 13,50 €.

Château Fuissé: Fuissé, Tel. 03 85 35 61 44. Ein bereits vom Süden verwöhnter Chardonnay. Tipp: die Cuvée Vieilles Vignes.

Château de Beauregard: Fuissé, Tel. 03 85 35 60 76. Der neue Kellermeister Joseph Burrier vollbringt wahre Wunder. Goldgrün getönte Weine.

La Cave de Charnay-lès-Mâcon: Charnay-lès-Mâcon, En Condamine, Tel. 03 85 34 54 24. Von Hand gelesene Trauben ergeben eine unkomplizierte Cuvée. Ein Wein für leichte Stunden.

Pays de Lamartine

Burgund-Atlas: S. 239, D 4

›Das Land von Lamartine‹ heißt dieser Winkel im Süden von Burgund, weil Frankreichs großer Romantiker Alphonse de Lamartine (1790–1869) hier gelebt und, wichtiger noch, hier etliche seiner Werke zu Papier gebracht hat. Offiziell sind wir im Mâconnais. Die Höfe sind wuchtig. Oft sieht man eine offene Veranda mit Holzbalken an der honiggelben Fassade sowie einen Taubenturm auf der Ecke.

Milly-Lamartine hat sich erst vor hundert Jahren den Dichternamen angehängt. Eng rücken die Häuser an die

Kirche. Lamartine zog 1797 als Siebenjähriger mit Eltern und fünf Schwestern in ein stattliches Anwesen, das sich seit damals kaum verändert hat (heute Museum, Mai–Sept. Mi–So Führung 11, 16, 17 Uhr). In etlichen Schriften (›Milly oder die Heimatscholle‹) hat Lamartine das Dorf verewigt. 1830 übernahm Lamartine das elterliche Anwesen, das er hochverschuldet 30 Jahre später mitsamt der 50 ha Weinberge verkaufen musste. In der Dorfkirche steht noch immer die Bank der Familie Lamartine.

Im Nachbarort **Bussières** kehrte der Dichter oft bei seinem Freund und Pfarrer Dumont ein, dessen Grab sich in der Kirche befindet – der Gedenkspruch stammt von Lamartine. Im Bergdorf **Berzé-la-Ville** lohnen die Fresken der nach cluniazensischem Muster gebauten Chapelle aux Moines den Schlenker (Mai–Sept. tägl. 9–12, 14–18, April, Okt. 10–12, 14–17.30 Uhr).

Das benachbarte **Berzé-le-Chatel** ist eine gewaltige Burganlage (10.–15. Jh.) mit 13 Türmen (Juli–Aug. 10–18 Uhr). Von der Terrasse hat man einen überwältigenden Ausblick auf das hügelige Pays de Lamartine. Berzé-le-Chatel liegt wie die Burg von **Pierreclos** (12.–18. Jh., Küchen, Gewölbekeller, romanische Kirche, 9–18 Uhr) an der Route Lamartine, einer Ferienstraße auf den Spuren des Dichters.

In **St-Point** hat sich Lamartine das Schloss, ein Hochzeitsgeschenk seines Vaters, nach seinem Geschmack umbauen lassen (März–Mitte Nov. Di, Do, Fr, Sa 10–12, 14–18, So 14–18 Uhr). Das Grab des Dichters befindet sich auf dem Friedhof an der romanischen Kirche.

Office de Tourisme du Val Lamartinien: Pierreclos, Tel./Fax 03 85 35 77 15, www.val-lamartinien.com.

Le Domaine Dauphin: St-Point, Tel. 03 85 50 57 87, Fax 03 85 50 59 57. 400 Jahre altes Herrenhaus, dessen Grundstück zu einem Bachgrund abfällt. Lamartine *oblige:* alle vier Gästezimmer orientieren sich an Werk und Leben des Dichters, DZ 60 € inkl. Frühstück, Table d'hôte ab 15 €.

Le Relais du Mâconnais: Berzé-la-Ville, La Croix-Blanche (D 17), Tel. 03 85 36 60 72, So abend, Mo Ruhetag. Ebenfalls Hotel, DZ 59–90 €. Zander in weißem Mâcon-Wein, lauwarme Wachtelterrine mit Wacholder, Menü 24–46 €.

Larochette Aubergiste: Bourgvilain, Tel. 03 85 50 81 73, So abend, Mo Ruhetag. Mitte Feb.–Mitte März geschl. Auf einer Straßenseite stehen die Kirche und das Kriegerdenkmal, auf der anderen Seite der Dorfgasthof. François Mitterrand ist hier eingekehrt, nach einer Pfingstwanderung auf die Roche de Solutré, Menü 14–34 €.

Als Freibad genutzter **Badeteich in St-Point,** mit Imbiss, Minigolf, Bouleplatz!

Cluny und das Clunisois

Cluny

Burgund-Atlas: S. 239, D 3
Wer nach Cluny fährt, sollte ein wenig Fantasie mit im Gepäck haben. Vom mittelalterlichen Zentrum des benedik-

tinischen Mönchtums blieb nur ein grandioses Ruinenfeld, das weite Flächen der Kleinstadt bedeckt. Das um 1200 größte Architekturgebirge der Welt ist jedoch noch in seinen Trümmern beeindruckend.

Die Gründung der Benediktinerabtei geht auf das Jahr 910 zurück. Cluny I war kaum mehr als eine Kapelle, entstanden 915–917. 50 Jahre später folgte mit der Kirche St-Pierre-le-Vieux Cluny II. Der Orden wuchs: Abt Hugo ließ 1088 den Grundstein für Cluny III legen, die Kirche St-Pierre-et-St-Paul mit 73 m hohem Gewölbe. Bis zum Bau des Petersdoms in Rom blieb sie das größte Gotteshaus der Christenheit. In ganz Europa entstanden Klöster nach cluniazensischem Vorbild. Während der Französischen Revolution wurde die Abtei als Nationaleigentum an einen Bauunternehmer verkauft. Man begann mit dem Abriss, um Baumaterial zu gewinnen. Allein für das Tympanon über dem Westportal brauchten die Sprengmeister 1810 volle neun Tage! Erst 1823 beendete man den Raubbau. Es war Rettung in letzter Sekunde für den achteckigen Weihwasserturm, den Uhrenturm des rechten Querschiffs, den gotischen Mehlspeicher (heute Musée Farinier mit Lapidarium), den barocken Abtspalast und Kreuzgang (1750). Die Geschichte der Abtei wird im **Musée Ochier** erzählt (Mai–Aug. tägl. 9.30–18.30, Sept.–April 9.30–12, 13.30–18.30 Uhr).

Überall im Städtchen stößt man auf Häuser, die aus Steinen der Abtei gebaut sind. Auch das **Staatliche Gestüt** (Haras national, Stallbesichtigung Mitte Juli–Anfang März 9–19 Uhr, Dressurvorführungen ganzjährig, Tel. 03 85 59 85 00) wurde 1806 aus Abbruchmaterial der Abtei gebaut.

Kaffeeklatsch

Au Péché Mignon (25, rue Lamartine, Tel. 03 85 59 11 21, Mitte Jan.–Mitte Feb. geschl.) heißt der beste Salon de thé von Cluny. Zum Kaffee genießt man kalorienschwere Kreationen wie die *Petits moines en pâte d'amande*.

Office de Tourisme: 6, rue Mercière, Tel. 03 85 59 05 34, Fax 03 85 59 06 95, www.cluny-tourisme.com.

Hôtel de Bourgogne: Place de l'Abbaye, Tel. 03 85 59 00 58, Fax 03 85 59 03 73, www.hotel-cluny.com. Feb.–30. Nov. geöffnet. Restaurant Mi mittag, Di geschl. 1817 eröffnete im Ruinenfeld ein Hotel. Genauso lange gilt die Faustregel: Wer in Cluny absteigen möchte, tut dies am besten im Hôtel de Bourgogne. Lamartine zählte zu den Stammgästen, DZ 77–116 €. Empfehlenswertes Restaurant, Di, Mi geschl. Menü 21–39 €.

La Salamandre: Salorney-sur-Guye (12 km nördl.), Au Bourg, Tel. 03 85 59 91 56, Fax 03 85 59 91 67, www.la-salamandre.fr, Table d'hôtes auf Reservierung. Herrenhaus des 19. Jh. Jede Chambre d'hôte trägt den Namen einer Oper. Am schönsten sind die Zimmer im ersten Stock wegen der hohen Decken und großen Sprossenfenster. Park, DZ 69 €, Suite 88,5 €, Frühstück inklusive. Table d'hôte 18,5 €, Wein nicht inbegriffen. Nur Nichtraucher!

Les Grandes Heures de Cluny: Festival klassischer Musik, Juli–Aug.

Rad- und Rollerblade-Verleih: Ludi Sports, Tel. 06 62 36 09 58, mit Abhol-Shuttle! Oder Cluny Récompense, 38, rue Prud'hon, Tel. 03 85 59 34 59. 44 km langer Rad- und Rollerweg ›La Voie Verte‹ Cluny–Taizé–Givry.

Zug: Bahnhof 9, avenue de la République, Züge nach Mâcon, Tel. 08 36 35 35 35.

Taizé

Burgund-Atlas: S. 239, D 3
Wenige Kilometer nördlich von Cluny liegt auf einem Hügel Taizé. Roger Schutz, ein Theologiestudent aus Lausanne, hat im Dorf kurz nach dem Zweiten Weltkrieg eine protestantische Communauté gegründet. Die Gemeinschaft steht in der Tradition des katholischen Benediktinerklosters Cluny: Armut, soziales Engagement und Karitas. Taizé ist ein weltoffener Ort, zu dem auch die Zwiebeltürme und das Kreuz einer orthodoxen Kirche gehören. Seit der Friedensbewegung der 1960er Jahre ist die Gemeinschaft das Ziel Tausender Jungchristen, vor allem zu Ostern.

Mont St-Vincent

Burgund-Atlas: S. 238, C 2
Über das Ackerbürgerstädtchen **Salornay-sur-Guye** und das mittelalterliche Burgdorf **Sigy-le-Châtel** gelangt man zum 600 m hohen **Mont St-Vincent**. Statt der zerstörten Burg (Ruine) krönt heute die Antenne einer Wetterstation den Gipfel. Ein Orientierungstisch erklärt, was in alle Himmelsrichtungen zu erspähen ist. Die Kirche (11.–12. Jh.) im schmucken Dorf St-Vincent war ein Klosterableger von Cluny. Zu sehen sind einige prachtvolle Bürgerpalais sowie ein Salzspeicher aus dem 16. Jh.

Hôtel de Commerce: Joncy (7 km östl.), Tel. 03 85 96 27 20, Fax 03 85 96 21 76, Restaurant Mi Ruhetag. Hotel zwei Wochen Anfang Jan. und zwei Wochen Anfang Okt. geschl. Einfaches Logis-de-France-Hotel, DZ 36–54 €, mit ambitioniertem Restaurant. *Filet de bœuf charolais* mit jungem Gemüse und Streifen von *Foie Gras*, Jakobsmuscheln mit schwarzen Oliven, Menü 10 € (mittags) bis 37 €.

Im Umland von Tournus ▷

BRESSE BOURGUIGNONNE

Bienvenue im Land glücklicher Hühner, schnatternder Gänse und anderen Federviehs. Hohe, langgezogene Schober sind prall mit Maiskolben gestopft. In den Restaurants werden Jura-Weine angeboten – die Verbindungen zur nahen Franche-Comté sind alt – über die Märkte der Bresse lief der Handel mit Salz aus den königlichen Salinen von Arc-et-Senans.

Burgund-Atlas: S. 239, E/F 1-3
Tischtuchflach erstreckt sich die Bresse bourguignonne vom linken Saône-Ufer nach Norden bis an das Flüsschen Doubs und nach Osten an die abrupt ansteigende Westkante des Jura. Nach Süden setzt sich die Bresse bourguignonne ohne Übergang in die Nachbarregion Rhône-Alpes fort. Die Bresse ist mit nur 70 000 Menschen eine dünnbesiedelte Region. Rot leuchten die Gehöfte aus Wiesen und Feldern. Weil keine Natursteine vorhanden sind, liefern Ziegeleien das Material für die traditionellen Fachwerkhäuser der Bresse. Unter den weiten, flachen Vordächern der Geflügelbauernhöfe trocknen Maiskolben. Manchmal sieht man eine Bäuerin, die auf der nach Süden ausgerichteten Veranda ein Huhn rupft.

Von der Saône an den Sockel des Jura

Die Tour beginnt in **Romenay**. Die beiden Stadttore, Fachwerkbauten, Steinpflaster und neben der Kirche das Musée du Terroir (Möbel, Kostüme, Werkzeuge der Bresse, Juli–Aug. 14–18 Uhr, Tel. 03 85 40 30 90) locken in das Dorf an der Südgrenze der Bresse bourguignonne.

Das mittelalterliche Städtchen **Cuiseaux** liegt an der Kante zum Jura, und war einmal Winzerdorf, wie im Ecomusée de la Vigne im Schloss der Prinzen von Oranje zu sehen ist. (Mai–Sept. tägl. außer Di 15–19 Uhr). An der Place Puvis de Chavanne stehen einige schmucke, für die Bresse typische Arkadenhäuser.

Der ›Circuit panoramique‹ führt vom Ort auf die Kante des Jura hoch. Vom **Mont Charret** (645 m) im Westen hat man einen atemberaubenden Panoramablick auf die Bresse-Ebene (›Circuit panoramique‹ zum Belvédère de la Croix folgen).

Louhans

Burgund-Atlas: S. 239, F 2/3
Louhans, die Kapitale der Bresse (7000 Einw.), liegt im Zentrum der weiten Ebene. Wie durch ein Stadttor gelangt

man durch den rosafarbenen Marmorbogen des Rathauses in die Stadt. Die buntglasierten Dachziegel der nahen **Pfarrkirche St-Pierre** pochen auf die Zugehörigkeit zu Burgund. Das Ackerbürgerstädtchen lockt mit dem provinziellen Charme eines Marktortes, der darauf hält, das beste Federvieh Frankreichs im Angebot zu führen. Auf dem Montagsmarkt kommt man der zutiefst bäuerlichen Bresse bourguignonne auf die Spur. Unter den wuchtigen Arkaden der **Grande Rue** und auf der Promenade de la Charité wird mit Kennerblick über den Blauton eines Hahnenfußes debattiert oder die Federpracht einer Henne gelobt. Die Grande Rue gilt mit 157 Arkaden aus dem 16.–18. Jh. als längste Arkadenfolge Frankreichs. Im barocken **Hôtel-Dieu** ist ist das kostbare Interieur samt Apotheke und Fayencen des 16. Jh. erhalten (mehrere Führungen, März–Sept. tägl. außer Di).

Das **Musée de l'imprimerie** in der Rue des Dôdanes, ein Druckereimuseum, war bis 1984 Sitz des Lokalblatts ›L'Indépendant‹ (Mitte Mai–Sept. tägl. außer Di 15–19, sonst Mo–Fr 14–18 Uhr).

Office de Tourisme: Louhans, Place St-Jean, Tel. 03 85 75 05 02, Fax 03 85 75 48 70, www.bresse-bourguignonne.com.

Le Moulin de Bourgchâteau: Louhans, Chemin de Bourgchâteau (Route de Chalon), Tel. 03 85 75 37 12, Fax 03 85 75 37 12, www.bourgchateau.cc, Restaurant Mo geschl, Hotel Mitte Dez.–Mitte Jan. Betriebsferien. Wassermühle von 1778 am Flüsschen Seille. Altes Mahlwerk, Natursteinwände, DZ 41–85 €. Küche der Bresse, aber seine italienischen Wurzeln verteidigt Koch Franco Donatelli mit Gnocchi, Menü 25–30 €.

Hôtel-Restaurant Vuillot: 36, rue Vuillard, Cuiseaux, Tel. 03 85 72 71 79, Restaurant So abend, Mitte Sept.–Mai auch Mo mittag Ruhetag. Hotel Jan. Betriebsferien. Hotel, Restaurant und Dorfkneipe seit 1906. Einfache Zimmer, DZ 40–45 €. Sehr gutes Restaurant: marmorierte *Foie Gras* mit Armagnac, Poulet de Bresse mit Morcheln, Menü 17–34 €.

Backe, backe Ziegelstein

Im Dorf Varennes St-Sauveur ca. 14 km westlich von Cuiseaux erinnert eine denkmalgeschützte Ziegelei aus dem 17./18. Jh. daran, dass in der an Natursteinen armen Bresse einmal 150 solcher Anlagen die roten Steine hergestellt haben. Besichtigung Mitte Mai-Ende Sept. nach Absprache, Tel. 03 85 74 62 35 oder 03 85 74 62 70.

Geflügelmarkt: Louhans, Mo – es gackert aus allen Ecken.
Foire de la St-Simon: Cuiseaux, letzter So im Okt., Walnuss- u. Kastanienmarkt.
Fromagerie Liberge: Louhans, 4, Grande Rue, Käseladen unter den berühmten Arkaden, auch frische Teigwaren und Wein.

Les Quatre Glorieuses de Bresse: Louhans und Umgebung, Geflügelschauen und -märkte, Mitte Dez.

Zug: Bahnhof Avenue du 8-Mai-1945, Züge nach Verdun-sur-Doubs, Tel. 08 36 35 35 35.

Im Norden der Bresse bourguignonne

Burgund-Atlas: S. 239, F 1–2
St-Germain-du-Bois ist ein typisches Bresse-Dorf mit langgezogenen Gassen, weitem Marktplatz und dem Musée de l'Agriculture bressane (Landwirtschaft vom 19. Jh. bis zur Gegenwart, Mitte Mai–Sept. 15–19 Uhr) in einem ehemaligen Bauernhof.

Nach **Pierre-de-Bresse** hoch im Norden der Bresse lockt das Schloss (17. Jh.) mitsamt weitläufigem Park: In den feudalen Mauern befindet sich das **Ecomusée de la Bresse bourguignonne** (Mitte Mai–Sept. 10–19, sonst 14–18 Uhr), das Heimatmuseum der Bresse mit Dauer- und Wechselausstellungen. Der Ort selbst kann etliche Fassaden aus dem 17.–18. Jh. vorweisen.

Das schmucke **Verdun-sur-le-Doubs** liegt malerisch am Zusammenfluss von Saône und Doubs. Die Maison du Blé et du Pain (Brotmuseum, eine Außenstelle des Ecomusée de la Bresse bourguignonne, Mai–Sept. tägl. außer Di 15–19 Uhr) liegt an der Brücke, von der man auf die Kais schaut.

Hostellerie Bressane: St-Germain-du-Bois, 2, route de Sens, Tel. 03 85 72 04 69, Fax 03 85 72 07 75, Hotel zweite Juni-Hälfte, Restaurant So abend, Mo geschl. Herrlicher Bau (18. Jh.) mit allen Merkmalen der Bresse, allen voran die Fassade aus roten Ziegeln. Einfache Zimmer *à vieille France* mit schönem alten Mobiliar, zum Teil ohne eigenes Bad-WC, DZ 23–40 €. Restaurant mit bodenständiger Bresse-Küche, Menü 10–28 €.

Auf dem Geflügelmarkt in Louhans

AUS DEM ALLTAG EINES HÜHNERBARONS

Roter Kamm, weißes Gefieder, blaue Füße: Das Bresse-Huhn trägt die Farben der Grande Nation. 1591 tauchte der Begriff Bresse-Huhn erstmals in den Akten der Stadt Bourg-en-Bresse auf. Doch erst 400 Jahre später war es soweit: 1957 wurde dem Federvieh die Appellation d'Origine Contrôlée ›Poulet de Bresse‹ verliehen – die einzige AOC-Herkunftsbezeichnung weltweit für Geflügel! Um sie zu verdienen, muss das Federvieh mindestens vier Monate lang auf Freilandwiesen aufgezogen worden sein. Die Zufütterung von Mais und dicker Milch sorgt für feines Fleisch, die Beschränkung auf die kalkarmen Böden der Bresse für zarte Knochen, der Freilauf für Muskeln. Mindestens 5000 m^2 Land muss der Züchter nachweisen können, und mindestens 10 m^2 stehen jedem Tier laut AOC-Statut zu. Das Ergebnis darf sich sehen lassen: Ein Bresse-Hahn kann sich mächtig wichtig machen, indem er den Rücken nach oben krümmt und den Kamm hochstellt. Weil aber nicht jedes Bresse-Huhn, das so aussieht, auch ein echtes Bresse-Huhn ist, erkennt der Laie das Original zudem am Ring oberhalb der linken Kralle. Dort stehen eingraviert Name und Adresse des Züchters, etwa der von Michel Thibert aus Simard.

Für den Geflügelzüchter ist das Bresse-Huhn nicht nur das beste Geflügel der Welt, sondern auch ein Aristokrat unter den Hühnervögeln. Der Geflügelzüchter aus dem Dorf im Norden von Louhans ist Herr über 3000 Hühner, 100 Kapaune, 100 Poularden, 850 Puter, 400 Enten, 150 Gänse und 800 Perlhühner, die insgesamt 14 ha Freiland bevölkern. Dort picken und scharren sie nach Würmern und Insekten und bekommen vom Züchter besagten Mais und Milch zugefüttert. Erst vor der Schlachtung wandert das Federvieh in die *épinette*, einen hölzernen Käfig. Dort setzt es mangels Bewegung Fett an, was bei den Hühnern zwei Wochen, bei den Poularden einen Monat, bei den Kapaunen bis zu acht Monate dauert. Im Laufe dieser Zeit wird das Fleisch so zart, wie es der Kunde von einem echten Bresse-Huhn erwarten darf. Das Gros der Tiere wird anschließend auf dem Hof geschlachtet. Immerhin an die tausend lebender Tiere bringt Michel Thibert montags auf dem Geflügelmarkt in Louhans zum Verkauf. Tendenz fallend: »Die Leute kaufen immer weniger Lebendtiere. Sie wollen die bereits geschlachtet, am besten bereits gekocht. Seit zwei, drei Jahren gibt es viel mehr Neugierige auf dem Markt als Käufer«, weiß der Züchter. Die *volaillers* (Geflügelschlachter) decken sich ohnehin direkt auf dem Hof ein.

Kurz vor Weihnachten hat Monsieur Thibert alle Hände voll zu tun. Es ist die Zeit der Geflügelmärkte, allen voran der *Glorieuses de Bresse,* eines viertägigen Marktmarathons an vier verschiedenen Orten. Der Züchter steht zwei Wochen lang mit den Hühnern auf. Jeden Morgen um fünf geht es aus den Federn, um zehn Uhr abends wieder hinein. Dazwischen muss er an die 800 Weihnachtsbraten vorbereiten, am besten ofenfertig.

Morvan, Charollais und Brionnais

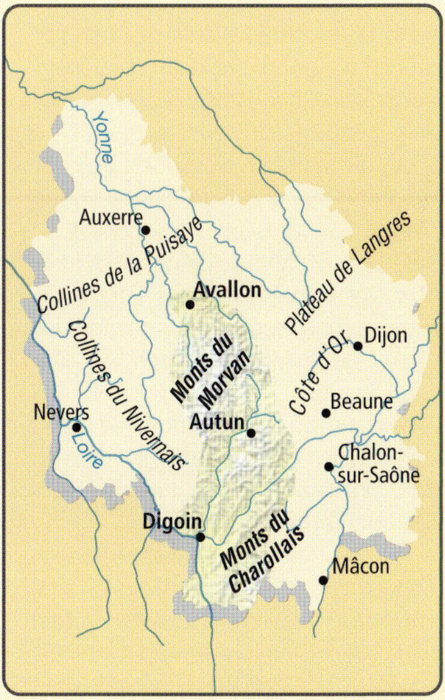

Autun

Burgund-Atlas S. 238, 237, 234

DURCH DEN MORVAN

Endlose Wälder und schwarzer Granit brachten dem Morvan den Beinamen ›la montagne noire‹ ein. Die Männer arbeiteten früher als Holzfäller, die Frauen als Ammen, denen ›les petits Paris‹, Waisenkinder aus Paris anvertraut wurden. Heute stehen weite Teile des dünn besiedelten Mittelgebirges als Parc naturel régional du Morvan unter Schutz, und Wanderer durchstreifen das Waldmassiv.

Autun

Burgund-Atlas: S. 238, C 1
Autun gilt als ›Tor zum südlichen Morvan‹. Die dunklen Wälder reichen bis fast an den mit buntglasierten Ziegeln gedeckten Chor der Kathedrale St-Lazare heran.

Autun ist freilich wesentlich älter als der immerhin aus dem 12. Jh. stammende Sakralbau der Kathedrale. Kaiser Augustus gründete Augustodunum 10 v. Chr. an der Fernhandelsstraße Via Agrippa, nachdem der Widerstand der Gallier endgültig gebrochen war. Die Stadt am Flüsschen Arroux ist seit der Antike ein wichtiger Verkehrsknotenpunkt. Noch vor den Zeiten der Römer soll ein Druidenheiligtum auf dem Stadtgebiet gelegen haben.

Autun hütet seine Geheimnisse im Schutz verschwiegener Gassen und von hohen Mauern kaschierter *Hôtels particuliers.* Über die antiken Ausmaße ist die Stadt dabei kaum herausgewachsen. Schon die mittelalterliche Mauer, von der 23 Türme erhalten sind, fußt auf antiken Fundamenten. Aus römischer Zeit blieben das Theater, ein Stück Stadtmauer, die beiden Stadttore **Porte d'Arroux** [1] und **Porte St-André** [2] und etwas außerhalb der arg lädierte **Janustempel** sowie die **Pyramide von Couhard** [3], ein Grabmal aus dem 1. Jh. n. Chr. (alle frei zugänglich). Ein Freiluftspektakel mit 300 Teilnehmern im **antiken Theater** erinnert im Sommer an die antike Größe (Beginn 22 Uhr).

Wichtigste Attraktion aber bleibt die **Kathedrale St-Lazare** [4], eine dreischiffige romanische Basilika mit reichem Fassadenschmuck, die den höchsten Platz der Oberstadt beansprucht. Das Tympanon am Westportal zeigt ein in Stein gefasstes Weltgericht, das Meister Gislebertus, der vielleicht begabteste burgundische Steinmetz seiner Epoche, geschaffen hat. Die Kapitelle im Innern können mit ihren figürlichen Darstellungen dem Tympanon Paroli bieten. Im Kapitelsaal sind die Kapitelle von Gislebertus' Hand ausgestellt, die bei der Restaurierung im 19. Jh. durch Kopien ersetzt wurden (tägl. 9–18 Uhr). Zu den ›Nocturnes de la Cathédrale‹ strahlt das Bauwerk in bunten Farben (Juli–Aug. 21–23 Uhr).

Um den Platz neben der Kathedrale, den ein Renaissancebrunnen ziert, haben sich einige Fachwerkbauten erhalten. Im **Musée Rolin** 5, einem spätmittelalterlichen Bau gegenüber der Kathedrale, werden Ausgrabungsfunde aus Autuns gallo-römischer Vergangenheit, aber auch romanische Bauplastik gezeigt. Als Prunkstück des Museums gilt die aus der Kathedrale St-Lazare stammende ›Versuchung Evas‹ (Okt.–März Mo, Mi–Sa 10–12, 14–17, So 10–12, 14.30–17. April–Sept. tägl. außer Di 9.30–12, 13.30–18 Uhr).

Knusprig & lecker

Die Spezialität der Feinbäckerei ›Au Cygne de Montjeu‹ (12, rue St-Saulge in Autun) heißt *Noisettes du Morvan,* ein Nussgebäck in Form von Haselnüssen, und *Gros croquets du Morvan,* ein Mandelgebäck.

Über die **Rue des Cordeliers**, die mit jedem Meter hügelabwärts belebter wird, gelangt man zum gewaltigen **Champ de Mars** und damit in die Unterstadt. Der Platz vereint mit Rathaus und Lycée Bonaparte einige prachtvolle Repräsentanzbauten. Versponnen kommt hingegen die **Passage couvert** 6 auf der Südseite daher – die 1848 ge-

Ehemals Kloster, heute Hotel: Les Ursulines in Autun

baute Ladenpassage wirkt neben dem monumentalen Champ de Mars wie eine biedermeierliche Puppenstube.

Office de Tourisme: 2, avenue Charles de Gaulle, Tel. 03 85 86 80 38, Fax 03 85 86 80 49, www.autun.com. ›Autun Pass‹ mit reduziertem Eintritt bei Denkmälern und Museen.

Hôtel St-Louis et de la Poste 7: 6, rue d'Arbaléte, Tel. 03 85 52 01 01, Fax 03 85 86 32 54, www.amadeusprop.com, Restaurant Mitte Okt.–Mitte März Sa, So geschl.Traditionshaus seit 1744. Napoleon bettete zweimal sein Haupt im ›Hôtel St-Louis et de la Poste‹, das erste Mal 1802 in Begleitung von Kaiserin Joséphine, das zweite Mal 1815, diesmal solo und eigentlich kein Kaiser mehr. Daher die Napoleon-Suite im Empire-Stil. Ansonsten nüchtern-elegante Zimmer mit vom Art-Déco inspirierten Möbeln, DZ je nach Saison 60–90 €. Gutes Restaurant, Menü 29–45 €.
Les Ursulines 8: 14, rue Riveault, Tel. 03 85 86 58 58, Fax 03 85 86 23 07, www.hotelursulines.fr. Ehemaliges Ursulinenkonvent (17. Jh.), heute Luxushotel mit Park. Am charaktervollsten sind die zur Kathedrale ausgerichteten Zimmer, am ruhigsten die zum Jardin à la française, DZ 64–93 €. Le Capitole, das Restaurant des ›Ursulines‹, gilt manchen als der beste Tisch von Autun, Menü 11–37 €.

Le Chalet Bleu 9: 3, rue Jeannin, Tel. 03 85 86 27 30, Mo abends, Di, Mitte Nov.–Ende März auch So abend geschl. Kreative Küche: Zander mit Andouille, Hasenpastete mit Pistazienkruste, Menü 15–45 €.

Pâtisserie Robillard: 1, rue St-Saulge. Noisettes du Morvan, ein Gebäck in Form von Haselnüssen.

Sehenswürdigkeiten
1 Porte d'Arroux
2 Porte St-André
3 Pyramide von Couhard
4 Kathedrale St-Lazare
5 Musée Rolin
6 Passage couvert

Übernachten
7 Hôtel St-Louis et de la Poste
8 Les Ursulines

Essen und Trinken
9 Le Chalet Bleu

Au Cygne de Montjeu: 12, rue St-Saulge, s. Tippkasten S. 131
Le Petit Chalet Bleu: 4, rue Jeannin. Feinkostladen, ofenfertige Gerichte und regionale Spezialitäten.

Wandern: Autun Morvan Tourisme, 13, rue de l'Arbalète, Tel. 03 85 86 14 41, organisiert Touren im Naturpark Morvan, mit oder ohne Gepäck. Allein der rot-weiß markierte Fernwanderweg GR 13 von Autun nach Vézelay legt 170 km durch den Morvan zurück.
Gourmet-Fahrradtouren: durch Autun und Umgebung, mit Einkehr auf einem Bauernhof (Essen), organisiert das Office de Tourisme, Juli–Aug. Di, Do, Sa 9.30 Uhr, Abfahrt am Plan d'eau du Vallon.
Golf: Base de Loisirs du Vallon, Tel. 03 85 52 09 28. Ein städtischer Platz in Fußnähe zur Stadt.

Zug: Bahnhof in der Avenue de la République
Bus: Busbahnhof am Bahnhof

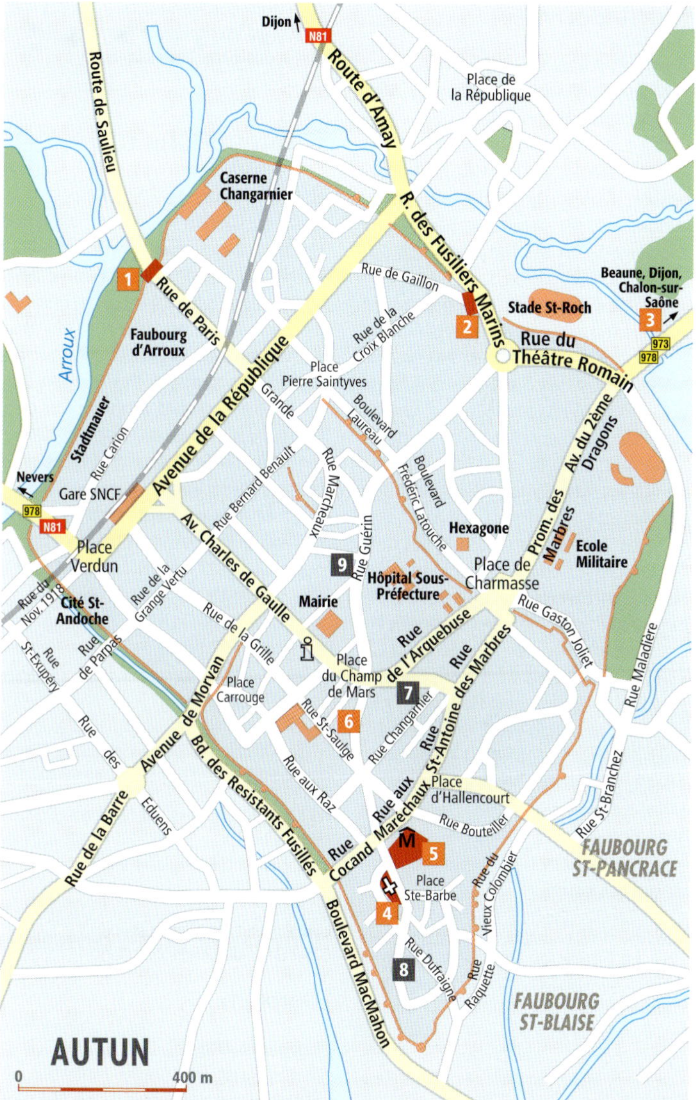
Dijon
N81
Route d'Amay
Place de la République
Route de Saulieu
Caserne Changarnier
R. des Fusiliers Marins
Rue de Gaillon
Beaune, Dijon, Chalon-sur-Saône
1
Rue de Paris
Faubourg d'Arroux
Stade St-Roch
2
3
Rue de la Croix Blanche
Rue du Théâtre Romain
973
978
Arroux
Place Pierre Saintyves
Avenue de la République
Grande
Boulevard Laureau
Av. du 2ème Dragons
Stadtmauer
Rue Carion
Rue Bernard Benault
Rue Marcheaux
Boulevard Frédéric Latouche
Nevers
Gare SNCF
Hexagone
Prom. des Marbres
978
N81
Ecole Militaire
Place Verdun
Av. Charles de Gaulle
9
Rue Guérin
Hôpital Sous-Préfecture
Place de Charmasse
Rue du Nov. 1918
Rue de la Grange Vertu
Cité St-Andoche
Mairie
Rue Gaston Joliet
Rue de la Grille
Rue de l'Arquebuse
Rue St-Exupéry
Rue de Parpas
Place du Champ de Mars
Rue des Marbres
Rue Maladière
Avenue de Morvan
Place Carrouge
7
Rue St-Saulge
6
Rue Changarnier
Rue des Eduens
Rue St-Antoine
Rue aux Raz
Place d'Hallencourt
Bd. des Resistants Fusillés
Rue aux Maréchaux
Rue Bouteiller
Rue St-Branchez
Rue de la Barre
M
5
Rue Cocand
FAUBOURG ST-PANCRACE
Place Ste-Barbe
Rue du Vieux Colombier
4
Boulevard MacMahon
Rue Dufraigne
8
Rue Raquette
FAUBOURG ST-BLAISE
AUTUN
0
400 m

Mont Beuvray

Burgund-Atlas: S. 238, B 1
Fast zwei Jahrtausende haben die Wälder des Mont Beuvray (821 m) die gallische Siedlung Bibracte (2.–1. Jh. v. Chr.) versteckt. Heute wird fleißig gegraben. Das Ausgrabungsfeld ist frei zugänglich, die bereits archäologisch ausgewerteten Stätten allerdings nur Juni–Okt. (Führungen Juni–Aug.).

Die gewaltige Festung haben die Haeduer erbaut. Der legendäre Gallierfürst Vercingetorix soll hier die versammelten gallischen Stammeshäuptlinge auf den gemeinsamen Kampf gegen Rom eingeschworen haben. François Mitterrand erklärte den Mont Beuvray zur ›nationalen Stätte‹. Bei Antritt seiner Amtszeit als Präsident kaufte er 1981 ein kleines Grundstück auf dem Gipfel. Der Landerwerb inmitten des Naturschutzgebiets gelangte an die Öffentlichkeit – der Skandal war perfekt.

Im hypermodernen **Musée de la Civilisation celtique** wird zu Füßen der einstigen Siedlung eine Schau zur keltischen Zivilisation und Funde aus Bibracte gezeigt (Mitte April–Mitte Sept. 10–18, Juli–Aug. bis 19 Uhr, Mitte März–Mitte April, Mitte Sept.–Mitte Nov. tägl. außer Di 10–18 Uhr, im Sommer Shuttle zwischen Grabungsgelände und Museum).

La Ferme du Rebout: Le Rebout (5 km westlich von St-Léger-sous-Beuvray über die D 179), Tel. 03 85 82 54 64. Biokäse aus Kuh- und Ziegenmilch sowie Joghurt. Zugleich auch ein schönes Wanderziel am Fuß des Mont-Beuvray.

Tour des Remparts: 6 km Wanderweg ab Parkplatz Porte de Rebout durch das Grabungsgelände.

Château-Chinon

Burgund-Atlas: S. 237, D 3
Château-Chinon versteht sich als Hauptstadt des Morvan. Von der mittelalterlichen Mauer blieb nur das massive Stadttor Porte Notre-Dame. François Mitterrand war von 1959 bis 1981 Bürgermeister – ein Rundweg führt auf die Spuren des späteren Präsidenten. Dazu gehört auch der Brunnen vor dem Rathaus, ein Werk der Pop Art-Künstlerin Niki de St-Phalle und ihres ehemaligen Lebensgefährten Jean Tinguely. Im **Musée du Septennat** (6, rue du Château, Feb.–April, Okt.–Dez. tägl. außer Di 10–12, 14–18, Mai, Juni, Sept. tägl. außer Di 10–13, 14–18, Juli–Aug. tägl. 10–13, 14–18 Uhr) werden persönliche und offizielle Geschenke ausgestellt, die Mitterrand während seiner Amtszeit bekam.

Office de Tourisme: Place Notre-Dame, Tel./Fax 03 86 85 06 58.

Les Ruchers du Morvan: Port de l'Homme, Tel. 03 86 78 02 43. Honig, Met und Honigkuchen.

Corbigny und Lormes

Corbigny

Burgund-Atlas: S. 236, C 2
Corbigny ist umtriebiges Ackerbürgerstädtchen am Westrand des Morvan.

Aus allen Richtungen laufen Straßen auf die im Zentrum gluckende **Pfarrkirche Ste-Seine** zu, darunter auch eine Pilgerroute nach Santiago de Compostela. Auffallendstes Bauwerk ist die barocke **Abbaye St-Léonard,** in der etliche Vereine untergebracht sind. In der **Tuilerie de la Chapelle** werden Ziegel nach alter Methode hergestellt – der Betrieb ist seit 300 Jahren Familienbesitz und kann besichtigt werden (Tel. 03 86 20 10 53).

Lormes

Burgund-Atlas: S. 237, D 2
Über das schmucke Dorf **Cervon** geht es nach Lormes. Auch auf Lormes führen viele Straßen zu, aber die Zeit scheint hier still zu stehen. Über dem Ort thront die **Kirche St-Alban** mit einem in Terrassen angelegten Friedhof. Unterhalb des Städtchens rauscht das Wasser in den **Gorges de Narvau**, einer tiefen Bachschlucht (Zugang ab Parkplatz an D 170).

Syndicat d'Initiative: Corbigny, 8, rue de l'Abbaye, Tel. 03 86 20 02 53, Fax 03 86 20 02 13, www.corbigny.com.

Hôtel de l'Europe: Corbigny, 7, Grande-Rue, Tel. 03 86 20 09 87, Fax 03 86 20 06 40, www.hoteleuropecepage.com, Mitte Feb.–Anfang März Betriebsferien. Restaurant Le Cépage Mi abend, So abend, Do geschl. außer Juli/Aug. Solides Hotel-Restaurant der Logis de France-Vereinigung, das erste Haus am Platz, DZ 44–71 €. Restaurant Le Cepage mit ambitionierter Küche. Zusätzlich gibt's ein günstiges Bistro: *Omelette soufflée* mit Jambon-Schinken und grauen Seitlingen, einer Pilzart des Morvan, Menü 20–55 €.
Hôtel de la Poste: Vauclaix, Route de Lormes (D 944), Tel. 03 86 22 71 38. Seit fünf Generationen schalten und walten die Desbruyères im Gasthof, der zugleich Hotel, Dorfkneipe und Restaurant ist. Zimmer mit allem modernen Komfort, DZ 52 €. Pool, Garten. Ländlich deftige Küche, Menü 15–40 €.
Ferienwohnungen La Citadelle: Cervon, La Citadelle, Tel. 03 86 20 09 74, gites-lacitadelle@voila.fr, keine Kreditkarten. Zwei heimelige Ferienwohnungen *à la campagne,* mit guter Ausstattung. Freundlicher Empfang. Garten, je nach Saison 190–280 € pro Woche (›Le Garage‹ bis max. 5, ›La Bergère‹ bis max. 6 Pers.)

Les Fêtes Musicales de Corbigny: klassische Konzerte in der Abbaye St-Léonard, Aug.

Viehmarkt: Corbigny, Mo nachmittag

Dun-les-Places, Lac des Settons und St-Brisson

Burgund-Atlas: S. 237, D/E 2
Nichts erinnert auf den ersten Blick an den fürchterlichen Junitag 1944, als deutsche Truppen **Dun-les-Places** in Brand setzten und 27 Menschen erschossen – ein Racheakt, weil das Dorf im Ruf gestanden hatte, ein lokales Résistance-Netz unterstützt zu haben. Die Zeit heilt viele Wunden. Deutsche, Franzosen, Belgier sitzen heute fröhlich vereint auf der Terrasse der ›Auberge Ensoleillée‹ und genießen unter den Bäumen das Leben, wozu bekanntlich ein gutes Essen gehört.

Hecken, Wald und Wiesen – perfekte ländliche Idylle

Der **Saut de Gouloux** im Süden (D 977) ist ein Wasserfall des Bridier-Bachs, an dem es sich mit Blick auf Felsen und Wasser picknicken lässt. Wo der Wald sich lichtet, legen Hecken ein grünes Flickenmuster über Wiesen und Äcker. An den Stauseen des Morvan, die seit dem 19. Jh. mit der Landschaft verwachsen sind, bauen sich im Sommer bunte Zeltstädte auf. Wanderer nutzen das Wasser für ein erfrischendes Bad.

Der seit 1858 aufgestaute **Lac des Settons** umfasst 360 ha und lockt mit großem Freizeitangebot (Baden, Rudern, Segeln). In **St-Brisson** befindet sich der Sitz des Parc Naturel Régional du Morvan. Im Château, einem Herrenhaus des 19. Jh., werden Ausstellungen zum Naturpark gezeigt. Arboretum, Heilkräutergarten und botanischer Garten laden zum Spaziergang ein. Ein Lehrpfad um den Tareau-See erklärt Fauna und Flora des Morvan. Dass der unzugängliche Wald ein ideales Versteck für die Widerstandskämpfer gegen die deutsche Besatzung im Zweiten Weltkrieg war, erfährt man im Musée de la Résistance (April–Mitte Nov. 10.15–18 Uhr).

La Maison du Parc: im Château, Tel. 03 86 78 79 00, Fax 03 86 78 79 00, www.parcdumorvan.org. Sitz und Informationsstelle des Naturparks Morvan.

Le Château: Chaumard, Tel. 03 86 78 03 33, Fax 03 86 78 04 94. Sechs Chambres d'hôtes in einem weinberankten Haus des 18. Jh., vier davon mit Blick auf den Pannesière-Chaumard-See, 2 ha Park, Terrasse, DZ 44 €, Table d'hôtes 15–24 €.

L'Auberge Ensoleillée: Dun-les-Places, Rue du 8-Mai, Tel. 03 86 84 62 76, Fax 03 86 84 64 57. Dorfgasthof mit einfachen Zimmern und heiterer Terrasse, DZ 21–44 €. Restaurant mit herzhafter Küche: *Terrine forestière* (Wildpaté), *Jambon braisé au vin blanc* (leicht gegrillter Schinken in einer Weißweintunke), Menü 14–36 €.

Saboterie Alain Marchand: Montsauche, Gouloux, tägl. 9–12, 14–19 Uhr. Der letzte Holzschuhmacher im Morvan, mit eigenem Museum. Außer ›Sabots‹ auch Kunsthandwerk aus Holz.
Pisciculture du Moulin de la Serrée: Aligny en Morvan (östl. des Lac des Settons), Tel. 03 86 76 15 79. Forellen geräuchert, als Mousse, als Rillettes, oder frisch auf den Tisch des dazugehörigen Restaurants ›La Guingette‹.

Wandern, Reiten: zahlreiche Routen der Maison du Parc, s.o.
Mountainbike: Morvan VTT, 58230 St-Brisson, Maison du Parc, Tel. 03 86 78 71 77, www.morvan-tourisme.org.
Segeln, Wasserski, Surfen: Lac des Settons, Base Nautique Activital, mit Badestrand, Ostern–Allerheiligen, Tel. 03 86 84 51 98, www.activel.net.

Quarré-les-Tombes

Burgund-Atlas: S. 237, D 1
Sarkophage liegen wie ordentlich sortiertes Besteck rund um die Dorfkirche. Warum die steinernen Särge in merowingischer Zeit abgelegt wurden, bleibt ein Rätsel. An die 2000 Sarkophage waren es im 7. Jh. einmal. Die meisten sind verschwunden, aber ein Hauch von Geheimnis weht noch immer über den weiten Dorfplatz. Im nahen **St-Léger-Vauban** (6 km östlich) steht das Geburtshaus von Sébastien Le Prestre Vauban (1633–1707), bevorzugter Festungsbauer seiner Majestät des Sonnenkönigs. Eine Ausstellung zeigt Leben und Werk des Mannes, der 300 Festungen bauen ließ (April, Okt. Sa, So 10.30–13, 14.30–18, Mai, Juni, Sept. tägl. außer Di, Juli–Aug. tägl. bis 18.30 Uhr).

Die neogotische **Abtei de la Pierre qui vire** liegt weiter südlich in tiefster Abgeschiedenheit – und ist vor allem für ihren Käse bekannt.

Auberge de l'Âtre: Les Lavaults, Tel. 03 86 32 20 79, www.auberge-de-latre.com, Feb., letzte Juni- u. erste Juliwoche geschl. Restaurant: Mitte Sept.–Mitte Juli Di abend, Mi geschl. Wahrzeichen der Auberge im Wald ist ein eckiger Turm. Komfortable Zimmer, DZ 40–95 €. Exzellentes Restaurant: Cocktail von Waldpilzen, Täubchen mit Gebirgshonig, toller Weinkeller, Menü 24–48 €.

La Trinquelinette: St-Léger-Vauban (6 km östl.), 4, rue de la Breulotte-Trinquelinette, Mo–Fr 9–18 Uhr. Bio-Obst, Gelee, Kompott und Konfitüren aus Heidelbeeren und Himbeeren, Kirschen, Rhabarber, Erdbeeren, Pflaumen …
La Ferme de l'Abbaye de la Pierre qui vire: Huis St-Benoît (10 km östl.), Tel. 03 86 33 03 73. Biokäse von der Kuh und von der Ziege, hergestellt im Schatten der Abtei.

Saulieu

Burgund-Atlas: S. 237, E 2
Die hübsch gestrige Kleinstadt auf halber Strecke zwischen Paris und Lyon

gilt seit den Pioniertagen des Tourismus als gastronomische Etappe. Praktischerweise führt die Ferienmagistrale N 6 durch Saulieu – auf fast der gesamten Länge der Ortsdurchfahrt reihen sich Restaurants und Hotels.

Kunstliebhaber lockt mit **St-Andoche** eine der bedeutendsten romanischen Kirchen Burgunds an. Die Basilika fehlt wegen der herausragenden Kapitelle (1125–30) in keinem Band zur burgundischen Romanik (Di–Sa 9–12, 14–16.30). Der Bildhauer François Pompon (1855–1933) stammte aus Saulieu. Mit dem **Musée régional François Pompon** (März–Dez. tägl. außer Di geöffnet) im barocken Pfarrhaus neben St-Andoche würdigt die Stadt ihren Sohn. Zu Werken von Pompon gesellen sich archäologische Funde und das Archiv von Alexandre Dumaine, dem großen Koch der Zwischenkriegsjahre.

An der **Place Charles de Gaulle** steht eine bronzene Stierplastik von François Pompon – ›Le Taureau‹ stellt selbstverständlich ein Charolais-Rind dar.

Feinschmeckeradresse in Saulieu: ›La Côte d'Or‹

Office de Tourisme: 24, rue d'Argentine, Tel. 03 80 64 00 21, Fax 03 80 64 21 96

Hostellerie de la Tour d'Auxois: Les Remparts, Tel. 03 80 64 36 19, Fax 03 80 64 93 10, www.tourdauxois.com. Ehemaliges Ursulinenkloster (18. Jh.), komfortable, frisch renovierte Zimmer in hellen Tönen, mit Balken, Naturstein, DZ 60–92 €.

La Côte d'Or: 2, rue Argentine, Tel. 03 80 90 53 53. Auch nach dem Tod von Starkoch Bernard Loiseau behauptet sich die Côte d'Or als Feinschmeckertempel. Am Herd steht nun Patrick Bertron – Filets von der Jungente mit Morvan-Honig, Menü ab 92 €. Auch Hotel mit luxuriösen Zimmern, DZ 125–301 €.

Le Café Parisien: Rue du Marché. Eine Institution seit 1832 und zugleich der Inbegriff eines Cafés aus der Belle-Epoque, mit Milchglasscheiben zur Straße und unwiderstehlich nostalgischem Charme. Mit junger Equipe und attraktiver Mittagskarte (Menü 12 € inklusive Wein).

Journées Gourmandes du Morvan: Bauern, Köche, Winzer und Produzenten lokaler Spezialitäten bauen an Christi Himmelfahrt ihre Zelte im Parc des Expositions auf. Jedermann kann sich auf dem gastronomischen Fest durch die ländliche Küche des Morvan schmecken.

Avallon

Burgund-Atlas: S. 237, D 1

Berückend setzt sich Avallon auf einem Granitfels über dem Cousin-Tal in Szene. Die Ruelle de remparts ermöglicht einen Spaziergang unterhalb der Stadt-

Den Morvan auf der Zunge ...

... hat man im ›Aux Délices du Morvan‹ (5, rue de la Foire, Saulieu), und zwar in Form von Nüssen, Obst, Maronen, Pâtisserien (*Le Gaulois* mit einer Creme aus weißer Schokolade und Cassis!) und Likör.

mauern mit Blick aufs Cousin-Tal. Beginn ist am Stadttor **La Petite Porte** ganz im Süden der spitz zum Abgrund über dem Tal zulaufenden Altstadt. In der Altstadt selbst stößt man mit der **Tour de l'Horloge** auf ein weiteres Stadttor, diesmal mit Wachturm und Uhr aus dem 15. Jh. An der nahen **Place de la Collégiale** zeigt das **Musée de l'Avallonnais** (Mitte Juni–Mitte Sept. tägl. außer Di 10–12.30, 14–18, sonst 10–12, 14–18 Uhr) gallo-römische Funde – Avallon ist über 2000 Jahre alt – sowie Malerei von Toulouse-Lautrec bis Dürer. Mehrmals verändert und zerstört worden ist **St-Lazare**, die 1106 als Kollegiatskirche geweiht wurde. Erhalten blieben die gewaltigen Portale mit Tympanon und Figurenprogramm, durch die Pilger einst strömten, um die Reliquien des heiligen Lazarus aufzusuchen (9–19 Uhr). Das **Musée du Costume** im Barockpalais Condé stellt 5000 Kleider und Modeaccessoires des 17.–20. Jh aus (Mitte April–Okt. tägl. außer Di 10.30–12.30, 13.30–17.30 Uhr). Außerhalb der Altstadt lädt die von Bäumen begrünte weite **Promenade des Terreaux** zu einer Rast ein – sei's auf einer Parkbank, sei in einem der Cafés ringsherum.

Rund um Avallon

Burgund-Atlas: S. 237, D 1
Auf seinem Weg vom Morvan nach Avallon gräbt sich der Cousin südlich der Stadt tief in den Fels ein. Die D 427 folgt dem von Wäldern und Granitfelsen gerahmten Flüsschen ab Magny über das hübsche Dorf **Vault-de-Lugny** bis zur Mündung in die Cure bei Givry.

Folgt man dem Lauf der Cure weiter gen Norden, taucht bei **Chastenay** das Herrenhaus von Graf und Gräfin de la Varende auf. Nicht der Renaissancebau ist jedoch das Ziel, sondern die **Grotten von Arcy-sur-Cure** in der Nähe. Auf dem 900 m langen Rundgang kann man einige der ältesten Höhlenmalereien der Welt bewundern (www.chahiers-du-chastenay.com).

Ein weiterer Ausflug nach Norden führt zum **Château de Montalin** in Sauvigny-le-Bois (5 km von Avallon): In den Nebengebäuden des Barockschlosses präsentiert das **Musée Historique des véhicules des Chefs d'Etat** Staatskarossen von Kennedys Lincoln bis zum DS 23 von Valéry Giscard d'Estaing sowie ein Papamobile von Papst Paul VI. (tägl. 9–19 Uhr). Danach lädt der zauberhafte Park zum Spaziergang ein.

Office de Tourisme: 6, rue Bocquillot, Avallon, Tel. 03 86 34 14 19, Fax 03 86 34 28 29, www.avallonnais-tourisme.com.

Château de Vault-de-Lugny: Vault-de-Lugny (7 km westl.) 11, rue du Château, Tel. 03 86 34 07 86, Fax 03 86 34 16 36, www.chateauxhotels.com/vaultlugny, Mitte Nov.–Mitte März geschl. Restaurant nur für Gäste abends geöffnet.15 ha Park und Wassergräben umgeben das grandiose Château (13.–16. Jh.). Parkett, französische Plafonds mit verzierten Balken, Wandvertäfelungen, Himmelbett, Marmorkamin, DZ 155–235 €.
Hostellerie de la Poste:13, place Vauban, Tel. 03 86 34 16 16, Fax 03 86 34 19

19, www.hostelleriedelaposte.com. Mitte Nov.–Mitte März geschl. Restaurant So abends, Mo, Di geschl. 1707 wurde das Hotel als Postkutschenstation gegründet. Zimmer mit Antiquitäten und darauf abgestimmte Stilmöbel, Bar ›1707‹ mit Kamin, DZ 105 €. Der beste Tisch in Avallon – Hummersalat mit hausgemachter *Foie Gras*, Menü 27–64 €.

Camping:

Camping sous Roche: Cousin-la-Roche (4 km südl.), Tel. 03 86 34 10 39, Fax 03 86 34 46 25, April–Okt. Städtischer Platz im Tal des Cousin, gute Ausstattung, Mountainbikes.

Le Relais des Gourmets: 47, rue de Paris, Tel. 03 86 34 18 90, Nov.–Juni So abend, Mo geschl. Unschlagbares Preis-Leistungsverhältnis, exzellente Charolais-Gerichte, Menü 16–60 €.

Kutschfahrten durch Avallon und das Cousin-Tal: M. Fouchez, Tel. 03 86 34 43 61 oder 06 84 91 03 15 (Handy), max. 9 Pers.

Zug: Bahnhof Place de la Gare, Tel. 03 86 34 01 01, Züge nach Dijon, Sens, Paris.

Standesgemäße Bleibe in Avallon: Château de Vault-de-Lugny

DAS CHAROLLAIS

Überall im Charollais tupfen die blonden Rinder gleichen Namens die bis auf 600 m ansteigenden Weiden. Weiter nördlich verändert sich das Bild mit jeder Schleuse, die man am Canal du Centre passiert, der lange das industrielle Rückgrat Burgunds war. Über den Wasserweg, mit dem im 19. Jh. der Aufschwung für das Industriegebiet von Le Creusot-Montceau begann, schippern heute Freizeitkapitäne im Hausboot.

Charolles

Burgund-Atlas: S. 238, C 3-4
Im Charollais (mit zwei ›l‹!) übersteigt die Zahl der stämmigen, weißen Charolais-Rinder (man achte auf das einfache ›l‹!) deutlich die der Menschen.

Charolles bleibt untrennbar mit einer der berühmtesten Rinderrassen der Welt verbunden. Doch Charolles ist mehr als nur die Stadt der Rinderbarone. Die schmale Rue Baudinot zieht sich von den Ufern der Flüsschen Semence und Arconce, die hier zusammenfließen, die Altstadt zum Burghügel hoch. Im Prieuré de la Madeleine, einem Klosterableger von Cluny, ist ein kleines **Museum für Fayencen aus Charolles** untergebracht (tägl. außer Di 14.30–18.30 Uhr). Stattlich sind die Häuser der Altstadt, verschwiegen einige Höfe. Auf dem Burghügel markiert die **Tour Charles le Téméraire,** ein erhaltener Turm der fast restlos zerstörten Burg, den höchsten Punkt der Stadt. Von hier scheint der Blick über das bäuerliche Charollais grenzenlos. Das **Institut Charolais** am Ortsrand versteht sich als Botschaft des wohl berühmtesten Rinds der Welt (s. S. 147). Vom Turm des Neubaukomplexes kann man erneut über die Berge ringsherum schauen.

Office de Tourisme: 24, rue Baudinot, Tel. 03 85 24 05 95, Fax 03 85 24 28 12.

Hôtel de la Poste: 2, avenue de la Libération, Tel. 03 85 24 11 32, Fax 03 85 24 05 74, www.la.poste-hotel.com, Restaurant So abend, Mo geschl., Hotel. 10. Nov.–2. Dez. Betriebsferien. Gutbürgerliches Traditionshaus mit

Rundblick

Von der Wiesenkuppe der Butte de Suin (593 m) schaut man im Rundblick auf über 50 Kirchtürme – was selbst in Burgund Rekord sein dürfte. Der der Dorfkirche von Suin liegt zum Greifen nah.

In Charolles

adretten Zimmern, DZ 56–83 €, und hervorragendem Restaurant, wo die *Côte de bœuf* in zwei Varianten auf den Tisch kommt, einmal mit einer *Sauce bordelaise,* einmal mit Schalotten, *Faux-Filet* mit grobem Meersalz, Menü 21–57 €.

Schafsmarkt: Mi ab 11 Uhr. Das ganze Jahr über zudem spezialisierte Rindermärkte (Schlachtvieh, Zuchtbullen, Jungrinder).
Festival du Bœuf Charolais: Schau der Charolais-Rinder mit Mittagsbuffet, abends Tanz, erstes Wochenende im Dez.

Monts du Charollais

Burgund-Atlas: S. 238, C 3-4
Mehr Aussicht auf die Monts du Charollais als vom Turm des Institut Charolais in Charolles gibt es nur noch von der 593 m hohen **Butte de Suin** (s. Tippkasten S. 144). Zwischen mannshohem Buchsbaum tauchen Felsformationen auf, von denen eine den kuriosen Namen ›der Pudel‹ trägt. Eine himmelblau und weiß getünchte Marienstatue segnet das Umland und das Dorf Suin unterhalb des Gipfels.

Über den **Col des Vaux** – den Kälber-Pass – gelangt man zum **Arboretum de Pézanin.** Um einen Waldsee verteilen sich auf 25 ha 400 zum Teil seltene Baumarten. Zudem locken drei ausgeschilderte Wanderwege und Picknickmöglichkeiten. Kein Wunder, dass die waldreiche Gegend bis zum Bergstädtchen **Matour** als Paradies für Wanderer und Naturfreunde gilt. Kahl ist hingegen der **Mont des Carges** (561 m) im Süden. Den Gipfel krönt eine Gedenkstätte für die erschossenen

Résistance-Kämpfer des Maquis de Beaubery.

Canal du Centre

Burgund-Atlas: S. 238, B/C 2-3
In behäbigen Schleifen wühlt sich der Canal du Centre durch fette Wiesen. An seiner Seite verlaufen die D 974 und das Flüsschen Bourbince. Ab und zu fliegt ein Graureiher auf. Selten noch kurbelt jemand an der Schleuse – Frachtkähne sind rar auf dem Kanal geworden. Ein Schleusenhäuschen dient bei **Ecuisses** als **Musée du Canal** (Ostern–Juni, Mitte Sept.–1. Nov. So 15–18, Juli–Mitte Aug. tägl. 15–18, So 15–19 Uhr).

Le Creusot

Burgund-Atlas: S. 238, C 2
Mit Le Creusot ist das industrielle Herz der Region erreicht. Wahrzeichen der Stadt ist der **Marteau Pilon,** ein 21 m hoher und 1300 t schwerer Dampfhammer des 19. Jh. am Carrefour du 8 Mai. ›Schneiderville‹ hieße Le Creusot heute, wenn es 1856 nach dem Willen der Bewohner gegangen wäre. Die Petition zwecks Umbenennung der Stadt zu Ehren der Unternehmerdynastie Schneider fand in Paris jedoch kein Gehör.

Die Verhältnisse vor Ort waren auch so klar: Vier Generationen, anders gesagt 124 Jahre lang gaben in Le Creusot die Schneiders den Ton an. Der aus Lothringen zugewanderten Familie gehör-

Charolais-Rinder – Markenzeichen der Region

DAS CHAROLAIS-RIND

Mächtig stolz sind Burgunds Züchterbarone auf ihr Bœuf charolais, das stämmige Rindvieh mit dem cremeweißen Zottelfell, das vor allem im Süden der Region auf kaum einer Wiese fehlt. Den Stolz jeder anständigen Metzgerei macht ein ordentliches Stück Charolais ebenfalls aus: Durch das magere, rote Fleisch ziehen sich weiße, feine Fettadern, die dem Fleisch beim Braten seine Zartheit garantieren. In Anlehnung an den Ortsnamen von Charolles taucht die Rasse ›Charolais‹ im offiziellen Herd Book von 1864 erstmals auf. Die internationale Karriere des für seine Fleischqualität gerühmten Rinds begann kurz darauf auf der Weltausstellung von 1878 in Paris. Seither ist das Fleisch in aller Munde. Zum Klassiker der französischen Küche avancierte das ›Pavé de Charolais‹ allerdings schon ein Jahrhundert zuvor. Damals trieben die ›galvachers‹, die Cowboys des Morvan, große Herden im zwölftägigen Marathon von Burgund nach Paris.

Seit dem 18. Jh. jedenfalls bevölkert das Charolais-Rind die fetten Wiesen des Brionnais, wo es bis heute die wichtigste Einnahmequelle für die Bevölkerung darstellt. Der Erfolg fand Nachahmer. In Frankreich ist die Rasse die meistverbreitete Rinderrasse. Besonders der Nordosten des Zentralmassivs und die Vendee zählen große Herden. Die internationale Züchtervereinigung ›Fédération internationale de la race charolaise‹ kann mittlerweilen auf 30 Länder verweisen, in denen die blonden Fleischberge grasen, darunter die Vereinigten Staaten sowie einige Länder Südamerikas.

Aus Burgund verbreitet die nach dem Vorbild burgundischer Winzergenossenschaft gegründete ›Confrérerie gourmande de l'Ambassade du Charolais‹ den Ruf des Charolais. Für die Mitglieder der Bruderschaft zählt das Rind wie die großen Weine der Côte d'Or zu den ›Grands Crus de Bourgogne‹. Der wichtigste Markt für das Vieh findet in St-Christophe-en-Brionnais statt. Jeden Donnerstag erwacht das Dorf im Morgengrauen aus dem Provinzschlummer. Bauern aus ganz Burgund, aus der nahen Auvergne und der Nachbarregion Centre drängeln sich in den Cafés. Manchmal sind es über 4000 Charolais-Rinder, die in den Hallen und Pferchen zum Verkauf stehen – fast zehnmal soviel, wie das Dorf Einwohner zählt. In den Cafés geht es hoch her an der Theke. Die ›Maquignons‹, reiche Viehhändler, wie immer in Schwarz oder Dunkelblau gekleidet, geben eine Runde nach der anderen aus. Über dem Kamin dampft der ›Bouilli‹, ein Eintopf aus Ochsenfleisch, Kartoffeln und Karotten. Mit einer deftigen Mahlzeit geht der Markttag zuende. In Charolles selbst versteht sich das Institut Charolais als Botschaft des wohl berühmtesten Rinds der Welt (Route Centre Europe Atlantique, N 79, Tel. 03 85 88 04 00, www.institut-charolais.com). Gezeigt wird im interaktiven Museum alles über das Charolais-Rind. Dazu gehören auch Hinweise, wie man das Fleisch optimal brät (inklusive Verköstigung, tägl. 10–18 Uhr, Okt.–Mai Di geschl.), sowie ein Restaurant, das nichts für Vegetarier ist.

ten Kristallfabriken, Eisenbahnwerke, Schulen, Kirchen, Krankenhäuser, Altersheime. Als mit Charles Schneider 1962 der letzte Patriarch starb, vermachte die Witwe das Familienvermögen inklusive Immobilien der Stadt. In das Château de la Verrerie, dem Schloss der Schneiders mitten in der Stadt, zog das **Ecomusée** (Mo–Fr 10–12, 14–18, Sa, So 14–18 Uhr). Wo einst die Könige von Bulgarien, Serbien und Portugal, de Gaulle und Nikita Chruschtschow empfangen wurden, dokumentieren verschiedene Sammlungen Le Creusots industrielle Blüte sowie die Geschichte der Industriellendynastie. In einen der beiden konischen Glashochöfen des Ehrenhofs ließen die Schneiders 1905 ein Privattheater mit neobarockem Goldstuck bauen, der noch heute als Konzertsaal genutzt wird. Für eine Rast im Grünen eignet sich das Arboretum hinter dem Schloss – die 28 ha Park mitten in der Stadt lassen Le Creusots Industriegeschichte schnell vergessen.

Office de Tourisme: Le Creusot, Château de la Verrerie, Tel. 03 85 55 02 46, Fax 03 85 80 11 03, www.creusot.net.

La Petite Verrerie: Le Creusot, 4 rue J. Guesde, Tel. 03 85 73 97 97, Fax 03 85 73 97 90. Aus der ehemaligen Fabrikapotheke und dem Arbeiterheim ist ein geschichtsträchtiges Hotel geworden. Großzügige Zimmer, Restaurant (Sa, So geschl.) mit einer Prise Design, DZ 77 €, Menü 12–23 €.

Le Montcenis: Montcenis (3 km südl. von Le Creusot), 2, place du Champ de Foire, Tel. 03 85 55 44 36. Rustikaler Chic dank Gewölbekeller und offener Balken. Burgundische Küche auf hohem Niveau und zu räsonablen Preisen, Menü 19–46 €.

Train touristique des Combes: Le Creusot, Tel. 03 85 55 26 23, Ostern–Allerheiligen. Der Dampfzug von 1917 fährt hinauf zum Park Les Combes – oben dann Panoramablick, 435 m lange Sommerrodelbahn.
Les Sept Ecluses 2000: Ecuisses, Musée du Canal, Tel. 03 85 78 97 04. Zweistündige Bootsfahrten ab Schleuse 9 auf dem Canal du Centre.

Von Montceau-les-Mines zum Château de Digoine

Burgund-Atlas: S. 238, C 3–B 3
Unmissverständlich trägt **Montceau-les-Mines** seine einstige Bestimmung als Stadt der Kohlegruben im Namen. An die Toten, die bei Grubenunglücken unter Tage blieben, erinnert ein Denkmal des Rodin-Schülers Antoine Bourdelle. Es steht unweit des Canal du Centre, der Montceau-les-Mines der Länge nach zerteilt.

In **Blanzy** am nördlichen Stadtrand ist aus dem Puits St-Claude, einer von einst fünf Gruben, ein Museum mit Förderturm, Maschinensaal und Schauschacht geworden (Musée de la Mine, Mitte März–Mitte Nov. Sa, So 14.30–17.30, Sommerferien tägl.).

In **Ciry-le-Noble** sind die Ziegelfabriken im Ortsteil Les Touillards längst geschlossen – und samt Direktorenvilla und Arbeitersiedlung unter Denkmalschutz gestellt. In der Briqueterie (Route du Canal, Juni–Sept. tägl. außer Mo) wird Besuchern erklärt, wie man die Ziegelsteine vor 100 Jahren her-

HIMALAYA STATT HOCHOFEN

Der 25. September 2003 war ein großer Tag für die buddhistischen Mönche von La Boulaye. An diesem Tag wurde in dem Straßendorf westlich der ehemaligen Zechen- und Hochofenstadt Montceau-les-Mines der Grundstein für einen traditionellen Pavillon aus Bhutan gelegt. Den Aufbau besorgten eigens aus dem Himalaya-Königreich eingeflogene Handwerker. Kauf und Transport des zuvor sorgsam zerlegten Gebäudes, das 2000 auf der Weltausstellung von Hannover zu sehen war, finanzierte die Regionalregierung des Départements Saône-et-Loire. Die Gelder flossen, weil man sich vom Pavillon eine weitere touristische Attraktion im ehemaligen Industriegebiet Burgunds verspricht, das schon jetzt mit dem größten tibetanischen Kloster auf europäischem Boden die Scharen anlockt. Die Geschichte des ›Tempels der tausend Buddhas‹ genannten Klosters klingt abenteuerlich. Der leuchtend bunte Tempelkomplex im Park des Château de Plaige etwas außerhalb von Boulaye entstand, nachdem die letzten Besitzer des Schlosses ihren Besitz an buddhistische Mönche verkauft hatten. Die beschlossen prompt, in der Abgeschiedenheit des Arroux-Tals ein Stück Himalaya zu errichten. Heute bewohnen etwa 50 Mönche des Dashang Kagyu Ling-Ordens das mit dreigeschossigem Pagodendach, Wandmalereien und bis zu 7 m hohen Buddhastatuen ausgestattete Kloster. Den Eingang bewachen die Statuen zweier Rehe, die Liebe und Mitgefühl symbolisieren. Im Park flattern Gebetsfahnen – Burgund scheint mit einem Mal sehr fern. Der Besuch des Tempels kostet einen geringen Eintritt (tägl. außer Mi 14.30–17, Wochenende Winter bis 18, Sommer 19 Uhr.) Beim Abendritual ist jedermann willkommen (tägl. außer Mi, Sommer 19, Winter 18 Uhr, Schuhe ausziehen!). Daneben kann man Kurse in tibetanischer Malerei und Bildhauerei belegen. Im Sommer wird ein Festival mit Tanz und Ausstellungen veranstaltet (Temple des mille Bouddhas, Château de Plaige, www.mille-bouddhas.com).

stellte. In **Génelard** bezaubert der nostalgische Charme von Schleusenkurbeln und Holzhangars am Bahnhof. Im Kanaldorf mit Schleuse und Werft fällt zudem die Art-Déco-Fassade einer Fabrik für Grubenmaterial ins Auge.

Château de Digoine

Burgund-Atlas: S. 238, B 3

Lichtjahre von der Szenerie entfernt scheint das Château de Digoine zu liegen. Das elegante, von zwei Schieferkuppeln gekrönte Barockschloss in bukolischer Lage schirmt ein schmiedeeisernes Rokokogitter ab.

Zu besichtigen sind der außer dem englischen Park im Innern des Schlosses ein koketter Salon im Rokoko-Stil sowie ein italienisches Theater (Mai, Juni, Sept., Okt. Sa, So, Juli–Aug. tägl. 13.30–18 Uhr).

DAS BRIONNAIS

In sanften Wiesenhügeln rollt das Brionnais nach Westen davon, wo die Loire eine Grenze setzt. Hecken und Baumreihen begrenzen Wiesen und Feldwege. Fast jedes Dorf in diesem träge ländlichen Winkel Burgunds taucht wegen seiner romanischen Dorfkirche in den Kunstführern auf.

Paray-le-Monial

Burgund-Atlas: S. 238, B 3
Anmutig spiegelt sich die romanische **Basilika Sacré-Cœur** (tägl. 9–19 Uhr) im Wasser des Canal du Centre. Das im 11.–12. Jh. mit Vorhalle, Chorumgang und drei Schiffen errichtete Gotteshaus vermittelt ein Bild davon, wie die zerstörte Abteikirche Cluny III einmal ausgesehen haben muss. Das monumentale Christusfresko in der Chorkuppel stammt aus dem 14. Jh. Harmonisch fügen sich das barocke Kloster und der schlossähnliche Abtspalast an die Kirche. Zum Kloster gehört ein nach mittelalterlichem Vorbild in Form eines Kreuzes angelegter **Garten** (Ostern–Allerheiligen 7–20, sonst nur bis 18 Uhr). Gegenüber legen Hobbykapitäne mit ihren Hausbooten an.

Den Beinamen ›burgundisches Lourdes‹ erhielt die Kleinstadt wegen der 400 000 Pilger, die jährlich kommen: Die heilige Marguerite-Marie hatte hier vor 300 Jahren eine Christus-Erscheinung. Ein **Diorama** im **Parc des Chapelains** zeigt Szenen aus der Lokalgeschichte und dem Leben der Heiligen. Das **Rathaus Maison Jayet** in der Altstadt gilt dank der reich gestalteten Steinfassade als einer der bedeutendsten Profanbauten der burgundischen Renaissance (1525). Gegenüber steht die **Tour St-Nicolas**, letzter Rest der ehemaligen Pfarrkirche (16. Jh.).

Die Keramikindustrie ist noch immer eine wichtige Einnahmequelle. Das **Musée des Faiences** (im Kloster) zeigt Fayencen aus lokaler Produktion (Mai–Okt. 10–12, 14–18, Juli–Aug. 15–19 Uhr). Das **Musée Paul Charnoz** ist ein Firmenmuseum in einer ehemaligen Fabrik für Keramikfliesen: Prunkstück ist ein für die Weltausstellung 1900 angefertigtes Großmosaik (Avenue de la Gare, Mitte Mai–Mitte Sept. Sa, So 14.30–18 Uhr).

Office de Tourisme: Avenue Jean-Paul II, Tel. 03 85 81 10 92, Fax 03 85 81 36 61.

Hôtel La Reconce: Poisson (8 km südl.), Le Bourg, Tel. 03 85 81 10 72, Fax 03 85 81 64 34, Hotel Feb. sowie zwei Wochen im Okt. geschl. Restaurant Mo, Di geschl. außer Juli–Aug. Dorfhotel mit Anspruch. Freundliche Zimmer mit Blumennamen, klarlackiertem

Dielenboden und Pastelltönen, DZ 57–80 €. Restaurant mit gehobener Regionalküche: Charolais-Rind, Thunfischtartar mit süßem Paprika, Seelachs in Currysauce, Menü 20–74 €.

Poterie de Poisson: Les Mocquets, Tel. 03 85 81 36 22. Chloe Walters töpfert Geschirr und Dekorationsobjekte jenseits von Kitsch und falscher Nostalgie.

Zug: Bahnhof Avenue de la Gare, Tel. 03 85 81 12 09.

Wasserschau

Eine Stadtbesichtigung von den Schleifen der Bourbince und dem Canal du Centre aus bietet die ›Ville de Paray‹ an. Das Boot mit 50 Plätzen legt zur gut einstündigen *Balade nautique* gegenüber der Basililka in Paray-Le-Monial ab, Tel. 03 85 81 10 92.

St-Christophe-en-Brionnais

Burgund-Atlas: S. 238, B 4
Die ›Hauptstadt des Brionnais‹ ist ein breites Straßendorf. Etwas im Abseits stehen riesige Hallen mit Hunderten von Pferchen: Seit 1488 wird hier ein Rindermarkt abgehalten. Mit der Züchtung des Charolais-Rinds aber begann im 18. Jh. der Aufstieg zum landesweit bekannten Umschlagplatz für Vieh. Der ›**Marché aux bestiaux**‹ am Donnerstag ist seiner Größe nach Frankreichs fünftwichtigster Rindermarkt, der Qualität des Viehs nach sogar Nummer 1. Schon im Morgengrauen ist die Hauptstraße rappelvoll. Bauern aus ganz Burgund drängeln sich in den Cafés. Manchmal stehen über 4000 Rinder zum Verkauf. In den Cafés geht es hoch her. Der Auftrieb beginnt ab 4 Uhr, der Handel vollzieht sich zwischen 6.30 und 8 Uhr. Es folgen der Abtransport ab 8.30 und die Zahlungen ab 9 Uhr in den Hallen. Das **Centre d'Etudes du Patrimoine** (Route de Charolles, Le Montsac, Tel. 03 85 25 90 29, Do 8–12 Uhr) zeigt in einer ehemaligen Schule Wechselausstellungen über die Region und gibt ein Faltblatt zu den romanischen Kirchen im Brionnais heraus.

Office de Tourisme: Maison du Demi-millénaire, Tel. 03 85 25 98 05.

Le Bar du Midi: Grand-Rue, Tel. 03 85 25 87 06, Mo geschl. Dorfkneipe, Treffpunkt der Viehhändler und zünftiges Restaurant. *Pot-au-feu, Côte de Bœuf,* Menü 10 € (Mo–Fr mittag)–21 €.

Führungen über den Rindermarkt: Rathaus, Tel. 03 85 25 82 16, Juli/Aug. 7.30 Uhr vor dem Rathaus.

La Clayette

Burgund-Atlas: S. 238, C 4
Allererste Attraktion bleibt das grandiose Wasserschloss (14.–19. Jh.), dessen Fassade sich im See des aufgestauten Flüsschens La Genette spiegelt. Leider kann man **Schloss und Park** nur von außen besichtigen – Privatbesitz. Aber der Hausherr Monsieur Jolivet ist ein Oldtimerfan, der ein **Musée Automobi-**

le im Wirtschaftstrakt des Château eingerichtet hat. Das Museum mit automobilen Klassikern vom Ford T bis zum Fiat Torpedo ist gleichzeitig Verkaufsschau – ständig sind an die 50 Luxuskarossen zu verkaufen (tägl. 9–12, 14–18 Uhr).

Besichtigen darf man 5 km nördlich das **Château de Drée**. Das elegante Louis-XIII-Schloss ist ein architektonisches Paradebeispiel aus der Zeit des französischen Absolutismus, zudem orginalgetreu möbliert (Juli–Aug. 10–12, 14.30–18, Mai–Juni, Sept.–Okt. tägl außer Di 15–18 Uhr). Wenige Kilometer weiter östlich markiert die romanische Dorfkirche (11. Jh. mit Parallelen zu Vézelay) von **Bois-Ste-Marie** die Ostgrenze des Brionnais.

Office de Tourisme: 3, route de Charolles, Tel. 03 85 28 16 35, Fax 03 85 28 28 34.

Hôtel de la Gare: Avenue de la Gare, Tel. 03 85 28 01 65, Fax 03 85 28 28 34. Hotel Jan., Restaurant Le Valclair So abend, Mo außer Juli–Aug. geschl. Einfache, ordentliche Zimmer, DZ 41–50 €. Garten mit Pool und Restaurantterrasse: Rinderfilet mit Morcheln, Menü 19–32 €.

Chocolats Bernard Dufoux: 32, rue Centrale. Feinste Schokolade und Pralinés.

Centre du Goût de Bourgogne du Sud: Tel. 03 85 26 85 38, Ende Juni–Ende Okt. 14.30–18 Uhr. Alle Delikatessen der Region. Mo Kochkurs.

Son et Lumière: abends im Schlosshof, Juli–Aug., Reservierungen im Office de Tourisme.

Pferderennen und Springturniere: Ende Juli–15. Aug.

Wasserschloss La Clayette

Semur-en-Brionnais und Anzy-le-Duc

Burgund-Atlas: S. 238, B 4
Malerisch staucht sich **Semur-en-Brionnais** auf einem Hügel. Aus der goldblonden Silhouette des Dorfs sticht das Château Hugues (März–11. Nov. 10–12, 14–18 Uhr, Frühjahr und Herbst So nachmittags), die älteste Burg Burgunds aus dem 10.–11. Jh. Man durchschreitet das Dorf der Länge nach, entdeckt ein klassizistisches Rathaus und steht staunend vor der spätromanischen Dorfkirche, deren Wahrzeichen ein achteckiger Vierungsturm ist. Vor der Kirche mit einem reich verzierten Stufenportal fallen noch die noblen Herrenhäuser ins Auge – kein Zweifel, Semur ist das schönste Dorf des Brionnais.

Unscheinbar scheint hingegen **Anzy-le-Duc**, doch die von einem eleganten, achteckigen Vierungsturm gekrönte Prioratskirche gilt als einer der wegweisenden Bauten der südburgundischen Romanik (11./12. Jh.). Besonders sehenswert sind das Tympanon mit der Himmelfahrt Christi, das Chorfresko, die gruftdunkle Krypta und die Kapitelle mit figürlichen Darstellungen (tägl. 9–19 Uhr).

La Fontaine: Châteauneuf (15 km südl. von Semur), Tel. 03 85 26 26 87, Di abend, Mi, Okt.–März auch So abend geschl. Yves Jury hält das Fähnchen der burgundischen Küche aufrecht, auch wenn 6 km südlich die Auvergne beginnt. Suppe von roten Früchten mit Estragon, Maronensuppe mit Gambas, Froschschenkel mit Erbsenpüree, Menü 15–51 €.

Huilerie Leblanc: Iguerande (10 km südl.), die Ölmühle bietet Sonnenblumen-, Raps-, Walnuss-, Mandel- und Traubenöl aus eigener Pressung an.

Marcigny

Burgund-Atlas: S. 238, B 4
Mit dem Marktstädtchen Marcigny ist die Loire und somit eine natürliche Grenze Burgunds erreicht. Auffällig weit ist der **Marktplatz**, der sich seit 1226 jeweils montags rund um einen verspielten Belle-Epoque-Kiosk zum großen Wochenmarkt füllt. Von der Stadtbefestigung blieb die Tour du Moulin erhalten. Das **Musée de la Tour du Moulin** zeigt in den spätmittelalterlichen Mauern Grabungsfunde zur Stadtgeschichte sowie Fayencen aus Moustiers, Rouen und Delft (Mitte März–Mitte Okt. tägl. 14–18 Uhr, Juni–Sept. 10.30–12.30, 14– 19 Uhr).

Office de Tourisme: Place des Halles, Tel. 03 85 25 39 06, Fax 03 85 25 14 34.

Château de la Fredière: Céron (12 km westl.), La Frédière, Tel. 03 85 25 19 67, Fax 03 85 25 35 01, Weihnachten–Jan. geschl. Schloss (19. Jh.) mit Zimmern, die wie Chambres d'hôtes wirken: mit Erbstücken möbliert, in Ausstattung und Größe sehr verschieden, DZ 45–114 €.

Markt: Mo
Marché national de la Dinde: Puter- und Gänsemarkt: zweites Dez.-Wochenende, Sa–Mo.

Golf: Château de la Fredière, Tel. 03 85 25 27 40. Ein nobles Golfhotel (s. oben) in einem Schloss mit eigenem Platz.

ZU GAST BEIM BAUERN – DIE FERMES AUBERGES DES BRIONNAIS

Die Saône-et-Loire ist das von der Landwirtschaft am stärksten geprägte Département Burgunds. Mit 7000 landwirtschaftlichen Betrieben und 558 530 ha landwirtschaftlich genutzter Fläche hält es sogar den Rekord unter allen französischen Départements. Die Krise in der europäischen Landwirtschaft hat jedoch auch die bäuerliche Welt im burgundischen Süden erreicht. Zur Unterstützung der Bauern haben die Landwirtschaftskammern die Ferme-Auberge erfunden: Auf einer Hof-Gastwirtschaft kann jedermann nach vorheriger Reservierung zu Tisch gehen. Serviert wird, was die eigene Scholle ergibt und was aus dem eigenen Stall stammt. Bei Produkten, die nicht vom Hof kommen (Wein etwa), wird auf die Höfe der Region zurückgegriffen. So schreibt es die Charta vor. Die Bauern können sich mit der Bewirtung ein Zubrot verdienen, und der Städter auf Urlaub ist froh, einmal richtige Landluft zu schnuppern. Entsprechend der ländlichen Prägung des Brionnais sind die Fermes Auberges hier häufig und besonders empfehlenswert (s. auch S. 49 und 215). Adressen findet man im Internet unter www.bienvenue-a-la-ferme.com/bourgogne, der Website der Landwirtschaftskammer zu Fermes Auberges und Einkauf auf dem Bauernhof.

Ein Tipp ist die **Ferme-Auberge de Lavaux** in der Nähe von La Clayette (D 300, Châtenay, Tel. 03 85 28 08 48, Ostern-Allerheiligen geöffnet. Di Ruhetag), wo man auch im Chambre d'hôtes übernachten kann (DZ 50–58 €). Die stattliche, von einem hohen Tor, zwei Türmen und dicken Natursteinmauern geschützte ›Ferme des Lavaux‹ war vor 15 Jahren einer der ersten Höfe, auf denen man sich auf das Abenteuer einließ, Gäste zu bewirten. Ein großer Saal in einem Seitengebäude wurde dafür hergerichtet. Tonfliesenboden, lange Holztische, Stühle mit Sitzflächen aus Strohgeflecht, ein Kamin, Feldblumen auf dem Tisch und Ochsengeschirre an der Wand, dazu ein offenes Zwischengeschoss mit Holzgeländer und Dielen wirken auf den ersten Blick einladend. Die Besitzer Paul und Paulette Gelin nennen eine stattliche Herde Charolais-Rinder ihr eigen. Hinzu kommen Enten, Gänse, Hühner. Der erwachsene Sohn hat den elterlichen Hof verlassen, um sich in der Nähe als Charcutier niederzulassen – Nachschubprobleme sind also nicht zu befürchten. Es werden immerhin sechs Menüs (11–19,5 €) vorgeschlagen: Wenn die Gelins auftragen, dann gewaltig. Selbst das ›kleine‹ *Cassecroûte campagnard* macht mit einem köstlichen Charcuterieteller, dem deftigen Omelette mit Speck und Kräutern, Käse und Kuchen in jedem Fall satt. Richtig zur Sache geht es jedoch erst, wenn man ein *Poulet à la crème* mit Pilzen, Jungente mit Gemüsebeilage oder eine *Entrecôte charolaise* bestellt. Jetzt braucht man wirklich Zeit, denn das Schmausen wird ein paar Stündchen beanspruchen. Für Kinder stehen Spielgeräte bereit. Auch im Stall oder auf der Koppel bei den Pferden sind sie willkommen. Paul und Paulette sind reizende Gastgeber, nicht nur für den Leib, sondern auch für die Seele.

Auch die **Ferme-Auberge des Collines** (Le Château, Amanzé, Tel. 03 85 70 66 34, Ostern-Allerheiligen geöffnet. Nur Sa abend, So sowie Feiertage mittag) bietet Chambres d'hôtes an (DZ 45 €). Vom Hof schweift der Blick über die buckligen Hügel des Brionnais, die der Ferme-Auberge des Collines ihren Namen gaben – *colline* bedeutet Hügel. Amanzé ist eher ein Weiler als ein Dorf mit einigen verstreuten Höfen. Irgendwo kräht ein Hahn. Willkommen bei den trägen Wonnen der Provinz. Der wuchtige Natursteinbau, in dem der Tisch gedeckt wird, ist Teil einer Burg aus dem 12.–15. Jh., deren Nebengebäude sich um einen weiten Hof gruppieren. Hinein geht es durch den ehemaligen Taubenturm, das sichtbarste Relikt alter Feudalherrlichkeit. Der Rest ist durch und durch bäuerlich, angefangen von den langen Tischen, dem Ochsenjoch an der Wand bis hin zu den Speisen. *Potée bourguignonne,* eine Art Gemüsesuppe, lecker und sämig, Pot au Feu, ein deftiger Eintopf, *Tourte au jambon de campagne,* Landschinken im Teigmantel, *Poulet à la crème,* Hähnchen in Sahnesauce ... Voller Stolz betonen Philippe und Marie-Christine Paperin, dass alles vom eigenen Hof stammt. Und genau so schmeckt es, nämlich unverfälscht und wie frisch von der Wiese, wo die Charolais-Rinder der Paperins grasen. Um die Betreuung ihrer Gäste machen Philippe und Marie-Christine nicht viel Federlesens, jedenfalls behaupten sie das: »Wir begrüßen jeden Gast wie einen Freund.« So einfach ist das.

Zwischen Loire und Yonne

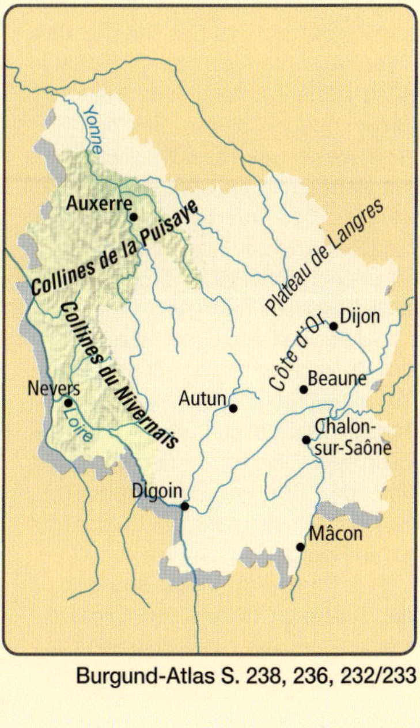

Die Kathedrale von Auxerre

Burgund-Atlas S. 238, 236, 232/233

AN DER LOIRE

Von Digoin bis St-Aubin schmiegt sich die Route Départementale 979 ans Loire-Ufer: Man schaut auf den ungebändigten Strom mit Sandbänken, Auwäldern und Kormoranen. Jedes Jahr aufs Neue hobelt Europas letzter ungebändigter Strom die steilen Sandufer ab und verändert ein wenig seinen Lauf.

Bourbon-Lancy

Burgund-Atlas: S. 238, A 2/3

In Bourbon-Lancy dient der pulverfeine Loire-Sand therapeutischen Zwecken. Bei Rheumakuren wird der Sand, vom heißen Quellwasser erhitzt, auf den Körper gepackt. Das **Quartier des Thermes** unterhalb des mittelalterlichen Dorfs empfängt die Gäste mit Belle-Epoque-Charme. Seit den Römern werden die 46°–60° heißen Quellen als Heilung für Körper und Seele genutzt. Das **Quartier de l'Horloge** hingegen, das alte Dorf auf dem Hügel, ist ein mittelalterliches Ensemble mit auskragendem Fachwerk.

Sehenswert sind die romanische Kirche St-Nazaire (11. Jh.) mit gallo-römischen Grabungsfunden im **Musée St-Nazaire** (Besichtigung nach Voranmeldung beim Office du Tourisme) und die **Tour de l'Horloge,** das Stadttor (15. Jh.) mit Glockenturm und mechanischer Figur.

Das **Musée du Vieux Bourbon** in der Rue de la Collégiale zeigt eine Uniformensammlung von Napoleon bis zum Ersten Weltkrieg (Juli–Aug. tägl. außer Di 9–12, 14–18 Uhr, April–Juni, Sept.–Okt. tgl. außer Di 14–18 Uhr, sonst auf Anfrage im Antiquitätenladen von M. Cimetière nebenan).

Office du Tourisme et du Thermalisme: Place d'Aligre, Tel. 03 85 89 18 27, www.bourbon-lancy.com.

Le Manoir de Sornat: Allée de Sornat, Tel. 03 85 89 17 39, Fax 03 85 89 29 47. Anfang Jan.–Mitte Feb. Betriebsferien. Ein herrschaftlicher Park umgibt die Folie der Belle-Epoque: Fachwerk, spitze Türme, bürgerlich-komfortable Zimmer, ländliche Stille, DZ 58–115 €. Restaurant: Mo, Di mittag Ruhetag. Vornehmer Saal, wunderschönes altes Parkett. An den Wänden hängen Kopien berühmter Impressionisten, auf der Karte Kalbsroulade mit *Foie Gras* und Tomatenchutney, Täubchen mit chinesischen Gewürzen, kandierten Zitronen und Oliven. Menü 25–75 €.

Chambres d'hôtes Château Les Lambeys: St-Aubin-sur-Loire (7 km südl.), Tel. 03 85 53 92 76. Keine Kreditkarten, April–Ende Dez. geöffnet. Table d'hôtes auf Reservierung. Hinter dem spätbarocken

Manoir de Sornat in Bourbon Lancy

Schloss strömt die Loire, unbändig und still zugleich. Zwischen Ufer und Rückfront weitläufiger Park. Die fünf Gästezimmer (davon eine Suite für drei Personen) unterscheiden sich in Mobiliar und Größe voneinander. DZ 57–75 €, Frühstück inklusive. Table d'hôte 25 € inklusive Wein.

Auberge de l'Olive: Dompierre-sur-Besbre, Avenue de la Gare, Tel. 04 70 34 51 87. Liegt auf der anderen Seite der Loire, und damit in der Nachbarregion Auvergne – aber einerlei, solange es im rustikalen Lokal mundet. Menü 15–45 €.
Ferme-Auberge du Champbon: St-Aubin-sur-Loire, s. Tippkasten

Les Thermes: Place d'Aligre, 71140 Bourbon-Lancy, Tel. 03 85 89 18 84, www.thermes-bourbon-lancy.com. Kuren in den Thermen.
Domaine Damonia: Quartier thermal, Avenue de la Libération, Tel. 03 85 89 67 37, www.damona.com. Wellness & Fitnesstraining im neuen Bad.
Vogelbeobachtung: An den Steilufern der Loire im Naturschutzgebiet Le Fleury (2 km westl.). Zu sehen sind Reiher, Uferschwalben, Enten. Vom Dorf Charrin (21 km nordwestl.) führen Stichstraßen an die Loire: Panoramablick über den Strom.

Federvieh

Thierry Bouchet züchtet Enten, Hühner und Schweine – die schließlich auf dem Tisch seiner Ferme-Auberge du Champbon landen. Nach dem Mahl (Menü 12–25 €) kann man *Foie Gras*, Entenbrust und Confit de Canard einkaufen. Für Kinder steht ein Spielplatz bereit, für große Kinder ein Boulefeld (St-Aubin-sur-Loire, 3 km außerhalb Bourbon-Lancy, Tel. und Fax 03 85 53 91 74, April–Allerheiligen Fr abend–So abend).

Nevers

Burgund-Atlas: S. 236, B 3
Über die D 116 gelangt man zwischen dem linken Ufer der Loire und dem Loire-Seitenkanal nach Nevers. Die heitere Landschaft des zum ›Garten Frankreichs‹ verklärten Loire-Tals, kündigt sich an.

Die Hauptstadt des Départements Nièvre (60 000 Einw. mit Vororten) thront auf einem Hügel über der Mündung der Nièvre in die Loire. Nevers ist eher eine Loire- denn eine burgundische Stadt, nicht zuletzt dank des hellen Kalksteins ihrer Häuser und des herzoglichen Schlosses im für die Loire prägenden Renaissance-Stil.

Auf der Butte, dem Stadthügel, versucht das italienische Theater aus dem 19.Jh. vergeblich, dem Schloss (1464–1565) Paroli zu bieten. Trotz der im 19.Jh. erfolgten Umbauten bleibt der **Palais Ducal** genannte Feudalsitz Nevers' bedeutendstes Bauwerk.

Von der Place de la République vor dem Palais schaut man auf die Loire. Die Kathedrale **St-Cyr-et-Ste-Julitte** hat einen romanischen Chor im Westen, und einen gotischen Chor im Osten. Hübsch anzuschauen ist der benachbarte klassizistische **Bischofspalast.**

Nevers' bedeutendster Sakralbau aber ist die romanische Kirche **St-Etienne.** Der 1097 geweiht Bau liegt im gleichnamigen Viertel unterhalb der

Butte. Durch das Stadttor **Porte du Croux** (1393, archäologische Sammlung, März–Okt. Mi–So 14–18 Uhr) ging es früher in das Viertel der Fayence-Handwerker – blaue Fayence aus Nevers ist nach wie vor begehrt.

Das **Musée Frédéric Blandin** zeigt in den gotischen Gewölben der Abtei Notre Dame (13.–15.Jh.) eine exquisite Sammlung alter Fayence (Promenade des Remparts, bis 2007 geschl.). Im Zweiten Weltkrieg war die Brückenstadt Nevers hart umkämpft. Nach dem Krieg machte Marguerite Duras Nevers zum Schauplatz ihres Films ›Hiroshima mon amour‹, in dem die selbstgerechte Abrechnung mit so genannten Kollaborateuren angeprangert wird. Die weltoffene Stadt hat der Schriftstellerin und ›Amie de Nevers‹ eine Straße gewidmet.

Noch etwas: Im **Couvent St-Gildas** wird der einbalsamierte Leichnam der hl. Bernadette aus Lourdes verwahrt (Boulevard Victor Hugo, April–Okt. 7–19.30, sonst 7.30–12, 14–19 Uhr).

Office de Tourisme: 4, rue Sabatier, Tel. 03 86 68 45 01, www.nevers-tourisme.com.

Le Clos Ste-Marie: 25, rue Petit Mouesse, Tel. 03 86 71 94 50, Fax 03 86 71 94 69. Ehemalige Postkutschenstation. Garten. Zimmer im hinteren Bau verlangen, DZ 65–80 €.
Hôtel Molière: 25, rue Molière, Tel. 03 86 57 29 96, Fax 03 86 36 00 13. Etwas abseits des Zentrums, die Zimmer nach hinten sind am ruhigsten, DZ 42–46 €.

La Cour St-Etienne: 33, rue St-Etienne, Tel. 03 86 36 74 57, So, Mo geschl., Menü 16–30 €. Schmausen mit Blick auf die Kirche St-Etienne (Terrasse!). Sehr gutes Preis-Leistungsverhältnis.

Faiencerie d'Art de Nevers:10, rue de la Porte du Croux, Mo–Sa 9–12, 14–19 Uhr. Ein Klassiker seit der Manufakturgründung 1648. Unter den Meistern tragen gleich mehrere den Titel ›bester Handwerker Frankreichs‹.
Fayencerie d'Art François Bernard: 88 bis, avenue Colbert und 1, rue Sabatier (Herzogspalast, tägl. 10–12, 14–19 Uhr). Handsignierte Stücke in der Tradition von Nevers.
Au Négus: 96, rue François Mitterrand. Traditionsladen aus dem frühen 20. Jh. mit orientalischem Dekor. Die Karamellbonbons *(négus)* wurden 1901 anlässlich der Visite des Kaisers von Abessinien erfunden. Ebenfalls Nougat, Schokolade.

Piscine de la Jonction: Quai de la Jonction, Tel. 03 86 37 55 95, Juni–Aug. tägl. Wellenbad mit Riesenrutschen.

Zug: Bahnhof, Place de la Gare. Regionalzüge nach Decize, La Charité-sur-Loire, Cosne-sur-Loire, Dijon, Autun.

Südlich von Nevers

Burgund-Atlas: S. 236, A/B 3-4
Der flache Zipfel Burgund zwischen Loire und Allier erinnert an die nahe Sologne in der Nachbarregion Centre. Teiche und Wälder bestimmen das Landschaftsbild.

Die von wuchtigen Türmen flankierte Burg im Dorf **Chevenon** ist leider nicht zu besichtigen, der Park und der hochgeschossene Bau sind jedoch auch von außen erhebend. Danach kann man im Naturfreibad Le Plan d'Eau schwimmen gehen (Sommer, Tel. 03 86 68 72 75).

In **Magny-Cours** krachen die Motoren: Anfang Juli wird auf dem Jean Bréha-Ring der Formel-1-Grand Prix von Frankreich ausgetragen (Informationen unter www.magnyf1.com).

Nach **St-Pierre-le-Moûtier** kam Jeanne d'Arc, sah, und besiegte die Engländer. Die romanische Dorfkirche mit dem kostbaren Nordportal blieb dabei von Zerstörungen verschont, ebenso ein Teil der mittelalterlichen Verteidigungstürme und Gräben.

Nur noch eine malerische Ruine ist das Château de Rozemont beim Dorf **Luthenay-Uxeloup**. Sehenswert ist die Dorfkirche aus dem 11. Jh.

Das Bazois

Burgund-Atlas: S. 236, C 2–3
Fette Wiesen, reiche Bauern, stattliche Höfe. Im Bazois, dem Land längs des Canal du Nivernais, scheint die bäuerliche Welt noch in Ordnung zu sein. Die Landschaft zwischen Morvan und Loire ist ohne Spektakel. Am schönsten lässt sich das Bazois mit dem Hausboot über den Kanal erschließen.

Das Ackerbürgerstädtchen **Châtillon-en-Bazois** etwa liegt am Canal du Nivernais. Vom Hafen schauen die Hobbykapitäne aufs Schloss mit dem sehr französischen Barockgarten und den Bassins (Führungen Mitte Juli–Aug. Di–So 14.30–18 Uhr alle halbe Stunde).

Abweisend und kantig ist das Schloss von **Aunay-en-Bazois** etwas abseits vom Kanal – Kanonen aus dem Ersten Weltkrieg zieren das schmiedeeiserne Portal.

Die drei Kanaltunnel der **Voûtes de la Colancelle** sind technische Meisterwerke des 19. Jh. – der längste misst 758 m! Kurz darauf folgt der kleine Kanalhafen **Port Brûlé**, der auf der Wasserscheide des Loire- und des Seine-Bassins liegt.

Die nahen, von Wäldern gesäumten **Etangs de Vaux et de Baye** trennt eine Deichstraße. Bootskapitäne brauchen nun ein wenig Geduld: Ein Tag vergeht damit, die **Echelle de Sardy** zu absolvieren – die 16 kurz aufeinanderfolgenden Schleusen sind eine Hauptattraktion des Canal du Nivernais.

La Maison du Bazois: Alluy (bei Châtillon-en-Bazois), Tel. 03 86 84 05 66.

Hôtel de France: Châtillon-en-Bazois, 28, rue du Docteur-Duret, Tel. 03 86 84 13 10, Fax 03 86 84 14 32. Schiefergedeckter Bau des 16. Jh., einfache, ordentliche Zimmer, bodenständig gutes Restaurant (außer Juli–Aug. So abend, Mo geschl.), DZ 55–85 €, Menü 17–33 €.

Base de Baye: Wassersportbasis am Etang de Baye, Segeln, Kanu, Kajak, Surf, Tel. 03-86 38 97 39.

Nördlich von Nevers

La Charité-sur-Loire

Burgund-Atlas: S. 236, A 2
Glückliches Charité-sur-Loire: Zum einem liegt das Loire-Städtchen am

Rand eines Naturschutzgebiets, das beide Ufer des Stroms schützt. Zum anderen steht der Ort auf der Liste der UNESCO-Weltkulturgüter – als Teil des Jakobspilgerwegs nämlich. Im 11. Jh. gründete Herzog Hugues von Nevers, der zugleich Abt von Cluny war, ein Benediktinerkloster, das wegen der Unterstützung der Armen durch die Mönche La Charité (Barmherzigkeit) genannt wurde. La Charité stieg im Mittelalter zum zweitwichtigsten Benediktinerkloster nach Cluny auf. Der Niedergang fiel um so heftiger aus. Die Religionskriege und ein dreitägiger Brand (1559) vernichteten weite Teile der Stadt.

In den Ruinen breitete sich der Ort aus: Die Place Ste-Croix war einmal das Langhaus der Kirche. Die Wohnhäuser sind in die Seitenwände der Kirche gebaut. Aber noch immer beherrscht der mächtige Westturm von **Notre-Dame** das Loire-Panorama, auf das man von der imposanten **Steinbrücke** (16.–18.Jh.) schaut. Die erhaltenen Teile der 1107 geweihten Kirche, allen voran der Chor, und die später errichteten Klostergebäude (17.–18. Jh.) zählen zu den Höhenpunkten einer Burgundreise.

Im **Musée municipal** (Hôtel Adam, 33, rue des Chapelains) sind Ausgrabungsfunde der Klosterkirche ausgestellt (Juli–Aug. April–Juni tägl. außer Di 10–12, 14–19, Sept.–Nov. tägl. außer Mo, Di 10–12, 14–18, sonst Sa, So 10–12, 14–18 Uhr).

Office de Tourisme: Place Ste-Croix, Tel. 03 86 70 15 06, www.ville-la-charite-sur-loire.fr.

Im ›Keller des guten Geschmacks‹

In einem 700 Jahre alten Klostergewölbe zeigt die Landwirtschaftskammer des Départements Nièvre gastronomisch Flagge. Die Dauerausstellung präsentiert eine kleine Kulturgeschichte des Geschmacks und stellt die Produkte der Region vor (Le Cellier du Gôut: 10, cour du Château, La Charité - sur-Loire, Mo–Fr 9–12, 14–18 Uhr).

Le Grand Monarque: 33, quai Clemenceau, Tel. 03 86 70 21 73, Fax 03 86 69 62 32, www.le-grand-monarque.fr. Geräumige Zimmer, von einigen Blick auf die Loire. Gutbürgerliches Restaurant (Winter So abend geschl.) mit Blick auf die Loire-Brücke, DZ 65–85, Menü 23–56 €.

La Faiencerie de Mesves: Mesves (8 km nördl.), 38, rue d'Antibes. Geschirr, Vasen, Dekorationsobjekte, Kacheln aus Fayence. Auch Anfertigung auf Wunsch nach Vorlagen (Werkstatt 9–19 Uhr).

Faience d'Art Siméon Drachkovitch: Garchy (12 km nordöstl.), Rue du Matray. Tägl. 10–19 Uhr. Einzelstücke, die inklusive der Dekormalerei in Handarbeit entstehen. Auch moderne Dekors.

Radtouren: La Charité-sur-Loire, Pouilly, Sancerre sind Stationen der 35–50 km langen Tagesetappen entlang der Loire. Buchung über: Randonievre, 31, rue de la Préfecture, 58004 Nevers, Tel. 03 86 36 92 98, www.nievre-sur-mesure.com.

Atlas: S. 236

Pouilly-sur-Loire

Burgund-Atlas: S. 236, A 2
Das Winzerdorf liegt auf der geographischen Mitte des Loire-Laufs: 496 km sind es zur Quelle, ebenso viele zur Mündung. Ebenso wichtig wie der Strom sind die Reben, deren Renommée auf das 11. Jh. zurückgeht. An beides erinnert der **Pavillon du Milieu de Loire,** ein Ausstellungsbau mit Aussichtsterrasse, in dem das Ökosystem des Stroms und der Weinbau erklärt wird (www.pavillon-pouilly.com, Karte mit drei ›Entdeckungsspaziergängen‹ zu Weinbau, Flora, Fauna. gratis).

Das benachbarte Dörfchen **Les Loges** schmiegt sich beschaulich an die Loire, von der man über das Wasser auf die Weinberge des Sancerre schaut.

Bis ins 7 km flussabwärts gelegene **Tracy**, wo das schönste Renaissance-Schloss der Umgebung aus den Weinbergen auftaucht, erstreckt sich das **Naturschutzgebiet Val de Loire.** Der Fernwandweg GR 31 (rot-weiße Markierung) führt an Totarmen, Steilufern und Auwäldern vorbei.

Santé

André und Edmond Figeat (Côte du Nozet, Pouilly-sur-Loire, Tel. 03 86 39 19 39) produzieren Weißweine der AOC Pouilly Fumé. Die Cuvée Les Chaumiennes verbindet Fruchtigkeit und Würze. Im Probekeller wacht eine Statue des hl. Vinzenz darüber, dass der Wein in aller Ruhe heranreift.

Office de Tourisme: Tel. 03 86 39 03 75, www.pouillysurloire.fr.

Le Relais Fleuri: 42, avenue de la Tuilerie, Tel. 03 86 38 12 99, Fax 03 86 39 14 15, www.lerelaisfleuri.com. Landgasthof etwas außerhalb, mit Garten zur Loire, DZ 46–78 €. Restaurant ›Le Coq hardi‹ (Winter Di, Mi geschl.) mit regionalen Klassikern und etlichen AOC Pouilly auf der Karte, Menü 20–60 €.

Barillot Père et Fils: Le Bouchot (1,5 km östl.), 36, rue Louis-Joseph Gousse, Tel. 03 86 39 15 29. Auf den typischen Schiefer-Kalkböden der Loire werden Weißweine der AOC Pouilly Fumé hergestellt. Tipp: die Cuvée Camillium.
Jean Pabiot et Fils: Les Loges (5 km südl.), Rue principale, Tel. 03 86 39 10 25. AOC Pouilly Fumé. Tipp: Die Tropfen der Lage Les Fines Caillottes, für die nur Blanc Fumé-Trauben alter Rebstöcke gepresst werden.
Domaine Chatelain: St-Andelain (5 km südl.) Les Berthiers, Tel. 03 86 39 17 46. Jean-Claude Chatelain kann auf eine Winzerdynastie zurückschauen, die seit 1630 an der Loire keltert. Weißweine der AOC Pouilly Fumé.

Circuit des Vignobles: 8 km langer Wanderweg durch die Weinberge.

Cosne-sur-Loire

Burgund-Atlas: S. 236, A 1
Das geschäftige Städtchen im äußersten Nordwesten Burgunds lockt vor allem wegen seiner Märkte. Mittwochs und sonntags strömen die Massen herbei, auch über die Loire aus dem benachbarten Berry – träge Wonnen der

Provinz. Über das Leben der Fischer, Schiffer, Bootsbauer an und der Fische in der Loire unterrichtet das Musée de la Loire im ehemaligen Augustinerkloster (Place de la Résistance, Feb.–Weihnachten Mo, Mi–Sa 10–12, 14.30–18.30, zusätzlich März–Sept. So 14.30–18.30 Uhr).

Le Vieux Relais: 11, rue St-Agnan, Tel. 03 86 28 20 21, Fax 03 86 26 71 12. Alteingesessenes Haus mit modernisierten, um einen Innenhof verteilten Zimmern, DZ 80 €. Heimeliges Restaurant mit regionalen Spezialitäten, Menü 18–33 €.

Domaine de Port-Aubry: Port-Aubry (südl.) 400 Ziegen, die nur eins sollen: Milch für den würzigen Crottin de Chavignol geben. Mit Gästezimmern.
Langlois Père et Fils: Pougny (7 km östl.), Tel. 03 86 28 06 52. Winzer Michel Langlois macht sich mit Likören einen Namen: Crème de Cassis (Johannisbeer-), de Mûres (Brombeer-), de Myrtilles (Blaubeer-).
Huilerie Rameau: Donzy (17 km östl.), 14, rue de l'Eminence, Mo–Fr 8–12, 13–17 Uhr, Wochenende nach Vereinbarung, Tel. 03 86 39 31 48. Walnussöl aus erster Kaltpressung.

Die Puisaye

Von St-Sauveur nach St-Amand

Burgund-Atlas: S. 232, A/B 4
»Es gibt keine Worte, keine Stifte, keine Farben, mit denen ich Ihnen den Himmel meiner Kindheit über einem violetten Schieferdach mit rotem Moosrand malen könnte«. So schrieb **Colette** (1873–1953) und fand Worte genug, die heimatliche Puisaye in all ihrer ländlichen Poesie vor dem geistigen Auge erstehen zu lassen. Die stille Weite von Wiesen, Äckern, Wäldern erwiesen sich für die junge Sidonie Gabrielle Colette freilich als zu eng. Die Zwanzigjährige flüchtete sich in eine Ehe nach Paris, vergaß jedoch ihre Wurzeln nicht. »Ich gehöre einer Landschaft, die ich verlassen habe«, notierte die Erfolgsautorin in dem Roman ›Sido‹. Colette schrieb von Ehebruch, Intrigen und lesbischen Liebschaften. Zuviel für die behäbige Puisaye, früher jedenfalls. Heute ist die Schriftstellerin der ganze Stolz von **St-Sauveur-en-Puisaye**, wo sie zur Welt kam. Die Straße, in der ihr Elternhaus ›La Maison Colette‹ liegt, heißt selbstverständlich Rue Colette.

Das Musée Colette kam im nahen Schloss unter. Zu sehen sind das rote Schlafzimmer der hochbetagten Schriftstellerin und der Salon aus ihrer Wohnung im Pariser Palais-Royal. Aus einem Lautsprecher rumpelt Colettes Stimme, unverwechselbar wegen des burgundischen Akzents, der jedes R kräftig knattern lässt (April–Okt. tägl. außer Di 10–18, Nov. Sa, So 14–18 Uhr, Dez.–März geschl.).

Im nahen **Moutiers** hütet die Dorfkirche einige für die Puisaye typische Wandmalereien. In Ockertönen wurde das Leben Christi im 12. Jh., die Genesis im 13. Jh. auf die Wand aufgetragen.

Das herrliche **Château de Ratilly** thront weiter südlich auf einem Waldhügel, und dies seit 1270. Zu besichtigen gibt's neben der Burg eine Steingutsammlung (Ostern–Allerheiligen tägl. außer So 10–12, 15–18, sonst 14–17 Uhr). Auf dem **Chantier médiéval de Guédelon** (an D 955 Richtung St-Amand) soll die Burg ganz in der Nähe bis 2023 noch einmal entstehen, und zwar unter verwendung von mittelalterlichen Bautechniken. So wie die Arbeiten voranschreiten, darf man zuversichtlich sein (www.guedelon.org, Ende März–Juni tägl. außer Mi 10–18, Sa, So bis 19, Juli–Aug. tägl. 10–19, Sept.–Mitte Nov. tägl. außer Mi 10–17.30 Uhr).

Etwas weiter nördlich lockt der **Parc naturel de Boutissaint** mit Bisons, Rot- und Schwarzwild (D 185 Richtung St-Fargeau, 8–19 Uhr).

St-Amand-en-Puisaye ist dank der reichen Tonvorkommen seit dem 15. Jh. ein florierendes Töpferdorf, mitsamt sehenswertem Musée du Grès (Steingut) im Louis-XIII-Schloss (Juni–Sept. tägl. außer Di 10–12.30, 13.30–19, April, Mai nur Sa, So 10–12.30, 14–18 Uhr).

St-Fargeau

Burgund-Atlas: S. 232, A 4
Die dörfliche Hauptstadt der Puisaye heißt St-Fargeau. Von hier stammt Herminie Cadolle, die 1889 den Büstenhalter erfunden haben soll. Hierhin wurde 1652 Anne-Marie-Louise d'Orléans, die Kusine Ludwigs XIV. verbannt, nachdem ›la Grande Mademoiselle‹ zuvor auf die Truppen des Königs hatte feuern lassen. Die in Ungnade gefallene Verwandte kam standesgemäß im **Schloss** unter (15. Jh.), einer für die Puisaye typischen Burg aus roten Ziegeln, die sie zum feudalen Schloss umbauen ließ (April–Nov. 10–12, 14–18 Uhr).

700 m vom Schloss entfernt liegt **La Ferme du Château,** ein Schaubauernhof, der den ländlichen Alltag der Puisaye um 1900 illustriert – toll für Kinder (22.März–Sept. 10–19 Uhr). Sehenswert sind zudem die **Tour d'Horloge,** ein Stadttor mit Uhrturm aus dem 15. Jh.

Ein Tipp noch für Technikfans : Das **Musée de la Reproduction du Son** an der Place de l'Hôtel de Ville zeigt Phonographen, Grammophone und mechanische Musikinstrumente. Ein Saal ist zudem Edith Piaf gewidmet (April–Mitte Nov. tägl. 10–12, 14–18, Juli/Aug. bis 19 Uhr, sonst nach Ankündigung, Tel. 03 86 74 13 06).

Maison de la Puisaye: 3, place de la République, St-Fargeau, Tel. 03 86 74 15 72.

Auberge de la Demoiselle: St-Fargeau, Place de la République, Tel. 03 86 74 10 58, außer Mitte Juli–Aug. Mi abend, Mo geschl. Rustikal-gepflegt, mit Kamin und Balken. Honette Küche, Menü 16–36 €.

La Poterie de la Bâtisse: Moutiers-en-Puisaye, La Bâtisse. Mo geschl. Töpferwerkstatt und -museum. Ausstellung und Verkauf der für die Puisaye typischen Tonkrüge und -gefäße.

Spectacle historique: Historienspiel mit Son & Lumière, 600 Akteuren und 60 Reitern bei der Burg von St-Fargeau (10. Juli–Ende Aug. Fr, Sa 22 Uhr, Karten Tel. 03 86 74 05 67, www.chateau-de-st-fargeau.com).

DAS AUXERROIS

Der nach der Stadt Auxerre benannte Landstrich im Nordwesten Burgunds profitiert von der Nähe zu Paris – für die Hauptstädter ist das Auxerrois ein ideales Wochenendziel. Die Yonne ist die Lebensader des Auxerrois. Auf dem Wasser tuckern die Lastkähne Richtung Paris, schippern die Hausboote der Touristen. Nicht zu vergessen, am Ufer wachsen einige herrliche Weine.

Auxerre

Burgund-Atlas: S. 232, C 3
Zauberhaft setzt sich die Hauptstadt des Départements Yonne am linken Yonne-Ufer in Szene. Von der Passerelle, einer filigranen Yonne-Brücke der Belle-Epoque, schweift der Blick über die im Halbrund zum Fluss angelegte Altstadt. Im Süden duckt sich die Renaissance-Kirche St-Pierre, in der Mitte trumpft die gotische Kathedrale St-Etienne auf, und im Norden sticht der nadelspitze Turm der Abteikirche St-Germain in den Himmel. Dazwischen verschachteln sich Gassen und Dächer. Längs der Yonne-Kais untermalt ein Lindenkorso das harmonische Bild. Hausboote und Kähne setzen dem Ganzen eine Prise Hafenromantik auf. Ungefähr in der Mitte des Panoramas lädt die zur Yonne offene Place St-Nicolas mit Caféterrassen ein.

Zu besichtigen lohnt sich zuallererst die romanisch-gotische **Abtei St-Germain** [1]: Die Fresken aus dem 9. Jh. in den karolingischen Krypten der Unterkirche gelten als die ältesten Frankreichs (Kirche tägl. 9–18 Uhr, Krypta Juni–Sept. tägl. außer Di 10–18.30, sonst 10–12, 14–18 Uhr). Das Kloster beherbergt das **Musée d'Art et d'Histoire** [2]. Gezeigt werden gallo-römische Ausgrabungsfunde (Öffnungszeiten wie Krypta).

Auf dem Weg zur Kathedrale St-Etienne durchquert man das engmaschige **Quartier de la Marine** [3]. Die Place St-Nicolas ist das Herz des umtriebigen ehemaligen Viertels der Fischer. In einer Wandnische plaziert ist das Bildnis des heiligen Nicolas.

St-Etienne [4] gilt als die bedeutendste gotische Kathedrale Burgunds, obwohl der Südturm nie vollendet wurde. Die somit unvollendete Westfassade aus dem 13. Jh. wird von drei Portalen gegliedert. Die Krypta mit ihren Fresken stammt noch vom im 11. Jh. niedergebrannten romanischen Vorgängerbau. In der Schatzkammer sind Emailwerke aus Limoges, Handschrif-

Nostalgisch

Eine kleine Passage mit ebenso kleinen wie feinen Läden entführt am oberen Ende der Rue Fécauderie in die Kauffreuden des späten 19. Jh. Die ›Passage Manifacier‹ erinnert mit ihrem Namen zudem an den Mann, der vor 150 Jahren mit dem Vergolden von Bilderrahmen in Auxerre ein Vermögen gemacht hat.

ten und liturgisches Gerät ausgestellt (Mo–Sa 9–17, So 14–17 Uhr).

Das bekannteste weltliche Wahrzeichen von Auxerre bleibt die **Tour de l'Horloge,** ein prachtvolles Stadttor mit schiefergedeckten Türmen und einer Uhr (1483), die auch den Stand von Sonne und Mond angezeigt.

Ringsherum säumen Fachwerkhäuser die schmucken Gassen zwischen Place des Cordeliers und Place Charles Surugue. Im **Musée Leblanc-Duvernoy** 5, das in einem Palais des 18. Jh. untergekommen ist, werden alte Fayencen gezeigt, darunter etliche mit Revolutionsmotiven. Hinzu kommen Tapisserien aus Beauvais (18. Jh.), Steingut der Puisaye sowie burgundisches Mobiliar (9, rue d'Egleny, tägl. außer Di und feiertags 14–18 Uhr).

Dass Auxerre im Mittelalter als eine Hochburg des Weinbaus galt, beweist der **Clos de la Chainette** 6. Der 5 ha große Weinberg wurde als einziger im Auxerrois nicht Ende des 19. Jh. von der Reblaus vernichtet. Heute gehören die Reben zum Hôpital psychiatrique am Boulevard de la Chainette.

Office de Tourisme de l'Auxerrois: 1–2, quai de la République, Tel. 03 86 52 06 19, www.ot-auxerre.fr.

Le Parc des Maréchaux 7: 6, avenue Foch, Tel. 03 86 51 43 77, Fax 03 86 51 31 72, www.hotel-parcmarechaux.com. Second-Empire-Villa mit viel Grün und in Fußnähe zur Altstadt. Leicht schwülstiger Charme, gediegene Zimmer. DZ 78–93 €.

Chambres d'hôtes Domaine de Ste-Anne 8: Venoy (8 km östl.), Allée de Ste-Anne, Tel. 03 86 94 10 16, Fax 03 86 94 10 12, www.domainesainteanne.com. Keine Kreditkarten. Mitte Jan.–Ende Feb. geschl. Herrenhaus im Grünen. Man schaut auf den Park und die Hügel des Auxerrois. DZ 60–69 €, Frühstück inklusive. Ferienwohnung mit separatem Anbau für bis zu vier Personen, ab 300 €/Woche.

Domaine du Roncemay 9: Aillant-sur-Tholon (20 km westl.), Tel. 03 86 73 50 50, Fax 03 86 73 69 46, www.roncemay.com. Hufeisenförmig reiht sich das noble Golfhotel um einen kopfsteingepflasterten Hof – es handelt sich um die luxuriös umgebauten Nebengebäude des Jagdschlösschens. Über eine Teakholzgalerie, die sich zum Pool öffnet, gelangt man zum Zimmer. DZ 155–220 €. Tipp: Golferpauschalen! Restaurant: So abend, Winter auch Mo geschl. Chef de Cuisine Christophe Dufossé hat einen Michelin-Stern. Gegrillter Seeteufel mit *Foie Gras*, Entenbrust mit Ingwerhonig. Menü 51–110 €.

Le Jardin Gourmand 10: 56, boulevard Vauban, Tel. 03 86 51 53 52, Di, Mi geschl. Ehemaliges Winzerdomizil mit begrünter Terrasse. Gehobene Küche, gute Weinkarte. Menü 30 € (mittags) bis 72 €.

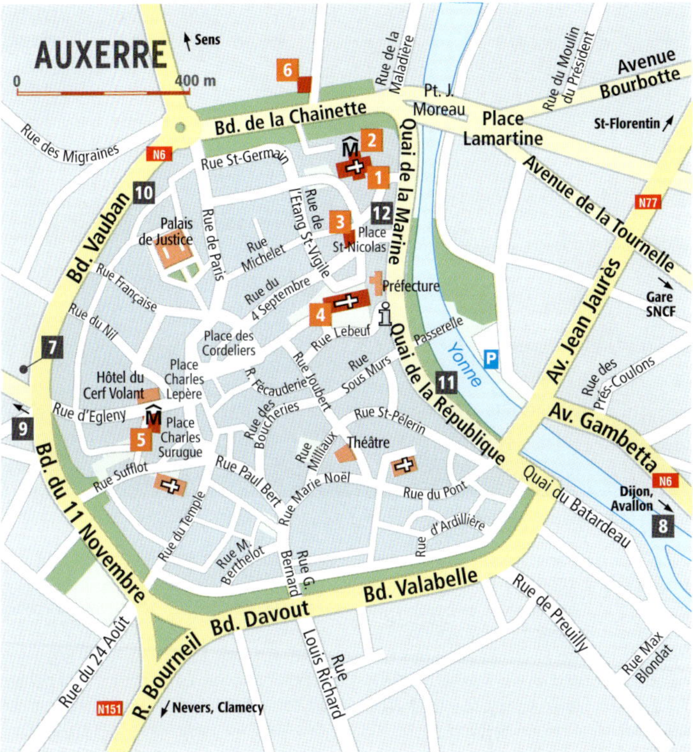

Sehenswürdigkeiten

1 Abtei St-Germain
2 Musée d'Art et d'Histoire
3 Quartier de la Marine
4 Kathedrale St-Etienne
5 Musée Leblanc-Duvernoy
6 Clos de la Chainette

Übernachten

7 Le Parc des Maréchaux
8 Domaine de Ste-Anne
9 Domaine du Roncemay

Essen und Trinken

10 Le Jardin Gourmand
11 Jean Luc Barnabet
12 Le Quai

In der Markthalle von Joigny

Jean Luc Barnabet 11: 14, quai de la République, Tel. 03 86 51 68 88, Di mittag, So abends, Mo geschl. Der beste Tisch von Auxerre wegen des Ambientes in einem vornehmen Herrenhaus an der Yonne und Spezialitäten wie Zander mit Ratafia aus dem nahen Irancy. Menü 34–54 €.
Le Quai 12**:** 4, place St-Nicolas, Tel. 03 86 51 66 67. Bar-Brasserie mit Blick auf die Yonne, im Fischerviertel. Tolle Terrasse, Menü 13–28 €.

Les Grandes Heures d'Auxerre: Son et Lumière zur Geschichte der Stadt seit den Galliern. In der Kathedrale, Juni–Sept. tägl. 21.30 oder 22 Uhr. Tickets über Office de Tourisme.

Bateaux Touristiques de L'Auxerrois: Port de Plaisance, Tel. 03 86 42 54 65, April–Okt. Zweistündige Bootstouren auf der Yonne, 10 €. Mit Essen und Wein ab 38 €.

Radtouren: Buchung über Loisirs Accueil de l'Yonne, 1–2, quai de la République, Tel. 03 86 72 92 10, www.tourisme-yonne.com.
Golf: Chassy, Tel. 03 86 73 50 50, www.roncemay.com. Ein Platz mit 18 Löchern in der 145 ha großen Parklandschaft eines Herrenhauses – very british, und mit kleinem, sehr noblem Hotel (s. oben).

In den Weinbergen südlich von Auxerre

Burgund-Atlas: S. 232, C 3
Über ein verbummeltes Landsträßchen (D 1) geht es zunächst nach **Chevannes**, ein Dorf mit Renaissance-Kirche und einigen ebenso alten schmucken Häusern. Die Route folgt nun bis zum Renaissanceschloss von **Avigneau** dem Tal des Baulche. Im nahen **Gy-L'E-**

vêque fällt der wuchtige Kirchturm aus dem 13. Jh. ins Auge. Mit **Coulanges-la-Vineuse** ist die Route des Vins durch die Coteaux de l'Auxerrois erreicht. In der Hauptsache pflanzt man im Auxerrois Chardonnay und Pinot Noir an, selten noch die César-Rebe. Typisch ist der Wechsel von Kirschbäumen und Reben. Die Kirschblüte lockt im Frühjahr ganz Auxerre aufs Land. **Vincelottes** schmiegt sich an die Yonne: Hier wurden früher die Weinfässer aufs Schiff geladen. Das verträumte **Irancy** ist stolz auf die Appellation ›Bourgogne Irancy‹. Die Winzerhäuser an der Kirche laden ein zum Anklingeln und Probieren. Der Name sagt's: **St-Bris-le-Vineux** ist ein Winzerdorf. Zu sehen gibt es das barocke Stadttor, die herrliche gotische Pfarrkirche und Winzerhäuser mit malerischen Kellern. Bei **Chitry-le-Fort** schließlich ist die Grenze vom Vignoble Auxerrois zum Chablis-Weingebiet erreicht. Die Wehrkirche St-Valerien krönt ein auskragender Donjon.

Auberge Les Tilleuls: Vincelottes, 12, quai de l'Yonne, Tel. 03 86 42 22 13, Fax 03 86 42 23 51. Fünf Zimmer in heiter-ländlicher Lage, DZ 50–70 €. Dazu ein hervorragendes Restaurant (Mi, Winter auch Do geschl.) mit Terrasse zum Fluss, Menü 22–55 €.

Léon Bienvenu et Fils: Irancy, Rue Soufflot, Tel. 03 86 42 22 51. Rotweine der Appellation ›Bourgogne Irancy‹ sowie Rosé.

Franck Givaudin: Irancy, Sentier de la Bergère, Tel. 03 86 42 20 67. Givaudin Junior, der den elterlichen Betrieb übernommen hat, lehrt seine Kollegen das Fürchten. Rubin-rote Cuvées mit klarer Pinot Noir-Dominanz und einer Prise César.

Klimafrage

Wer bei Benoit Cantin in den Keller geht (Irancy, 35, chemin des Fossés), sollte den Winzer nach dem Climat La Palotte fragen und, noch besser, eine Flasche aus der Lage probieren. Der rubinrote Tropfen spricht nach einjähriger Fassreife freilich auch ohne Erläuterung für sich.

Das untere Tal der Yonne

Joigny

Burgund-Atlas: S. 232, B 2
Ein Weinberg über der Stadt, die Côte St-Jacques, ist das eigentliche Wahrzeichen von Joigny und zugleich Namengeber für eins der berühmtesten Restaurants Frankreichs – ›La Côte St-Jacques‹ der Winzer- und Köchefamilie Lorain. Die Kleinstadt zieht sich östlich des Weinbergs das rechte Ufer der Yonne hoch. Von der Brücke über den Fluss hat man ein schönes Panorama auf die von der Renaissance-Kirche St-Jean akzentuierte Silhouette.

Die **Porte de Bois** aus dem 13. Jh. ist das letzte von einst vier Stadttoren. Hauptattraktion ist das **Quartier St-Jean** mit herrlichen Fachwerkbauten, insbesondere der Maison du Bois aus dem 16. Jh. **St-Thibault** heißt die Kirche der Unterstadt, errichtet im Stil der Flamboyantgotik (1490–1529). Der

Im Widerstand

Das Musée du Groupe Jovinien de Résistance Bayard (Joigny, 5, rue Bouffard, Do 14–17, Sa 14–18, So 14.30–18.30 Uhr) erläutert eins der dunkelsten Kapitel der deutsch-französischen Geschichte – den Widerstand der Bayard-Gruppe gegen die deutschen Besatzer im Zweiten Weltkrieg.

Espace Jean de Joigny ist ein modernes Ausstellungszentrum für zeitgenössische Kunst auf dem Gelände eines mittelalterlichen Hofs (Place Jean de Joigny, tägl. außer Mo 14.30–18.30 Uhr).

Office de Tourisme: 4, quai Ragobert, Tel. 03 86 62 11 05, www.tourisme-joigny.fr.fm.

La Côte Saint-Jacques: 14, faubourg de Paris, Tel. 03 86 87 18 26, Fax 03 86 91 49 70, Jan. Betriebsferien. Eine Institution. Elegante, sehr geräumige Zimmer mit Blick auf die Yonne. Seit den 1950er Jahren steht der Name Lorain für ganz große Cuisine. Den Anfang machte Papa Michel Lorain, gefolgt vom Filius Jean-Michel, der 2004 den dritten Michelin-Stern einheimste. Austern mit einer *Terrine océane,* Schnitte vom Steinbutt im Salzmantel mit einer Mandelmilch, Kalbsfüße mit Pfifferlingen, *Gaspacho de Langoustine* mit Zucchini-Crème sowie leicht krosse Rotbarben und Sardinen mit Tomaten-Vinaigrette und Auberginenkaviar. DZ 135–330 €. Menü 72 € (mittags) bis 160 €.

Beschauliche Kleinstadt an der Yonne: Joigny

Villeneuve-sur-Yonne

Burgund-Atlas: S. 232, B 2
Die Uferstraße N 6 legt sich bis Villeneuve-sur-Yonne eng an die Yonne. Villeneuve, die ›neue Stadt‹ wurde im 12. Jh. unter Ludwig VII. auf dem Reißbrett entworfen. Daran erinnern die akkurat gezogenen und parallel zum Ufer verlaufenden Gassen. Daran erinnert auch der ursprüngliche Name Villeneuve-le-Roi.

Die alten Mauern und die jeweils einer kleinen Burg ähnelnden Stadttore sind weitgehend erhalten. Von der königlichen Burg blieb die **Tour Louis-le-Gros,** der in der Tat den Namen ›dicker‹ Turm verdient.

Office de Tourisme: Quai Roland Bonnion, Tel. 03 86 87 12 52.

Auberge La Lucarne aux Chouettes: 14, quai Bretoche, Tel. 03 86 87 18 26, Fax 03 86 87 22 63, www.lesliecaron.auberge.com, Restaurant So abends, Mo Ruhetag, außer Juli–Aug. Schmucke Zimmer in einem Bau aus dem 17. Jh., mit Blick auf die Yonne. Anspruchsvolle Küche: Poularde im Tonmantel, lauwarme Wachteln mit Sesam, Zander in Pinot Noir. DZ ab 90 €. Menü 19–36 €.

Das obere Tal der Yonne

Burgund-Atlas: S. 232, C 3–4
Südlich von Auxerre wird das Tal der Yonne mit jedem Flusskilometer malerischer – und wilder. Ab dem schmucken Uferdorf **Cravant**, wo die Cure in die Yonne mündet, werden die Ufer steiler. Beim Weiler **Le Saussois** ragen die bleichen Kalkfelsen bis zu 50 m über dem Wasser empor. An einzelnen Nadeln üben sich Kletterer. Bis Clamecy bleibt das Tal eng.

Wehrhafte Dörfer wie **Mailly-le-Château** und **Châtel-Censoir**, rapunzelwürdige Schlösser wie das **Château**

de Faulin beherrschen die Anhöhen. Über die Yonne wurde bis ins 20. Jh. das in Paris benötigte Brenn- und Bauholz aus dem Morvan verschifft. Heute haben Hausbootkapitäne, die auf dem parallel zum Fluss verlaufenden **Canal du Nivernais** schippern, und Urlauber, die mit dem Rad oder Auto den verschlungenen Uferstraßen folgen, Burgunds vielleicht schönstes Flusstal entdeckt.

Clamecy

Burgund-Atlas: S. 232, C 4
Clamecy ist auf einer Anhöhe über den Mündungen von Beuvron und Sauzay in die Yonne gebaut. Im Städtchen gab jahrhundertelang die Confrérie St-Nicolas den Ton an: Ab Clamecy ist die Yonne schiffbar, ab hier band man die Stämme zu großen Flößen zusammen (s. S. 175).

An den einstigen Reichtum erinnern einige prachtvolle Bürgerhäuser um die Place St-Jean sowie die Kirche St-Martin, ein Paradebeispiel burgundischer Gotik. Auch das **Musée d'Art et d'Histoire Romain Rolland** erinnert mit einer Sammlung von Werkzeug, Modellen und Fotos an die Geschichte der Flößer. Daneben werden im Museum, das in einem Palais aus dem 17. Jh. untergebracht ist, gallorömische Grabungsfunde, Bilder, die Staatspräsident Mitterrand der Stadt vermacht hat, sowie Fayencen mit Motiven aus der Französischen Revolution gezeigt (Avenue de la République, Juni-Sept. tägl. außer So morgens u. Di, sonst Mi–Sa 10–12, 14–18, So 14–18 Uhr).

Office de Tourisme des Vaux de L'Yonne: Clamecy, 24, rue du Grand Marché, Tel. 03 86 27 02 51, www.clamecy.org.

s. auch In den Weinbergen südlich von Auxerre, S. 170
Hôtel de la Poste: Clamecy, 9, place Emile Zola, Tel. 03 86 27 01 55, Fax 03 86 27 05 99. Das erste Haus am Platze, früher Postkutschenstation, heute eine gutbürgerliche Bastion. Klare, korrekte Zimmer, nach hinten raus auch ruhig, DZ 44–52 €. Honettes Restaurant, Menü 18–29 €.
Auberge du Château: Val-de-Mercy, 3, rue du Pont, Tel. 03 86 41 60 00, Fax 03 86 41 73 28. Mitte Jan.–Ende Feb. geschl. Villa vom Anfang des 20. Jh. Nur vier Zimmer, dazu eine Suite. Weiße Wände, rosa Vorhänge und Bettüberwürfe, das eine oder andere antike Stück. DZ 63–74 €. Restaurant: Chef de Cuisine Jacques Delfontaine serviert Gâteau von Gambas und Krebsen mit einem Kaviarklößchen, das auf Gurkensud schwimmt. Etwas einfacher die Lammnüßchen mit Akazienhonig.

Train des Vallées de l'Yonne: Tel. 03 86 94 64 14, www.lyonne.com, Juni–Sept. Nostalgischer Schienenbus der 1950er Jahre durch das Yonne-Tal (Auxerre–Clamecy).

Joutes clamecycoises: Am 14. Juli findet das traditionelle Fischerstechen statt. Wer zuletzt nach den 1898 schriftlich festgelegten Regeln auf dem Boot übrigbleibt, wird als *Roi sec* (trockener König) gefeiert. Die anderen sind bei den Wettkämpfen nach und nach ins Wasser geschubst worden.

DER LANGE KAMPF DER HOLZFLÖSSER

In Clamecy gab jahrhundertelang die Confrérie St-Nicolas, die Bruderschaft der Holzflößer, den Ton an – ab hier ist die Yonne schiffbar. In Clamecy zurrte man die in den Wäldern des Morvan geschlagenen Stämme zu *›trains‹*, 75 m langen Flößen zusammen. Nach knapp zwei Wochen war Paris erreicht. 1547 verließ der erste *›train‹* Clamecy. 1804 stammte 90 % des in der Hauptstadt verfeuerten Holzes aus dem Morvan. Wenn die Flößer wegen der lächerlich geringen Löhne streikten, schickte man das Militär zur Niederschlagung: Holzmangel in Paris bedeutete Unruhe in der Bevölkerung. 1880 verließ der letzte *›train‹* Clamecy. Seit 1834 schon wuchs die Konkurrenz durch Lastkähne auf dem eröffneten Canal du Nivernais. Erst 1923 aber wurden das letzte Mal Holzscheite lose von Clamecy aus auf die Reise geschickt. Flussschiffe ersetzten von da an die Arbeit der Flößer. Als 1927 im Quartier Bethléem, dem ehemaligen Viertel der *flotteurs de bois,* der Holzflößer am linken Yonne-Ufer, Notre-Dame-de-Bethléem geweiht wurde, war die Zeit der Confrérie St-Nicolas, die hier ihren Schutzheiligen verehrt, bereits passé. Die Kirche der Holzflößer ist ein Art Déco-Bau mit geduckter Kuppel, ganz aus Beton. Bis 1963 hatte das Viertel und damit die Kirche einen eigenen Pfarrer. Seitdem verfällt der seltsame, vom Zahn der Zeit angefressene Bau allmählich. Seit 2000 steht Notre-Dame-de-Bethléem unter Denkmalschutz, immerhin. Ungefähr seit dieser Zeit wird auch die Erinnerung an die stolze Geschichte der Holzflößer wiederbelebt. 4000 Menschen lebten in Clamecy einst vom Holzhandel. Heute zählt die Confrérie St-Nicolas nur eine Handvoll aktiver Mitglieder, deren Stolz vor allem die Geschichte eines über Jahrhunderte währenden Widerstands ist. Widerstand zunächst gegen die Pariser Obrigkeit. Als sich 1851 Napoléon III per Staatsstreich zum Kaiser der Franzosen machte, kam es in Clamecy zu einem der größten Aufstände im Land. Das Militär schlug die Rebellion nieder. Dutzende wurden guillotiniert, Hunderte nach Französisch Guyana und Algerien deportiert. Widerstand später gegen die deutsche Besatzung im Zweiten Weltkrieg. In Clamecy entstand im Sommer 1940 der Maquis du Loup, ein Résistance-Netz unter Führung des Friseurs Georges Moreau alias *le loup*, der Wolf. Widerstand gegen Rhône-Poulenc schließlich, den größten Arbeitgeber weit und breit. Als das Chemieunternehmen Anfang der 1980er Jahre seine Fabrik schließen wollte, blockierten die Arbeiter tagelang die Stadt. Über Clamecy, die Unterpräfektur des Départements Saône-et-Loire, wurde der Ausnahmezustand verhängt, die Fabrik indes gerettet, wenn auch mit geringeren Beschäftigungszahlen als zuvor. »Der Widerstandsgeist der Holzflößer lebt weiter«, freut sich Maurice Viodé, der im Sitz der Confrérie St-Nicolas ein kleines Museum zu Ehren der *flotteurs de bois* betreut. Schon 1995 trieb anlässlich der ›Internationalen Begegung der Flößerei‹ zum erstenmal seit Jahrzehnten wieder ein *›train‹* die Yonne hinunter. Für die kommenden Jahre verspricht die Confrérie St-Nicolas eine alljährliche Wiederaufnahme der Tradition.

CHABLIS UND DAS TAL DES SEREIN

Weltbekannt dank seiner Weine ist Chablis, fast unbekannt hingegen das Tal des Serein, an dem das Winzerstädtchen liegt. Serein bedeutet ›heiter‹ – ebenso ist das Tal, vor allem im Abschnitt südlich von Chablis.

Chablis

Burgund-Atlas: S. 233, D 3
Alljährlich feiert sich das in die sanften Hügel am Serein gebettete Städtchen mit dem Weinfest La Saint-Vincent Tournante. Dessen Geschichte ist jünger als die mittelalterlichen Kostüme der Teilnehmer ahnen lassen: 1949 wurde das Fest aus der Taufe gehoben, um dem Chardonnay aus Chablis zu Ansehen zu verhelfen. Es war der Beginn einer grandiosen Erfolgsgeschichte. Der Ortsname Chablis ist heute weltweit synonym für hochwertigen trockenen Weißwein. Vier Appellationen begründen den Ruf des charmanten Winzerstädtchens: Petit Chablis, Chablis, Premier Cru und Grand Cru. 19 Dörfer im AOC-Gebiet beiderseits des Serein dürfen sich das begehrte Chablis-Label aufs Etikett schreiben. Die besten Lagen findet man im Dorf Fyé und Chablis selbst. Sieben so genannte ›climats‹ teilen sich auf dem rechten Ufer des Serein die allerhöchste AOC-Stufe ›Grands Crus‹. Insgesamt umfasst ihre Fläche nur 100 des knapp 500 ha großen Anbaugebiets.

Um die Qualität der hellen Schieferkalkböden wussten vor 900 Jahren bereits die Zisterziensermönche der mächtigen Abtei Pontigny (s. S. 178). Daran erinnert noch heute **Le Petit Pontigny,** die ehemalige Sommerresidenz der Äbte, zur der auch ein abteieigener Weinkeller gehörte. Vom Originalbau erhalten blieb nur der 870 Jahre alte Gewölbekeller. Den Rest brannten aufgebrachte Protestanten im 16. Jh. nieder. Im bald wieder aufgebauten Petit Pontigny tagt heute die Winzerbruderschaft der ›Piliers Chablisiens‹. Im Hof ist eine Weinpresse des 12. Jh. ausgestellt.

Chablis' größte Sehenswürdigkeit ist unübersehbar: Die frühgotische Kirche

Nicht für jeden Geschmack

Die beste Andouillette bekommt man in der Metzgerei ›La Maison de l'Andouillette de Chablis Soulié‹. Verkauft wird die Innereienwurst nach Meter und Gewicht (3bis, place du Général-de-Gaulle, Chablis, Tel. 03 86 42 12 82).

St-Martin von 1170 ziert seit 1857 ein neogotischer Dachreiter von Viollet-le-Duc. Am Südportal sind Hufeisen angebracht – es sind Ex-Votos für den heiligen Martin, Schutzpatron von Chablis.

In der Nähe des Rathauses steht die **Porte Noel,** ein barockes Stadttor mit zwei Rundtürmen (1775).

Office de Tourisme: 1, quai du Biez, Tel. 03 86 42 80 80, www.chablis.net.

Camping Municipal du Serein: Quai Paul-Louis-Courier, Tel. 03 86 42 44 39, Fax 03 86 42 49 71, www.chablis.net. Städtischer Platz, 2 ha, 50 Plätze. Badeteich in der Nähe, Mountainbike-Verleih.

Hostellerie des Clos: 18, rue Jules-Rathier, Tel. 03 86 42 10 63, Fax 03 86 42 17 11. Das stattliche Anwesen mit Mauerumfriedung, Garten und Kapelle war ursprünglich ein im Mittelalter gegründetes Hospiz. Gediegene Zimmer. DZ ab 50 €. Restaurant: Haute Cuisine mit Schneckenfricassee in Petersilieguss, auf seiner Haut gegrillter Zanderrücken in Chablis-Sauce, Kalbsnierchen in einem Chablis-Jus. Menü 33–74 €.

Le Vieux Moulin: 18, rue des Moulins, Tel. 03 86 42 84 44. Andouillette de Chablis als Hauptspeise mit Senfkörnern oder als Entrée in einer Terrine. Unter dem Saal der ehemaligen Kornmühle fließt der Serein. Menü 17–40 €.

Wein kaufen:
Le Petit Pontigny ist der Sitz des Bureau Interprofessionnel des Vins de Bourgogne, B.I.V.B., der Standesvertretung der burgundischen Winzer. Das B.I.V.B. informiert über alle Weinfeste und -märkte im Lauf des Jahres. Rue de Chichée, Tel. 03 86 42 42 22.
Domaine Servin: 20, avenue d'Oberwesel, Tel. 03 86 42 12 94, Mo–Sa 8–12, 14–18 Uhr. Chablis-Weine, Premiers Crus und Grands Crus.
Domaine Vocoret: 9, chemin de Beaune, Tel. 03 86 47 51 60. Yvon Vocoret setzt auf fruchtige Weine mit Aromen von Melone bis Zitronenmelisse.
Domaine Billaud-Simon: 1, quai de Reugny, Tel. 03 86 42 10 33. Mo–Fr 9–12, 14–18 Uhr. Spitzenweingut, Chablis Premier Cru. Die besten Lagen heißen Mont-de-Milieu und Les Preuses. Elegante Weine mit luftigem Charakter.
La Chablisienne: 8, boulevard Pasteur, tägl. 9–12, 14–18 Uhr. Der ultramoderne Genossenschaftsbetrieb hat eine Kellermeisterin: Nathalie Sèvres beste Resultate sind der Premier Cru Fourchaume sowie die Cuvée La Chablisienne.

Le Vieux Moulin in Chablis

Markt: So morgen
La Maison de l'Andouillette de Chablis Soulié: s. Tippkasten S. 176

Wandern: Sechs ausgeschilderte Wanderwege (8–33 km), Pläne beim Office de Tourisme.

St-Vincent tournante: Jedes Jahr organisiert ein anderes der 19 AOC-Dörfer das größte Weinfest im Chablis-Gebiet mit Prozessionen, Umzug der Winzerbruderschaft (Anfang Feb.).
Fête des Vins: Bankett zum Ende der Weinlese (viertes Wochenende im Dez.).

Im Tal des Serein

Pontigny

Burgund-Atlas: S. 232, C 2
Die Abtei Pontigny (Winter 10–17, sonst 9–7 Uhr) wurde 1114 als ›Cîteaux' zweite Tochter‹ gegründet. Mit der Klosterkirche Notre-Dame-de-l'Assomption entstand ein gewaltiger Bau, der wie eine Erscheinung auf den flachen Äckern am linken Serein-Ufer wirkt. Mit der Vorhalle misst die größte erhaltene Zisterzienserkirche stolze 119 m. Pontigny ist ein prominentes Schaumodell für den Übergang von der Romanik zur Gotik. Vom eigentlichen Baugeschehen am Gotteshaus ist nicht ein Dokument erhalten. Über 20 000 Dokumente über die Zisterzienserkirche konnte die amerikanische Historikerin und Archäologin Terryl Kinder, die ihr Lebenswerk Pontigny gewidmet hat, allerdings in Archiven quer durch Europa aufstöbern. Nach der Auflösung des Klosters im Zug der Französischen Revolution 1791 erfolgte der Abriss des Klosters, von dem die Kirche allerdings verschont blieb. So steht vom barocken Kloster nur ein Flügel auf der Nordseite der Kirche, die heute das Gotteshaus der Pfarre ist. Innen kontrastiert das erhaben schlichte Bauwerk des 12. und 13. Jh. mit dem monumentalen Lettner und dem reich verzierten Chorgestühl aus dem 17.–18. Jh. Auch das Grabmal des heiligen Edme hinter dem Altar, der 1240 verstarb, passt nicht so recht zum puristischen Zisterzienserstil – der Schrein stammt aus dem 19. Jh. Den eindrucksvollsten Blick auf den Bau hat man übrigens vom Friedhof hinter der Kirche!

Office de Tourisme: 22, rue Paul Desjardins, Tel. 03 86 47 47 03.

Pentecôte à Pontigny: Konzerte, Konferenzen, Ausstellungen und thematische Führungen zu Pfingsten. Programm über Les Amis de Pontigny, B.P. 6, Tel. 03 86 47 54 99.

Zwischen Pontigny und Noyers

Burgund-Atlas: S. 233, D 3
Weiter flussaufwärts gehört **Ligny-le-Châtel** bereits zum Weingebiet von Chablis. Die Kirche vereint Romanik (Portal) und Renaissance (Chor). Die Madonna mit den Trauben in der Kirche stammt aus dem 16. Jh. Die Maison de la Reine de Sicile (13.–16. Jh.) ist ein stattlicher Profanbau mit dem Wappen von Marguerite de Bourgogne an der Fassade.

Auch **Maligny** ist ein hübsches Winzerdorf am Serein, diesmal mit einer

Markthalle von 1527 und einem Schloss, das nach und nach renoviert wird.

Südlich von **Chablis** (s. S. 176) windet sich der Serein Schlinge um Schlinge durch sein Tal. Am Ufer reihen sich hübsche Dörfer: **Chichée** mit viel Gassenromantik, **Poilly-sur-Serein** mit imposanter Renaissancekirche, dann **Moutot** mit dem Château de Luynes.

Chambres d'hôte Le Caloumier: Arton, 5, rue de la Fontaine, Tel. 03 86 82 67 81, www.lecalounier.fr. Gehöft etwas vom Serein entfernt im Weiler Arton. Helle Natursteinmauern, weiße Fensterläden, samtrote Bauernrosen, vier lichte Gästezimmer. DZ 51 €, HP 89 € für 2 Pers., Frühstück inklusive. Table d'hôte 19 €, Wein nicht inbegriffen.

Noyers-sur-Serein

Burgund-Atlas: S. 233, D 3
Schließlich ist Noyers-sur-Serein erreicht, in das man sich durch die beiden Stadttore **Porte de Tonnerre** und **Porte Peinte** einfädelt. Das Bilderbuchdorf mit mittelalterlichen Türmen, Fachwerkhäusern, Arkaden und rumpeligen Gassen zählt zum Kreis der ›schönsten Dörfer Frankreichs‹.

Schmucke Plätze wie die **Place du Grenier à sel** oder die **Place du Marché-au-Blé** laden zum Verweilen ein. Nobel kommt das barocke **Hôtel-de-Ville** am gleichnamigen Platz daher. In einem 500 Jahre alten Bau stellt die **Maison du Schématisme** Avantgarde-Kunst der 1960er Jahre aus (10, place de l'Hôtel de Ville, April–Okt. Sa, So 14–19 Uhr).

Heimelig wirkt dagegen die **Rue du Poids-du-Roy.** Ein lauschiger Spaziergang verläuft längs der Mauern am Ufer des Serein (Chemin des Fossés).

Syndicat d'Initiative: Noyers-sur-Serein, 22, place de l'Hôtel de Ville, Tel./Fax 03 86 82 66 06, www.noyers-sur-serein.com.

Hôtel de la Vieille Tour: Noyers-sur-Serein, 59, place du Grenier-à-Sel, Tel. 03 86 82 87 69, Fax 03 86 82 66 04. Verwinkelter Bau mit Turm aus dem 12. Jh., alte Fliesenböden, offene Balken, moderne Kunst, DZ 35–55 €. Table d'hôtes auf Reservierung abends, 15 €.

Liqueuriste Robert Gueniffey: s. Tippkasten unten
Charcuterie Denis Paillot: Noyers-sur-Serein, köstliche Wurstwaren.

Von Noyers-sur-Serein bis L'Isle-sur-Serein wird die Strecke längs des Flüsschens noch eine Spur lauschiger. Dichter Wald säumt das Ufer. In **Dissangis** fällt das alte Waschhaus ins Auge, in **Civry** die Dorfkirche mit romani-

Süß & hochprozentig

Liqueuriste Robert Gueniffey (Rue de la Gare, Noyers-sur-Serein, 10–12.30, 15–18.30 Uhr, Boutique am Hôtel de Ville) produziert die beste Crème de Cassis weit und breit. Auch nicht schlecht: Weinbergpfirsich-, Kirsch-, Himbeer- und Pflaumenlikör.

schem Portal. **L'Isle-sur-Serein** verdankt seinen Namen einer Insel im Serein, auf der ein Schloss aus dem 14.–18. Jh. steht. Ansonsten gibt es viel Landatmosphäre.

Zauberhaft ist erneut **Montréal-sur-Serein**, einst Sitz einer mächtigen Adelssippe. Zu deren Hinterlassenschaft gehören zwei Tore, die Porte d'En-Bas zum Dorf selbst und die Porte d'En-Haut über dem Dorf, die auch als Glockenturm diente. Reich mit Alabasteraltar des 15. Jh. und einem Eichenholzchorgestühl des 16. Jh. ausgestattet ist die frühgotische Dorfkirche. Vom Aussichtspunkt (›Panorama‹) geht der Blick dann ein letztes Mal über das Tal.

Auberge du Pot d'Etain: L'Isle-sur-Serein, 24, rue Bouchardat, Tel. 03 86 33 88 10, Fax 03 86 33 90 93, Feb. geschl., Restaurant außer Juli–Aug. So abend, Mo geschl. Mit wildem Wein beranktes Gemäuer, behutsam restauriert. Klare, heimelige Zimmer, DZ 56–70 €. Exzellentes Restaurant, Menü 23–49 €.

Ferme-Auberge de l'Huilerie: Dissangis, Famille Riotte, Tel. 03 86 33 95 56. Zünftig speisen auf dem Hof der Familie Riotte, nur auf Vorankündigung, Menü ab 15 €.

Le P'tit Train de l'Yonne: L'Isle-sur-Serein, Route de Coutarnoux, Tel, 03 86 33 93 33, www.massangis.com, Mai–Sept. So 14.30–17.30 Uhr im Halbstundentakt. Bimmelbähnchen von Massangis bis Civry, leider nur 5 km.

Ländliche Freuden in L'Isle-sur-Serein

HERAUSGEPUTZTE LANDPOMERANZEN – ›LES PLUS BEAUX VILLAGES DE FRANCE‹

Die knallgrüne Dorfsilhouette krönt der obligatorische Kirchturm. Darunter blühen drei dicke rote Blumen – so wie am Ortseingang von Noyers-sur-Serein begegnet dem Burgundreisenden das Logo von ›Les Plus Beaux Villages de France‹ noch an vier weiteren Orten. Zum handverlesenen Kreis der ›schönsten Dörfer Frankreichs‹ zählen neben dem Dorf im Tal des Serein Châteauneuf-en-Auxois, Flavigny-sur-Ozerain, Semur-en-Brionnais und Vézelay. Der gemeinnützige Verein entstand 1982. Anfangs firmierte man unter dem Namen ›Die hundert schönsten Dörfer Frankreichs‹. Frankreich aber ist gesegnet mit schönen Dörfern: Die ›hundert‹ fiel bald aus dem Namen und der Kreis erweiterte sich auf heute 141 Mitgliedsdörfer. Ende offen. Dörfer, die aufgenommen werden möchten, müssen nicht nur mit einem geschlossenen historischen Ensemble sowie außergewöhnlichen Architekturschätzen locken, sondern dürfen obendrein nicht mehr als 2000 Einwohner zählen. Schließlich liegt das eigentliche Ziel des Vereins in der Förderung des Tourismus auf dem Land. Einmal aufgenommen, fließen die Zuschüsse für Restaurierungsprojekte reichlich, was freilich nicht jedem Dorf gut bekommt. In manchen Fällen wirken die Gassen wie herausgeputzte Freilichtmuseen. Bei Noyers-sur-Serein, das sein spätmittelalterliches Bild im Schutz von Stadtmauer und 16 Türmen bewahren konnte, ist dies nicht der Fall. Die Mischung aus properen Blumenkübeln und rumpeligem Pflaster stimmt. Auch Semur-en-Brionnais überzeugt mit gelbrosa Fassaden, die sich um die romanische Kirche gruppieren. Das bäuerliche Milieu des Brionnais prägt das Ensemble auch nach der Kür zu einem der ›schönsten Dörfer Frankreichs‹. In Châteauneuf-en-Auxois bröckeln die wuchtigen Mauern der Burg wie eh und je. Der Rest des Dorfs kommt angenehm unaufgeregt daher. Der Weg zum Zweitwohnsitz betuchter Städter scheint freilich vorgezeichnet: zu nah liegt das Burgdorf an Dijon, zu bequem ist die Anreise über die nahe Autobahn selbst für Pariser. Bei insgesamt 83 Einwohnern dürften die ›Städter‹ in absehbarer Zeit in der Mehrheit sein. Flavigny-sur-Ozerain ist mindestens so stolz auf seine Anisbonbons wie auf den Titel als eins der ›schönstes Dorfer Frankreichs‹. Lokalpatriotismus verhindert hier Sanierungsexzesse. Zudem bringt das Dorf mit einem Musikfestival und dem Straßentheaterfest ›La Foire de St-Simon‹ Leben in die alten Gemäuer. Nur Vézelay leidet ein wenig unter der Berühmtheit. An der Dorfstraße gibt es mehr Boutiquen und Lokale als Wohnhäuser – was eher an der Zugkraft der als Weltkulturgut von der UNESCO geschützten Wallfahrtskirche als am Ehrentitel liegt. Da die meisten Läden spätestens ab Allerheiligen bis zum Frühjahr schließen, wirkt das gesamte Dorf im Winter wie ausgestorben. Vézelays Schönheit tut's keinen Abbruch. Dem etwas zu aufgeräumten Charme seiner Gassen hingegen schon (www.villagesdefrance.free.fr).

Von Tonnerre in das Tal der Seine

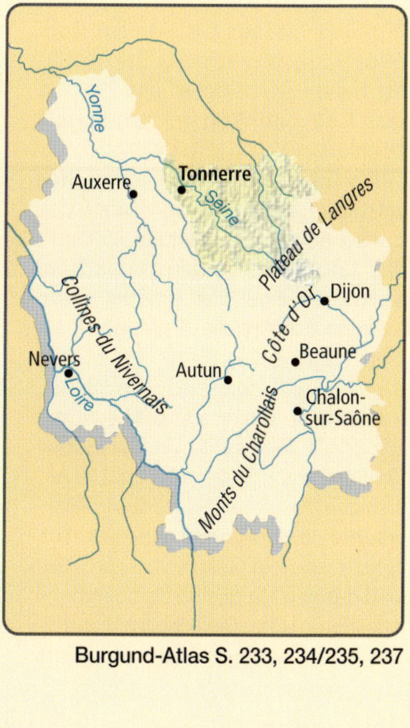

Am Canal de Bourgogne

Burgund-Atlas S. 233, 234/235, 237

TONNERRE UND TONNERROIS

Seit der Reblauskrise des 19. Jh., als links und rechts des Armançon fast alle Reben vernichtet wurden, fiel Tonnerre in eine Art Dornröschenschlaf. Das Erwachen macht Mühe. Zu stark ist die Konkurrenz durch die erfolgreichen Winzer im benachbarten Chablis. Die meisten Touristen fahren durch – und verpassen mit Tonnerre ein Städtchen mit gestrigem Charme.

Tonnerre

Burgund-Atlas: S. 233, D 3
Wie ein Amphitheater baut sich Tonnerre über dem Armançon und dem Canal de Bourgogne auf. Torodurum (Festung) hieß der Ort auf dem Mont Bellant zu gallo-römischer Zeit. Anmutig ziehen sich Dächer und Gassen vom Ufer zum Wald auf den Hügeln hoch.

Der Blick bleibt am gewaltigen **Hôtel-Dieu** hängen: Die Dachfläche des gotischen Hospizes beträgt 4500 m². Der 1293 errichtete Bau gilt mit 90 m Länge als einer der größten Krankensäle Frankreichs (Führung Juni–Sept. tägl. außer Di 10, 11, stündl. 13.30–17.30, sonst Sa, So stündl. 13–18 Uhr). Davor erstreckt sich mit der Place Marguerite de Bourgogne Tonnerres gute Stube. Im barocken Anbau des Hospizes ist das **Musée Marguerite de Bourgogne** untergebracht. Erklärt wird die Geschichte der Stadt und des von Marguerite de Bourgogne gestifteten Hôtel-Dieu, auch anhand eines originalgetreuen Krankenzimmers von 1850. Besonders sehenswert sind die polychromen Plastiken des 13. Jh. (Ostern–Mai, Okt.–Nov. Sa, So 10–12, 13.30–18.30, Juni–Sept. tägl. außer Di 10–12, 13.30–18.30 Uhr).

Mit der **Fosse Dionne** lockt eine zweite Sehenswürdigkeit ersten Ranges. Das von einem Mauerrund gefasste Quellbecken der Dionne verbirgt einen 28 m tiefen Schacht. Das helle Kalkgestein verleiht dem Wasser eine zwischen Grün und Blau changierende Farbe. Ursprünglich war die Fosse der keltischen Quellgöttin Divona geweiht, daher ihr Name. Von 1758 bis in das späte 20. Jh. wurde die Quelle als städtisches Waschhaus genutzt.

Gassen führen vom Wasserloch hoch zur gotischen Pfarrkirche **St-Pierre,** die 1556 im Renaissance-Stil umgebaut wurde. Von der Anhöhe schweift der Blick über die Altstadt und über den Armançon zum Hügel des Mont Voutois, auf dem die Ruine des Benediktinerklosters St-Michel de Tonnerre zum Hotel umgebaut wurde.

So still bis verlassen die Altstadt wirkt, so munter wirkt die Szenerie am

Canal de Bourgogne. Die neuen Hafenanlagen locken Hausboottouristen an, die beim Anblick der Stadtsilhouette flugs den Anker werfen.

Auch als Stadt des Weinbaus beginnt sich Tonnerre allmählich wieder zu behaupten, nachdem die Reblaus am Ende des 19. Jh. fast alle Reben zerstört hatte. Damals geriet Tonnerre ins wirtschaftliche Abseits, seit damals gleicht das Tonnerrois nicht mehr einem weiten Rebenmeer. Stolz sind die Winzer des Tonnerrois jedoch, dass im Winzerdorf **Bernouil** (12 km nordwestl.) die vermutlich ältesten Weinstöcke Frankreichs das Desaster überstanden.

Office de Tourisme: 12, rue François-Mitterrand, Tel. 03 86 55 14 48, www.tonnerre.fr.

Château de Vaulichères: Vaulichères (4 km nordöstl.), Tel. 03 86 55 02 74, Fax 03 86 55 37 57, www.vaulicheres.com. Chambres d'hôtes im oberen Stock eines schmucken Winzerschlosses, mit Blick auf Reben und Park. Küche, Terrasse im Erdgeschoss, DZ 71 €. Winzer Olivier Refaix produziert rote AOC Epineuil, weiße, lebendige Chardonnay.

Camping:
Camping La Cascade: Avenue Aristide Briand, Tel. 03 86 55 15 44, Fax 03 86 55 30 64, April–Sept. Schattiger, kleiner Platz am Ufer eines Flüsschens, 2 km außerhalb. 2 Pers. plus Auto 8 €.

Auberge de Bourgogne: Route de Dijon, Tel. 03 86 54 41 41, Fax 03 86 54 48 28. Neubau in Richtung des Winzerdorfs Epineuil. Zimmer nach hinten mit hübscher Aussicht, DZ 49–55 €. Restaurant So abend, Mo geschl.: Gute Gerichte – *Bœuf bourguignon!* Menü 16–28 €.

Le Saint-Père: 2, rue Georges Pompidou, Tel. 03 86 55 12 84, So abend, Winter auch Mi geschl. Ein Landgasthof mitten in der Stadt. Kleine Hofterrasse, netter Saal. Der *Patron* sammelt Kaffeemühlen, Menü 14–40 €.

Le Caveau des Fontenilles/Les Viticulteurs du Tonnerrois: Place Marguerite de Bourgogne, Tel. 03 86 55 06 33. Wein (Chardonnay und Pinot noir), Verkostung und Verkauf im Informationsladen von sechs Winzern aus Tonnerre und Umgebung, die ein Viertel der Anbaufläche repräsentieren.

Mountainbiking und **Wandern**, s. Tippkasten S. 186

Zug: Bahnhof Place de la Gare, tägl. Verbindungen nach Paris, Dijon, Lyon, Marseille, Tel. 08 36 35 35 35.

Im Tonnerrois

Burgund-Atlas: S. 233, D/E 3
In **Bernouil** hat nicht nur eine der mutmaßlich ältesten Reben Frankreichs die Jahrhunderte überstanden: An der Straße nach Dyé sind zudem Reste der Römerstraße von Alise Ste-Reine nach Sens erhalten.

Vor den Toren von Tonnerre gilt **Epineuil** als der Ort, in dem 1979 dank Rebneupflanzungen die Wiedergeburt des Weins im Tonnerrois eingeleitet wurde. Die Domaine de l'Abbaye du Petit Quincy wurde 1212 von Zisterziensern gegründet – und produziert auf

Begegnung auf dem Kanal

25 ha respektable Rotweine (Verkauf und Probe, Tel. 03 86 55 32 51).

In einem Talgrund weiter nordöstlich wurde auch **Molosmes** im 6. Jh. von Mönchen gegründet. An die Mönche erinnert die Renaissancekirche im Dorf. Als der prächtige Bau im 16. Jh. fertiggestellt wurde, war die Benediktinerabtei bereits ins 3 km entfernte **St-Martin-sur-Armançon** umgezogen. Geblieben sind von der dortigen neuen Abtei nur ein paar Ruinen am Ortsrand.

In aller Pracht empfängt hingegen das **Château de Tanlay**. Den Vorplatz auf der Dorfseite schmücken die klassizistische Kirche und eine hölzerne Markthalle. Das Renaissance-Schloss ist von Wassergräben und herrlichen Gartenanlagen umgeben. Obelisken und ein mit Säulen geschmückter Vorbau führen in den Schlosshof. François d'Andelot, der Bruder des Hugenottenanführes Gaspar de Coligny, hat die Anlage 1560 in Auftrag gegeben. Aber erst 1642 erhielt Tanlay durch den neuen Besitzer und königlichen Finanzminister Michel Particelli seine vollendete Renaissanceform – die Einrichtung aus dieser Zeit ist weitgehend erhalten (April–Mitte Nov. Di auf Ankündigung. Führungen stündl. 9.30–11.30, 14.15–17.15 Uhr, Tel. 03 86 75 70 61).

Cruzy-le-Châtel entpuppt sich als charmantes, mittelalterliches Dorf, in dem der französische Revolutionsarchitekt Claude-Nicolas Ledoux eine nüchtern-klassizistische Pfarrkirche hinterlassen hat: St-Barthélemy rückte jedoch erst kürzlich wieder ins Rampenlicht, nachdem international renommierte Architekten wie Pei, Boffil und Portzamparc sich für die Renovierung der Kirche engagierten. Den Schlüssel gibt es bei M. und Mme. Batréau vom Chambre d'hôtes um die Ecke!

Los geht's

Die sanften Hügel des Tonnerrois sind ideal geeignet für Mountainbike-Touren und Wanderungen. Etliche Touren sind in der näheren Umgebung ausgeschildert. Die Broschüren gibt es im Office de Tourisme von Tonnerre.

Der Canal de Bourgogne von Tonnerre bis Fontenay

Burgund-Atlas: S. 233, E 3-4
Zu den unter Hobbykapitänen beliebtesten Wasserstraßen Burgunds gehört der im 19. Jh. vollendete **Canal de Bourgogne**. Der Kanal verbindet die Flüsse Saône und Yonne, die wiederum in die Seine mündet. Anders gesagt, mit dem Canal de Bourgogne hat Burgund einen Wasserweg direkt ins Pariser Becken.

Unweit vom Ufer erhebt sich 19 km südlich von Tonnerre das Schloss von **Ancy-le-Franc** (April–Mitte Nov. tägl. außer Mo Führungen 10.30, 11.30, 14, 15, 16 Uhr. Juni–Aug. auch 17 Uhr, www.chateau-ancy.com). Der klar gegliederte Feudalbau aus hellem Sandstein, gekrönt von einem dunklen Schieferdach, wurde von dem Italiener Sebastiano Serlio im 16. Jh. erdacht. Die einstigen Wassergräben sind zugeschüttet worden. Es blieb die makellose Eleganz eines von vier Eckpavillons gerahmten Renaissanceschlosses im italienischen Stil. Die Salons mit ihren grandiosen Decken und Fresken gehören zu den spektakulärsten Renaissance-Interieurs Frankreichs – im prachtvollen Salon bleu hat sogar der Sonnenkönig 1674 sein Haupt gebettet.

Weiter den Kanal entlang ist in **Nuits** das nächste Schloss erreicht. Das Château de Nuits (April–Sept. Führungen 9.30–11.30, 14–17.30 Uhr, Tel. 03 86 55 71 80) wurde im 16. Jh., ebenfalls im Renaissance-Stil errichtet. Die Ostfassade flankieren zwei Pavillons mit pyramidenförmigen Dächern, die Westfassade gliedern Pilaster und auffallend hohe Fenster. Dies Schloss jedoch sollte nicht nur gefallen, sondern auch verteidigen: Der Bau am Ufer des Armançon, der parallel zum Kanal verläuft, diente dazu, das Tal zu überwachen. Innen beeindrucken die mit Wappen gezierten Kamine. An der unweit des Schlosses um 1740 errichteten Brücke erinnert ein Obelisk daran, dass hier die Grenze zwischen Burgund und Champagne verlief.

Buffon gilt als Wiege der Industrialisierung von Burgund. Im Dorf am Zusammenfluss von Armançon und Brenne ließ sich 1769 Georges Louis Leclerc (1707–88), späterer Conte de Buffon, nieder und gründete die Grande Forge (April–Sept. 10–12, 14.30–18 Uhr, sonst auf Ankündigung, Tel. 03 80 92 10 35). Das von Wasserkraft betriebene Hüttenwerk ist ein frühindustrielles Ensemble mit Werkstätten, Hämmern, Arbeiterwohnungen und sogar einem ›Theater‹ – die schmiedeeiserne Treppe hoch zur Galerie, von der der geladene Adel das Treiben am Hochofen beobachten konnte, stammt selbstverständlich aus eigener Produktion.

Der Naturwissenschaftler, Aufklärer und Unternehmer Georges Louis Leclerc stammte aus **Montbard**. Hier wurde er in einer Seitenkapelle der Kirche St-Urse beigesetzt (Chapelle Buffon). Das Musée Buffon in den ehemaligen Stallungen des Parc Buffon erinnert an Leben und Werk (April–Okt. Mi–So 10–12, 14–18, Nov.–März Mi–Fr 14–17, Sa, So 10–12, 14–17 Uhr). Der Parc Buffon selbst geht auf Leclerc zurück. 1744 ließ er die alte Burg bis auf zwei Türme niederreißen und den englischen Park mit 14 Terrassen anlegen. Die verbliebenen Türme dienten ihm als Bibliothek (Tour St-Louis, nur mit Führung, April-Sept. 10, 11, 14, 15.15, 16.30 Uhr) und Aussichtspunkt (Tour de l'Aubespin).

Office de Tourisme: Montbard, Place Henri Vincenot, Tel. 03 80 92 53 81, www.ot-montbard.fr.

Château de Malaisy: Fain-lès-Montbard (6 km südöstl. von Montbard), Tel. 03 80 89 46 54, Fax 03 80 92 30 16. Herrenhaus des 17. Jh. mit 15 ha Park (Rotwild, Pferde, Schafe, Ziegen). Ländlich still. Pool, Sauna, DZ 85–108 €. Wintergartenrestaurant und bürgerlicher Saal, gehobene Küche: Hähnchen mit Morcheln, Schnecken in Petit Chablis, Menü 24–58 €.
Le Moulin: Ancy-le-Franc, Chemin de Halage, Tel. 03 86 75 02 65, Fax 03 86 75 17 97, www.moulin-ancy.com. Vier Suiten (eine davon hat 150 m^2 mit Dachterrasse!) und eine Chambre d'hôtes in einer herrschaftlichen Wassermühle des 17. Jh., auf einer 2 ha großen Insel. Mountainbikes, Kanus. 57–68 € für 2 Pers., 83 € für 3 Pers. Große Suite 130–183 €, reichhaltiges Frühstück inklusive.
Hôtel de l'Ecluse N° 79: Cassignelles, Tel. 03 86 75 18 51, Fax 03 86 75 02 04. Netter Landgasthof am Canal de Bourgogne, lohnt allein wegen der Terrasse zum Kanal. Einfache Zimmer, DZ 50 €, honette Küche, Menü 18–30 €. Fahrradverleih!

Camping Municipal: Montbard, Rue Michel Servet, Tel./Fax 03 80 92 21 60. Städtischer Platz, 9,50 €/2 Pers.

Mit Chalets (je nach Saison 100–226 €/Woche), Tennis, Schwimmbad gegenüber.

Fontenay

Burgund-Atlas: S. 233, D 4
Fontenay ist die am besten erhaltene Zisterzienserabtei Burgunds, gegründet 1118 vom heiligen Bernard. Fontenay steht seit 1981 auf der UNESCO-Liste des Weltkulturerbes, denn der Bau ist nicht nur ein Manifest zisterziensischer Baukunst, sondern entspricht zudem weitgehend dem Originalzustand. Und dies, obwohl die Abtei in der Französischen Revolution zur Papierfabrik umfunktioniert wurde. Oder gerade weil?

Da wäre zunächst die Lage: die Abbaye de Fontenay duckt sich in ein Bachtal, was das Ordensleben erst ermöglichte: Fisch war ein Hauptbestandteil der Zisterzienserküche. Zu Fischteichen aufgestaute Bachläufe gehören daher zu jeder Zisterzienserabtei. Abgelegen sollte der Bau ebenfalls sein, möglichst in der Wildnis, fernab von Dorf und Stadt. An einer verbummelten Landstraße, der D 32 von Marmagne nach Touillon, liegt die Abtei von Fontenay auch knapp 900 Jahre nach ihrer Gründung noch, umgeben von ausgedehnten Wäldern, und ohne direkte Nachbarn.

Seit der Vollendung der **Abteikirche** 1147 hat das romanische Gotteshaus nur geringfügige Veränderungen erfahren. Die erhaben schlichte dreischiffige Zisterzienserarchitektur hütet die überlebensgroße Steinstatue der Madonna von Fontenay aus dem 13. Jh. Im Chor sind Grabplatten burgundischer Adeliger erhalten, die wie der Altar aus dem 13. Jh. stammen. Eine Treppe im rechten Querschiff führt zum 56 m langen Dormitorium mit einem Dachstuhl aus Kastanienholz.

Auch der **Kreuzgang** blieb mit allen vier eingewölbten Flügeln erhalten – nur das Brunnenhaus fehlt. Von erhabener Nüchternheit sind ebenfalls der **Kapitelsaal**, der bereits die Gotik ankündigt. Der Chauffoir verfügt über zwei gewaltige Kamine – es war der einzige beheizbare Raum des Klosters. Etwas im Abseits folgen der nach alten Vorbildern wieder angelegte Heilkräutergarten, ein Krankensaal (Infirmerie) und die Schmiede, mit der das Kloster kräftig Geld verdiente. Andere Gebäude kamen im Laufe der vielen Jahrhunderte hinzu, so etwa ein Taubenturm, der Hundezwinger, oder das Pförtnerhaus aus dem 15. Jh.

Aus dem 18. Jh. stammt der barocke **Abtspalast,** der den Aynards, den heutigen Besitzern, als Wohnhaus dient. Die Gebrüder Edouard und René Aynard haben die Abtei 1906 gekauft. Heute wird bereits in dritter Generation restauriert und verwaltet – Hubert Aynard hat die Verwaltung jüngst seinem Sohn übergeben. Selten konnte ein Schlüsselbau des christlichen Abendlands so unversehrt in die Moderne gerettet werden (April–11. Nov. tägl. 10–17.30, sonst 10–12, 14–17 Uhr).

Abbaye de Fontenay: Marmagne, D 32, Tel. 03 80 92 15 00, www.abbayedefontenay.com.

DAS AUXOIS

Bienvenue in einer heiteren Landschaft – die Hügel so sanft, die Täler so lauschig, jeder Wiesengrund eine Einladung, sich auszustrecken. Doch es gibt einiges zu sehen im Auxois, vom romantischen Burgdorf bis zum stolzen Schloss. Nicht zu vergessen: ins Auxois kam, hier sah und siegte Cäsar.

Mont Auxois

Burgund-Atlas: S. 233, F 4

Friedlich kauert das Dorf **Alise-Ste-Reine** auf dem steilen Hang des Mont Auxois. Dabei ist der Berg wegen eines gehörigen Säbelrasselns in die Geschichte eingegangen. Nur einen Kilometer von Alise-Ste-Reine entfernt besiegten die 50 000 Legionäre unter der Führung von Cäsar 52 v. Chr. die 80 000 Mann starken Truppen des Gallierfürsten Vercingetorix. Wie Cäsar es trotz widriger Umstände schaffte, ist in seinem ›De Bello Gallico‹ nachzulesen. Das Resultat kennt jedes Kind: Gallien fiel endgültig ans Römische Reich.

Alésia, das keltische Oppidum auf dem Mont Auxois ist heute eine Pilgerstätte der in ihre gallischen Vorfahren vernarrten Franzosen. Von den Palisaden, hinter denen sich die Gallier verschanzt hatten, ist natürlich nichts mehr erhalten. Das Ausgrabungsfeld mit einer 1865 aufgestellten Bronzestatue von Vercingetorix lohnt eher wegen des Ausblicks und des Gefühls, historischen Boden zu betreten (Ende März–Ende Juni, Sept.–11. Nov. 10–18, Ende Juni–Aug. 9–19 Uhr. Führungen durch den Verein ›Pour Alésia‹, Base Archéologique, Tel. 03 80 96 81 03).

Das **Musée d'Alésia** im Dorf zeigt archäologische Funde vom Schlachtenhügel (Öffnungszeiten wie Grabungsgelände).

Office de Tourisme du Pays d'Alésia: Venarey-les-Laumes, Place de Bingerbrück, Tel. 03 80 96 89 13, www.alesia-tourisme.net.

Le Cheval Blanc: Alise-Ste-Reine, Rue du Miroir, Tel. 03 80 96 01 55, außer Feiertage Mo, Di geschl. Landgasthof mitten im Dorf, mit heimeligem Kamin im Saal. Ordentliche burgundische Küche, ohne Nepp. Menü 16 € (mittags) bis 35 €.

Le Martyre de Sainte Reine: Théâtre des Roches, Tel. 03 80 96 04 17. Erbauliches Historienspektakel in einem ehemaligen Steinbruch am Rand des Dorfes Erzählt wird das Martyrium der heiligen Reine, die als wackre Christin für ihren Glauben im 3. Jh. starb. Mit Vesper und Prozession, erster So im Sept.

Château de Bussy-Rabutin

Burgund-Atlas: S. 233, F 4
In die Literaturgeschichte eingegangen ist das **Château de Bussy-Rabutin** wegen der zahlreichen Briefe, die die berühmte Marquise de Sévigné ins Schloss schrieb. Im Château fristete ihr Vetter Roger de Bussy-Rabutin sein Verbanntenleben – Monsieur hatte 1666 wegen Majestätsbeleidigung zwangsweise das Landleben wählen müssen. Obendrein war der Graf ein Libertin und Autor einer skandalträchtigen ›Histoire amoureuse des Gaules‹ – Grund genug, ihn fernab des Versailler Hofes ins Exil zu schicken.

Eine üble Bleibe war und ist das 1649 vollendete frühbarocke Schloss freilich nicht. An den mittelalterlichen Vorgängerbau erinnern nur noch vier Rundtürme. Der Rest glänzt mit dem Prunk des Ancien Régime. Dazu gehören außen die französischen Gärten, drinnen eine Porträtgalerie französischer Könige und Kriegsherren sowie eine Galerie der schönsten Mätressen Frankreichs, der Wappensaal und die Tour dorée im Louis-XIV-Stil (Mitte Mai–Mitte Sept. tägl. außer Mo 9.15–12, 14–18 Uhr, sonst nur bis 17 Uhr, Tel. 03 80 96 00 03).

Nach Bussy-le-Grand lockt zudem das **Musée Gorsline** mit Werken des amerikanischen Malers Douglas Gorsline (1913–85), der von 1965 bis zu seinem Tod in Burgund lebte (Rue des Connets, Juni–Sept. tägl. außer Mo 15–19 Uhr, sonst nach Vereinbarung, Tel. 03 80 96 03 29, www.museegorsline.com).

Flavigny-sur-Ozerain

Burgund-Atlas: S. 233, F 4
Sie erinnern sich an den Film ›Chocolat‹, in dem Juliette Binoche mit himmlischen Süßwaren Johnny Depp verführte? Dann dürfte Ihnen einiges in Flavigny-sur-Ozerain bekannt vorkommen – der Film wurde in diesem Bilderbuchdorf gedreht. Merke, Flavigny-sur-Ozerain gehört zu den ›plus beaux villages de France‹ (s. S. 181), so viel heimelige Kulisse kann kein Studio liefern.

Das Festungsdorf auf einem schmalen Felskamm über dem Flüsschen Ozerain bietet verschlungene Gassen, Treppen, mittelalterliche Stadttore sowie eine **Benediktinerabtei,** die im 7. Jh. von Karl dem Großen gegründet worden sein soll. An das hohe Alter erinnert die karolingische Krypta (8–11.30, 13.30–17 Uhr). Wichtiger noch: In der Abtei fabrizieren Nonnen die ›Anis de Flavigny‹, Anisbonbons, die in hübschen kleinen Blechschachteln verkauft werden.

Point Information: Maison du Donataire, Tel. 03 80 96 25 34, www.flavigny.com.

Ferme-Auberge la Grange: Place de l'Eglise, Tel. 03 80 96 20 62, Juli–Sept. tägl. außer Mo, März–Nov. So und Feiertage geöffnet. Mehrere Bauern der Umgebung bewirtschaften die Ferme-Auberge. Terrinen, Salat mit lauwarmem Ziegenkäse, Hühnchen in Sahne, Kaninchen in Senfsauce... Menü 18 € inklusive Wein u. Café.

La Fabrique d'Anis Troubat: In der Abtei, Mo–Fr Führung 8.30–11 Uhr, zweite Aug.-hälfte geschl. Ursulinennonnen haben im 17. Jh. die Technik zur Herstellung von Anisbonbons erfunden: Ein Aniskorn wird mit Zuckerguss umschlossen, der wiederum in den verschiedensten Geschmacksrichtungen parfümiert ist.

Foire de la St-Simon: Okt., Straßenfest mit Theater, Musik, gastronomischen Spezialitäten.

Von Semur-en-Auxois zur Butte de Thil

Semur-en-Auxois

Burgund-Atlas: S. 237, E 1

Semur-en-Auxois, mit gut 5000 Einwohnern unbestritten so etwas wie die putzmuntere Hauptstadt des Auxois, verblüfft mit einer mittelalterlichen Silhouette hoch über dem Ufer des Armançon. »Die Bürger von Semur sind friedvolle Leute, barmherzig und lieben sich zart und gefallen dem Fremden« – so steht's in altertümlichem Französisch über der **Porte Sauvigny,** aus dem 15. Jh., die mit der davor gelagerten **Porte Guiller** ein doppeltes Stadttor bildet. Man glaubt es gern. Und besichtigt den **Pont Joly,** eine 300 Jahre alte Steinbrücke über den Armançon, wandelt unter den Linden der **Promenade des Remparts,** schaut dabei auf die enge Flussschleife, die sich um die Altstadt auf ihrem Granitsockel legt. Bewundert die runde dicke **Tour de l'Orle d'Or,** wirft einen Blick auf das hübsche kleine Theater gegenüber, um irgendwann vor der **Collégiale Notre-Dame** zu stranden. Die gotische Kirche (13.–15. Jh.) mit dem massiven Westwerk wurde von Viollet-le-Duc im 19. Jh. restauriert. Zu den Schätzen der Innenausstattung zählen eine polychrome Grablegungsgruppe (15. Jh.), die Glasfenster mit Darstellung verschiedener Handwerkerberufe (16. Jh.) sowie ein 5 m hohes spätgotisches Ziborium (tägl. 9–18 Uhr).

Bliebe noch das **Musée municipal** im ehemaligen Jakobinerkloster (17. Jh.), in dem Gemälde von Bouhot, Corot, Blondel, eine geologische und zoologische Sammlung, mittelalterliche Plastik sowie gallo-römische Ausgrabungsfunde gezeigt werden (Rue Jean-Jacques-Collenot, Juni–Sept. tägl. außer Di 10–12, 14–18, sonst nur bis 17 Uhr). Zum Museum gehört auch eine Bibliothek mit 23 000 Büchern und Handschriften, darunter das Messbuch der Anne de Bretagne (Zugang nach Anmeldung, Tel. 03 80 97 24 25).

Office de Tourisme: Semur-en-Auxois, 2, place Gaveau, Tel. 03 80 97 05 96, www.ville-semur-en-auxois.fr.

Les Cimaises: Semur-en-Auxois, 7, rue Renaudot, Tel. 03 80 97 21 44, Fax 03 80 97 18 23. Familiäres Hotel mit gepflegten Zimmern in der Altstadt. Frühstücksterrasse, Garten. DZ 49–58 €.

La Biscuiterie du Mistral: Semur-en-Auxois, Route de Dijon. Seit 1954 Plätzchen wie den *Bâtonnet au beurre* oder den *Chocobeur*.

Course de la Bague: Semur-en-Auxois, seit 1638 veranstaltetes Pferderennen (31. Mai), mit dreitägigem Volksfest.

Si Semur m'était conté: Semur-en-Auxois, 45 Min. Son & Lumière in der Kolle-

»KLAPPE!« – BURGUND IM KINO

Frage: Wo knetete Juliette Binoche Pralinen? In Flavigny-sur-Ozerain, richtig. Das Bilderbuchdorf gefiel Regisseur Lasse Hallström so sehr, dass er im nordburgundischen Dorf den französischen Filmstar mit Johnny Depp für ›Chocolat‹ (2001) vor die Kamera stellte.

Burgunds Bilderbuchdörfer,- städte und -landschaften spielen im französischen Kino eine Hauptrolle. Bei uns im Kinosaal zu sehen war ›Jeanne la Pucelle‹ (›Johanna die Jungfrau‹, 1994) mit Sandrine Bonnaire in der Hauptrolle als Jeanne d'Arc. Unter der Regie von Jacques Rivette folgte die heilige Jungfrau ihrer historischen Mission in Epoisses, Châteauneuf-en-Auxois und Grosbois. Apropos historisch: bei geschichtsträchtigen Sujets erfreut sich der Drehort Burgund ganz besonderer Beliebtheit. Gérard Depardieu gab in den Gassen von Dijon und der Abbaye de Fontenay unter der Regie von Jean-Paul Rappeneau einen zu Herzen gehenden ›Cyrano de Bergerac‹ (›Cyrano von Bergerac‹, 1989). Weniger anspruchsvoll, dafür ein Kassenschlager war ›Angélique. Marquise des Anges‹ (›Angélique‹, 1964): Die Titelheldin war u. a. in der Abbaye de Fontenay zu sehen. Mit Brigitte Bardot und Michel Serrault standen 1962 in Dijon zwei echte Stars vor der Kamera – Regie bei ›Le Repos du Guerrier‹ (›Das Ruhekissen‹) führte der Bardot-Ehemann Roger Vadim. Ebenfalls nach Dijon (und nach Lusigny-sur-Ouche) holte Louis Malle 1958 für ›Les Amants‹ (›Die Liebenden‹) Jeanne Moreau. Der Film, der in Frankreich am meisten Furore machte, im Ausland hingegen wenig Beachtung fand, ist das Roadmovie ›Les Valseuses‹ (›Die Ausgebufften‹, 1974) von Bertrand Blier. Die Kleingangster Gérard Depardieu und Patrick Dewaere gehen mit einem gestohlenen Citroen DS auf die Reise, um auf Miou-Miou, Jeanne Moreau, Isabelle Huppert und Brigitte Fossey zu treffen. Eine der Schlüsselszenen spielt in Pont-d'Ouche.

giatskirche, ganzjährig auf Anfrage, Office de Tourisme.

Lac de Pont: Semur-en-Auxois (4 km südl.), Wanderweg um den Stausee, Kanuverleih, Wasserski.

Epoisses

Burgund-Atlas: S. 237, E 1
Epoisses – und ganz Frankreich denkt an den gleichnamigen Weichkäse, dessen Qualität ein ›Syndicat de Défense‹ verteidigt (www.fromage-epoisses.com). Wehrhaft ist ebenfalls das **Châtau** mitten im Dorf. Wassergraben und doppelter Mauerring schützen die 1560 zum Schloss umgebaute Burg. Das Taubenhaus zählt 3000 Fächer. Das Interieur aus dem 17.–18. Jh. vermittelt einen Eindruck

KÄSE AUS BURGUND

Knapp 30 verschiedene Käsesorten wissen Kenner in Burgund aufzuzählen. Um die wichtigsten zu nennen: Der nach dem Dorf Epoisses benannte cremige Weichkäse mit der unverwechselbaren orangefarbenen Rinde wird aus roher Kuhmilch gewonnen. Die Laibe werden in Marc de Bourgogne (Trester) gewendet und müssen mindestens vier Wochen auf Stroh reifen – so hat bereits Ludwig XIV. in Versailles seinen Epoisses verputzt, und dafür gab es 1991 ein AOC-Label. Die Variante Aisy cendré ist mit feiner Asche bedeckt. Der Ami du Chambertin braucht eine Buchenspanschachtel, um nicht davonzulaufen. Der Kuhmilchkäse von der Côte d'Or wird ebenfalls in Trester gewaschen. Ziegenkäse gibt es in ganz Burgund. Die bekanntesten sind der bei der Reifung härter werdende Crottin de Chavignol von der Loire und die Pâtes molles aus dem Charolais. Den Kuhmilchkäse Chaource isst man bevorzugt jung, wenn er einen leicht pudrigen, säuerlichen Geschmack im Gaumen verbreitet. Gut ausgereift kommen hingegen der Saint-Florentin (leicht und frisch) und der stark riechende, dabei milde Soumaintrain (weich mit goldgelber bis hellbrauner Rinde) auf den Tisch. Beide stammen aus dem Département Yonne im Norden. Die großen Klöster stehen noch heute für herzhafte Weichkäse. Der Kuhkäse aus Cîteaux erinnert an einen Reblochon. Der aus der Abbaye de la Pierre qui vire hat hingegen ein frisches Kräuteraroma, trotz der zweimonatigen Reifung im Käsekeller. Einen Nuits-St-Georges schließlich genießt man am besten mit einem Glas Wein. Erst dann kommt der aus dem Winzerort stammende, sehr cremige Kuhmilchkäse zur vollen Geschmacksentfaltung.

davon, wie das Schloss eingerichtet war, als die schriftstellernde Madame de Sévigné in Epoisses zu Gast war (Park ganzjährig 9–19, Innenbesichtigung nur Juli–Aug. tägl. außer Di 10–12, 15–18 Uhr).

Berthaut:
s. Tippkasten unten

Rund um die Butte du Thil

Die Lage von **Nan-sous-Thil** ist beneidenswert. Im Südwesten lockt der ruppige Hochwald des Morvan, im Südosten rollen die Hügel des lieblichen Auxois sanft zum Ouche-Tal ab. Im Dorf selbst gackern die Hühner auf der Strasse. Traktoren dümpeln in offenen Scheunen, und es riecht nach Holzfeuer – ein echtes Dorf eben. Über dem Dorf thront das Château de Beauregard, das man nicht verfehlen kann. Übersetzt bedeutet ›Beauregard‹ ›schöner Blick‹: den hat man vom Schloss selbstverständlich.

Die **Butte de Thil** im Norden ist ein 492 m hoher Hügel. Oben verbindet eine Lindenallee die wehrhafte gotische Kirche mit der Ruine einer im 17. Jh. zerstörten Burg.

Chambres d'hôtes Château de Beauregard: Nan-sous-Thil, Tel. 03 80 64 41 08, Fax 03 80 64 47 28, http://perso.wanadoo.fr/beauregard.chateau. Mitte Jan.–Dez. geschl. Ein echtes Schloss mit Ehrenhof, Steinbrunnen, wuchtigen Ecktürmen, 10 ha Park, langer Zufahrt. Luxuriöse Gästezimmer – ein herrliches Hideaway, DZ 98–128 €, Frühstück inklusive.

Von Pouilly nach Châteauneuf-en-Auxois

Burgund-Atlas: S. 234, C 4
Die ›Quincaillerie Diard‹ in **Pouilly-en-Auxois** ist eine Eisenwarenhandlung, die bereits in dritter Generation geführt wird: Kunden kommen selbst aus Belgien oder der Schweiz, um im engen Durcheinander ein seltenes Ersatzteil zu finden. *Attention:* Wer, statt etwas zu kaufen, nur einfach schauen möchte, wird dennoch zur Kasse gebeten. Der Inhaber des museumswürdigen Ladens verlangt einen kleinen Besichtigungsobolus.

Bei Pouilly-en-Auxois verschwindet der Canal de Bourgogne für exakt 3333 m im Tunnel. ›Les Voûtes‹ heißt das 1826–32 gebaute technische Meisterwerk. Seit 2003 wird im **Centre d'Interprétation du Canal de Bourgogne** die Geschichte und Gegenwart der Wasserstrasse erläutert. An Bord der ›Billebaude‹ kann man anschließend den 6 m hohen, und von 32 Schächten belüfteten Tunnel passieren (Buchung über Office de Tourisme).

Käse mit Medaille

Natürlich gibt es beim Affineur & Feinkosthändler Berthaut (Place du Champs de Foire in Epoisses) die nach dem Ort benannte Käsesorte (mit einer Médaille d'Or vom Concours Agricole in Paris), aber auch *Pain d'Epices,* Pralinés und Gebäck.

Châteauneuf-en-Auxois thront hoch über dem Canal de Bourgogne

Nicht am Kanal liegt das **Château de Commarin**. Das dreiflüglige Wasserschloss aus dem 15.–18. Jh. mit den beiden markanten Rundtürmen zur Hofseite lohnt jedoch den Schlenker nach Osten, und sei's nur wegen des grandiosen Treppenhauses mit den Büsten römischer Imperatoren und der Tapisserien des 16. Jh. (April–Okt. außer Di 10–12, 14–18 Uhr, Park tägl., www.commarin.com).

Ein Sträßchen windet sich in **Châteauneuf-en-Auxois** vom Canal de Bourgogne den Hügel hoch. Das Ziel ist die Burg: Zusammen mit dem Kanal zu ihren Füßen und der Kirche in der Hügelflanke vereint sich der kolossale Wehrbau zu einem der beliebtesten Fotomotive Burgunds. Der Ort mit Postkartenqualität zählt kaum 60 Einwohner, lebt jedoch vom weitaus höheren Besucherandrang ganz gut. Das Château aus dem 15. Jh. gilt als eine der schönsten Burgen von Burgund. Zu besichtigen sind der spätgotische Wohnbau, in dem sieben Tapisserien mit Szenen aus dem Leben Moses' gezeigt werden, sowie die mit Wandmalereien ausgeschmückte Kapelle – soweit die aktuelle Restaurierungskampagne einen nicht daran hindert (außer Mo 10–12, 14–19, Winter nur bis 18 Uhr).

Office de Tourisme: Pouilly-en-Auxois, Le Colombier, Tel. 03 80 90 74 24, www.pouilly-auxois.com. Wanderkarten, Mountainbike-Verleih, Bootsfahrten.

Hostellerie du Château: Châteauneuf-en-Auxois, Rue du Centre, Tel. 03 80 49 22 00, Fax 03 80 49 21 27, www.hostellerie-chateauneuf.com, Ende Nov.–Jan. geschl. Restaurant: Juli–Aug. außer Di mittag tägl., sonst Mo, Di Ruhetag. Der Dorfgasthof liegt, wie der Name vermuten lässt, gleich neben der Burg: einige Zimmer mit Blick! Komfortabler sind jedoch die Zimmer in dem Nebenbau, einem 300 Jahre alten Dorfhaus, ›La Résidence‹, DZ 45–66 €. Restaurant: burgundische Klassiker wie ein Charolais-Filet mit *Foie Gras* oder Schnecken, Menü 22–36 €.
Hôtel de la Poste: Pouilly-en-Auxois, Place de la Libération, Tel. 03 80 90 86 44, Fax 03 80 90 30 00. Behäbiger Bau am Hauptplatz, sehr unterschiedliche, korrekte Zimmer, DZ 47–54 €. Bodenständiges Restaurant mit Veranda, Menü 12–32 €.
Péniche ›Lady A‹: Vandenesse-en-Auxois (2 km westl. von Châteauneuf-en-Auxois), Port du Canal – Cédex 45, Tel. 03 80 49 26 96, Fax 03 80 49 27 00, Feb.–Dez. Drei sehr komfortable Kabinen auf einem Flusskahn, der auf dem Kanal vor Anker liegt. Salon mit Bar, TV. Sonnendeck, DZ 55 € inklusive Frühstück. Table d'hôtes 22 €.

Auf den Köder kommt es an

Die Staubecken und Teiche längs des Canal de Bourgogne sind bekannt für ihren Fischreichtum. Wer selbst zur Angel greifen möchte, kann einen zwei Wochen gültigen Angelschein kaufen. Informationen über das Office de Tourisme Pouilly-en-Auxois, Tel. 03 80 90 74 24.

L'Armançon (Château de Chailly): Chailly-sur-Armançon, Tel. 03 80 90 30 30**,** Nov.–März geschl., sonst Di–So nur abends. *Château oblige* – es geht vornehm zu im ›Armançon‹. Ein bis an die freigelegten Deckenbalken reichender Steinkamin, Kronleuchter, lachsfarbene Tischwäsche, *grande cuisine,* Menü 30–50 €. Auch Schlosshotel, Luxus à la française, DZ ab 265 €, und Golfplatz (18 Loch).
Le Gril du Castel: Châteauneuf-en-Auxois, Grande Rue, Tel. 03 80 49 26 82, Juni–Sept. tägl. außer Mo mittag, März–Mai, Okt.–Nov. Mi, sonst Di, Mi geschl. Ordentlich gegrillte *Côte de Bœuf* & Steaks, Terrasse, Menü 15–22 €.
Café du Rond-Point: Créancey (2 km südl. von Pouilly-en-Auxois, am Canal de Bourgogne, Tel. 03 80 90 83 97. ›Folklore‹ aus dem ländlichen Burgund – einfache, herzhafte Gerichte, das halbe Dorf an der Theke, kleine Preise.

Maison de pays de l'Auxois-Sud: Pouilly-en-Auxois, Rond Point, an der Autobahnausfahrt A 6. Erzeugnisse aus dem Auxois.

DAS SEINE-TAL

Die Seine entspringt in Burgund, somit ganz bescheiden in der tiefsten Provinz. Bis fast an die Grenze zur nördlichen Nachbarregion Champagne bleibt sie ein Wasserlauf, von dem man nicht weiß, ob man ihn Bach oder Fluss nennen sollte.

An die Quelle der Seine

St-Seine-l'Abbaye

Burgund-Atlas: S. 235, D 3
In St-Seine-l'Abbaye ist der bekannteste Fluss Frankreichs noch nicht einmal zutage getreten. Der Name geht auf den heiligen Seine zurück, ein Eremit, der hier im 6. Jh. ein Kloster gründete. Damals trug der Heilige allerdings noch den germanischen Namen Sigo, woraus später Soigne gemacht wurde. Die Römer buchstabierten daraus wiederum Sequanus – was zugleich der lateinische Name für die Seine ist.

St-Seine-l'Abbaye nistet sich tief in eine Talfurche des burgundischen Kalkplateaus ein. Vor der *Eglise abbatiale* fällt der barocke Brunnen La Fontaine de la Samaritaine ins Auge. Die im 13. Jh. begonnene **Abteikirche** ist ein Meisterwerk burgundischer Gotik. Nur der Nordturm wurde vollendet, und dies auch erst im 15. Jh. – ein Brand hatte 1255 die Baumaßnahmen vorläufig zum Stillstand gebracht. Die spätgotischen goldgetönten Fresken zeigen bereits deutlich den Einfluss der Renaissance: Erzählt wird u.a. die Legende des Klostergründers und heiligen Seine. Mehrere Äbte wurden in der Kirche beigesetzt, deren reich geschmückte Grabplatten die zweite große Sehenswürdigkeit sind. Das der Kirche benachbarte barocke Kloster ist heute ein Kinderheim.

St-Germain-Source-Seine

Burgund-Atlas: S. 235, D 3
St-Germain-Source-Seine entpuppt sich als herzerfrischend verbummeltes Bauerndorf mit einer bescheidenen Brücke. Auf die jedoch hält man große Stücke, fließt doch darunter ein bescheidenes Rinnsal namens Seine. Kaum zu glauben, aber wahr: Im Winzdorf St-Germain-Source-Seine (nordwestlich) steht die erste Brücke über die Seine. Bis Paris ist es freilich noch ein weiter Weg.

Wenige Kilometer nördlich vom Dorf entspringt der französischste aller Flüsse in einem stillen Waldtal (D 26). St-Germain-Source-Seine hat freilich an der Quelle nichts mehr zu melden: ›Ville de Paris‹ steht auf dem Schild. Der lauschige Ort mit Picknickplatz und Spazierwegen steht im Besitz der Stadt

Paris – die hauptstädtische Enklave in Burgund ist folglich in verwaltungstechnischen Angelegenheiten Teil des Départements Seine. Eine künstliche Grotte überwölbt die eingefasste Quelle. Im glasklaren Wasser bettet sich die 1865 vom Bildhauer Jouffroy gemeißelte Symbolfigur ›La Seine‹, eine marmorne Nymphe. Für die operettenhafte Inszenierung der Quelle berief Kaiser Napoleon III. im 19. Jh. den Pariser Stadtplaner Baron Haussmann. In der Nähe weisen Tafeln auf ein antikes Ausgrabungsgelände hin. Die Seine-Quelle ist seit der Antike ein heiliger Ort zu Ehren der Göttin Sequana, an dem Gallier und Römer Ex-Votos ablegten. Über tausend dieser Ex-Votos kamen 1933–63 bei Grabungen zwischen den Tempelfundamenten und einem Bad zutage. Die Funde sind im Musée Archéologique von Dijon ausgestellt, darunter auch eine Bronzestatue von Sequana, Schutzherrin der Quelle, stehend auf einer Barke.

Abstecher ins Tal der Coquille

Burgund-Atlas: S. 234, C 2, S. 235, D 2
Der Name von **Baigneux-les-Juifs** geht auf eine jüdische Siedlung vom Ende des 13. Jh. zurück. Es ist ein schmuckes Dorf etwas oberhalb des Seine-Tals mit gotischer, im Chor ausgemalter Kirche, herrschaftlichen Bauten am Hauptplatz und einem Waschhaus. Etwas östlich vom Dorf versteckt sich die **Ermitage du Val de Seine.** Eine Kapelle erinnert daran, dass sich einst Eremiten an diesen Ort im Tal der Seine zurückgezogen hatten. Ein Abstecher führt in das Tal der Coquille nach **Aignay-le-Duc.** Die am Flüsschen unterhalb vom Dorf gelegene gotische Pfarrkirche St-Pierre-et-Paul ist eine der schönsten des Châtillonais, doch die eigentliche Attraktion versteckt sich 4 km weiter nördlich: Dort entspringt die Coquille, deren Quelle

sich wunderbar für ein Picknick eignet. Ein ausgeschilderter Wanderweg (14 km, gelbe Markierung) führt von Aignay-le-Duc durch das Coquille-Tal zur Quelle und einigen herrschaftlichen Gehöften wie der Ferme Forte de la Pothière (Sa, So Besichtigung, Tel. 03 80 93 80 06).

Office de Tourisme: St-Seine-l'Abbaye, 1, place de l'Eglise, Tel. 03 80 35 07 63.

Hôtel de la Poste: St-Seine-l'Abbaye, 17, rue Carnot, Tel. 03 80 35 00 35, Fax 03 80 35 07 64. Der Sonnenkönig soll hier angeblich abgestiegen sein. Leicht welke Zimmer, manche bereits renoviert. Garten, DZ 38–57 €. Bodenständige Küche, Menü 14–42 €.
Hostellerie du Val-Suzon: Le Val-Suzon (11 km nordöstl. von St-Seine-l'Abbaye), Tel. 03 80 35 60 15, Fax 03 80 35 61 36. Zauberhafter Landgasthof mit drei Bauten. Die Zimmer im ›Colombier‹ sind die schönsten, DZ 72–96 €. Gutes Restaurant (Winter So abend–Di mittag, sonst Mo–Mi mittag geschl.) kreative *Cuisine de terroir,* Menü 22–76 €.

Nach Châtillon-sur-Seine

St-Marc-sur-Seine

Burgund-Atlas: S. 234, C 2
Ab St-Marc-sur-Seine verbreitert sich das Seine-Tal. Viel Wald und ab und zu ein Schloss bestimmen die Route. Winzige Orte wie Aisey oder Nod hängen sich selbstbewusst den Zusatz ›sur-Seine‹ an den Namen. Eine Brücke gehört ebenfalls immer dazu. Die in **Aisey-sur-Seine** stammt aus dem 18. Jh. Etwas weiter dreht sich nach einer Generalüberholung wieder das Wassermühlrad aus dem 19. Jh.

Châtillon-sur-Seine

Burgund-Atlas: S. 234, C 1
Mit Châtillon-sur-Seine ist die Hauptstadt des Châtillonnais erreicht. Am Stadtrand entspringt die Douix ungezähmt aus dem Fels, führt der Seine kräftig Wasser zu, und dies, obwohl sie als kleinster Zufluss der Seine gilt. Das natürliche **Quellbecken** dürfte ein ungefähres Bild davon vermitteln, wie die Quelle der Dionne in Tonnerre früher ausgesehen haben mag (s. S. 184). Bläulichgrün schimmert das glasklare Wasser zu Füßen des St-Vorles-Karsthügels. Wie die Seine wurde auch die Douix in der Antike als Heiligtum verehrt. Tiefer als 200 m konnte der unterirdische Lauf bislang nicht erkundet werden, weil Felsen den weiteren Weg versperren. Allein auf diesem Abschnitt aber fanden Archäologen kleine Statuen, Tonscherben und Schmuck aus dem 8. Jh. vor (!) Chr.

Die Seine teilt sich in Châtillon-sur-Seine mehrmals und formt Inseln. Stege und Brücken verleihen der Kleinstadt einen Hauch von Venedig. Daran änderten auch die Bombenschäden im Zweiten Weltkrieg nichts. Doch noch immer prachtvoll erhebt sich **St-Vorles** über Châtillon-sur-Seine. Eine monumentale Barocktreppe führt zur Kirche hoch, die ein rares Beispiel für die karolingische Romanik liefert. Das massive Westwerk wurde wie der gesamte Bau jüngst restauriert. Innen stößt man auf eine Renaissance-Grablegungsgruppe aus dem 16. Jh., deren aus honiggelbem Stein gemeißelten Figuren dramatische Posen einnehmen (April–Mitte Juni, Mi, Sa, So, Feiertage 10.30–12, 14.30–17.30, Mitte Juni–Mitte Sept. tägl., sonst Sa, So 14.30–16.30 Uhr). Den Friedhof und Chor der Kirche rahmt die Ruine der herzoglichen **Burg** – Châtillon-sur-Seine war einmal ein Grenzposten des Herzogtums Burgund zum französischen Königreich. Nach der Einverleibung Burgunds ließ König Heinrich IV. die Burg 1598 schleifen.

In der Unterstadt beherrscht das barocke **Hôtel de Ville** die Place de la Résistance. Es handelt sich um ein ehemaliges Benediktinerkloster aus dem 17. Jh. Das **Musée du Châtillonais** hat in dem Renaissancepalais Philandrier ein würdiges Domizil gefunden (Sept.–Juni tägl. außer Di 9.30–12, 14–17, Juli/Aug. tägl. 10–18 Uhr). Die gallo-römischen Funde aus der Quelle der Douix sind hier ausgestellt, doch die Scharen zieht es zum so genannten ›Schatz von Vix‹ im ersten Stock. Es handelt sich um die Grabbeigaben einer keltischen ›Prinzessin‹, die am Mont Lassois bei Vix beerdigt wurde. Dazu zählen ein Golddiadem, das den Schädel der ›Prinzessin‹ zierte, doch vor allem die berühmte Vase von Vix. Das monumentale Gefäß ist griechischen Ursprungs und gilt als größte erhaltene Bronzevase der Antike. Das 1,64 m hohe, 208 kg schwere Objekt entstand um 530 v. Chr. Gorgonenhäupter und ein Fries mit Streitwagen und Kriegern zieren die Vase.

Vix

Burgund-Atlas: S. 234, C 1
Die Fundstelle des ›Schatzes von Vix‹ lässt sich 5 km die Seine aufwärts besichtigen. Den Mont Lassois über dem Dorf **Vix** krönt seit dem 12. Jh. die romanische Kirche St-Marcel (Mai–Sept. So, Feiertage 15–18.30 Uhr). Hier am Fuß des Bergs haben Archäologen 1953 unter einem Tumulus das Grab der keltischen ›Prinzessin‹ entdeckt.

Office de Tourisme: Châtillon-sur-Seine, Place Marmont, Tel. 03 80 91 13 19, www.mairie-chatillon-sur-seine.fr.

Château de Courban: Courban (18 km östl. von Châtillon-sur-Seine), Tel. 03 80 93 78 69 oder 06 09 62 51 77 (Handy), Fax 03 80 93 79 23, www.chateaucourban.fr. Etwas überdekoriertes Bürgerschloss mit sechs eleganten und komfortablen Chambres d'hôtes. Roter Speisesaal. DZ 60–115 €, Frühstück extra 7,50 €. Table d'hôtes 25 € ohne Wein.

Hôtel de la Côte d'Or: Châtillon-sur-Seine, 2, rue Charles Ronot, Tel. 03 80 91 13 29, Fax 03 80 91 29 15. 300 Jahre alte Postkutschenstation, ordentliche Zimmer, DZ ab 54 €. Klassische französische Küche – Lammbraten mit Morcheln, Menü 15–38 €.

Hôtel du Roy: Aisey-sur-Seine, Tel. 03 80 93 21 63. Schlichtes Dorfhotel mit kleinen Zimmern in zwei Häusern, ohne Chichi, Garten, DZ 30–46 €. Restaurant (außer Juli–Aug. So abend, Mo abend u. ganzjährig Di geschl.) mit Wildspezialitäten (Herbst u. Winter) und als Dessert ein ›Délice du Roy‹, ein weißes Schokoladenmousse mit *Pain d'Epices*. Menü 14–37 €.

REISEINFOS VON A BIS Z

Alle wichtigen Informationen rund ums Reisen auf einen Blick – von A wie Anreise bis Z wie Zeit

Extra: Ein Sprachführer mit Hinweisen zur Aussprache, wichtigen Redewendungen sowie ein detailliertes kulinarisches Lexikon

In Beaune

REISEINFOS VON A BIS Z

Anreise

... mit dem Flugzeug
Alle Wege führen über Paris. Von dort ist es mit Zug (einige TGV nach Dijon halten am Pariser Flughafen Charles-de-Gaulle-Roissy) oder Leihwagen nur ein Sprung nach Burgund. Air France bietet die günstigen Sondertarife Fly by 42 oder 28 – bei entsprechend früher Buchung (Reservierungszentrale Tel. 018 05-83 08 30, www.airfrance.de). Darüber hinaus wird der internationale Flughafen Lyon-St-Exupéry von Air France direkt angeflogen. Wie Air France bietet auch Lufthansa unter dem Druck der Low Cost-Airlines Sondertarife an (Tel. 01 80/380 38 03, www.lufthansa.de). Unter den Billigfliegern fliegt German Wings (Tel. 018 05/95 58 55, www.germanwings.de) von Köln nach Paris.

... mit der Bahn
Im Zeitalter des TGV ist Dijon auf gut 1,5 Std. an Paris gerückt (Abfahrt Gare de Lyon). Weitere TGV-Bahnhöfe sind Beaune, Le Creusot, Mâcon, Bourg-en-Bresse, Montbard, Chalon-sur-Saône. Reservierung und Zuschlag erforderlich! Fahrplanauskünfte und Fahrscheine über das Straßburger Büro der SNCF-Büro (deutschsprachig), Tel. 0033-8 92 35 35 36, oder in Deutschland Rail Europe, Ticketverkauf Rail Europe Shop, Bahnhofsplatz 1 (Ausgang Domseite), 50667 Köln, Tel. 0180-521 82 38, Fax 0221-91 39 31 20. Die landesweite Auskunft der französischen Eisenbahn SNCF steht unter www.sncf.de oder www.sncf-voyages.com im Internet. An vielen Bahnhöfen verleiht die SNCF Fahrräder im train + vélo-Service.

... mit dem Auto
Reisende aus dem Norden und Westen erreichen Dijon via Metz/Nancy über die A 31, Reisende aus dem Süden via Straßburg, Mulhouse, Belfort über die A 35 bzw. A 36. Den allsommerlichen Stau auf der A 6 zwischen Beaune und Lyon kann man vermeiden: Die A 39 verbindet Dôle mit Bourg-en-Bresse. Der Weg in den Süden verkürzt sich so um 20 km. Frankreichs Autobahnen sind gebührenpflichtig (*péage*, zu zahlen mit Bargeld oder Kreditkarte).Vor Antritt der Reise sollte man sich einen Auslandsschutzbrief (Unfall, Krankheit, Diebstahl) besorgen. Deutsche sind mit der grünen Versicherungskarte gut beraten. Informationsstellen der Region gibt es auf den Autobahnraststätten Aire de St-Albain (A 6), Aire du Poulet de Bresse (A 39), Aire de Myennes (A 77).

Ärztliche Versorgung und Apotheken

Im Krankheitsfall zahlt man beim Arzt oder im Krankenhaus die Behandlung bar bzw. mit Kreditkarte. Gegen Vorlage der Rechnung erstatten die Krankenkassen den größten Teil der Kosten. Information jeweils bei der Versicherung. Eine Reisekrankenversicherung ist dennoch zu empfehlen, um sich gegen nicht gedeckte Kosten abzusichern. Notruf s. S. 212.

Apotheken *(Pharmacie)* erkennt man am grün blinkenden Neonkreuz. Öffnungszeiten in der Regel: Mo–Sa

9–12, 14–18.30 Uhr. Notdienste sind der lokalen Presse zu entnehmen.

Autofahren

Das Straßennetz ist dicht, die Straßen sind gut ausgebaut. Vorsicht im Winter, vor allem im Morvan – es drohen Glatteis und Schnee. Staus sind im Herbst auf der *Route de vin* durch die Côte d'Or vorprogrammiert.

Pannenhilfe: Auf Autobahnen kann Hilfe über die Notrufsäulen angefordert werden, sonst über den Polizeinotruf 17. Der ADAC unterhält einen deutschsprachigen Notdienst in Lyon, Tel. 04 72 17 12 22.

Verkehrsregeln: In Ortschaften gilt 50 km/h, auf Landstraßen 90 km/h, Schnellstraßen 110 km/h, Autobahnen 130 km/h Höchstgeschwindigkeit. Im Kreisverkehr hat man Vorfahrt. Die Alkoholgrenze für Autofahrer liegt bei 0,5 Promille. Anschnallen ist Pflicht. Geldbußen sind drastisch, der Führerschein ist bei extremem Rasen und Alkoholkonsum sofort weg. Das Schild ›Toutes directions‹ weist die Streckenführung für Durchreisende aus.

Tanken: Das Tankstellennetz ist dicht, fast überall kann man mit Karte zahlen. Man wählt zwischen Sans plomb (bleifrei), Essence 95 (Super) und Essence 98 (Super plus) oder Gazole (Diesel), das günstiger als in Deutschland ist. Am billigsten tankt man an den Zapfsäulen der großen Supermärkte.

Behinderte auf Reisen

Spezielle Einrichtungen sind selten und wenn, dann meist in den Städten zu finden. Die Association des Paralysés de France (APF) verschickt gegen Gebühr einen Hotel- und Restaurantführer: APF, Délégation Paris, 22, rue du Père-Guérin, 75013 Paris, Tel. 01 40 78 69 00.

Knapp 100 französische Städte werden vom französischen Verband für die Rehabilitation von Behinderten in der gebührenpflichtigen Broschüre ›Tourisme quand même‹ bewertet: CNRH, 236 bis, Rue de Tolbiac, 75013 Paris, Tel. 01 53 80 66 66, Fax 01 53 80 66 67, www.handitel.org.

Diplomatische Vertretungen

Deutschland
Generalkonsulat
33, boulevard des Belges
69358 Lyon cedex 06
Tel. 04 72 69 98 98
Fax 04 72 43 06 94

Honorkonsul Till Meyer
29, rue Buffon
21000 Dijon
Postanschrift:
BP 26 89
21058 Dijon
Tel. 03 80 68 06 98
Fax 03 80 68 07 04

Österreich
Botschaft der Republik Österreich,
6, rue Fabert,
75007 Paris,
Tel. 01 45 55 95 66

Schweiz
Botschaft der Schweiz,
142, rue de Grenelle,

75007 Paris,
Tel. 01 25 55 67 00,
Fax 01 45 51 34 77

Konsulat,
18, cours du Général-de-Gaulle,
21000 Dijon,
Tel. 03 80 38 16 47

Einreise und Zoll

Für EU-Bürger und Schweizer reicht Personalausweis oder Identitätskarte. Kinder unter 16 Jahren ohne eigenen Ausweis müssen im Reisedokument der Eltern eingetragen sein. Frankreich ist dem Schengener Abkommen beigetreten, kontrolliert aber noch gründlich. Auch EU-Bürger benötigen für einen Aufenthalt über drei Monate eine Aufenthaltsgenehmigung. Frei mitgenommen werden dürfen 10 l Spirituosen, 20 l andere alkoholische Getränke mit maximal 22 Prozent, 90 l Wein, davon maximal 60 l Schaumwein, 110 l Bier. Bei Tabak liegen die Grenzen bei 800 Zigaretten, 400 Zigarillos, 200 Zigarren und einem Kilo Tabak.

Elektrizität

Die Stromspannung beträgt 220 V.

Feiertage

Neujahr
Ostermontag
1. Mai (Tag der Arbeit)
8. Mai (deutsche Kapitulation 1945)
Pfingstsonntag
14. Juli (Nationalfeiertag)
15. August (Mariä Himmelfahrt)
1. November (Allerheiligen)
11. November (Waffenstillstand 1918)
25. Dezember (Weihnachten)

Fotografieren

Fotomaterial ist in Frankreich teuer, der Kauf von ausreichend Filmen daheim lohnt sich. In den meisten Museen und vielen Kirchen ist Fotografieren verboten, insbesondere mit Blitz.

Geld

Landeswährung ist der Euro (€):
1 € = 1,54 CHF bzw. 1 CHF = 0,65 €. Kreditkarten haben sich überall durchgesetzt (gängig sind Visa und Eurocard). Mit der EC/Maestro-Karte kann an vielen Bankautomaten Geld abgehoben werden.

Gesundheitsvorsorge

Es sind keine besonderen Vorkehrungen zu treffen.

Informationsstellen

Französische Fremdenverkehrsämter
… in Deutschland
Maison de la France,
Westendstraße 47
D-60325 Frankfurt/Main
Infomaterial:
Tel. 01 90/57 00 25 (gebührenpfl.,
9–16.30 Uhr auch Auskunft,
16.30–9 Uhr Anrufbeantworter)
Fax 01 90/59 90 61
de.franceguide.com
www.franceguide.com

... in Österreich
Maison de la France,
Argentinierstraße 41a,
A-1040 Wien
Tel. 09 00/25 00 15
(max. 0,68 €/Min.), Fax 01/503 28 71
at.franceguide.com
www.franceguide.com

... in der Schweiz
Rennweg 42,
CH-8023 Zürich
Tel. 09 00/90 06 99,
Fax 01/217 46 17
(0,80 € Einwahlgebühr plus 0,30 €/Min.)
ch-de.franceguide.com
www.franceguide.com

In Burgund
Comité Regional du Tourisme de la Bourgogne (CRT),
5, avenue Garibaldi, BP 1602,
F-21035 Dijon Cedex,
Tel. 03 80 28 02 80,
Fax 03 80 2 80 300,
www.bourgogne-tourisme.com
Das regionale Fremdenverkehrsamt verschickt ausführliches Material (auch auf Deutsch) zur gesamten Region sowie zu etlichen Spezialthemen (z. B. Weinkeller, Flusstourismus, Auf den Spuren der Zisterzienser...).

Jedes Département unterhält zudem ein Comité Départemental de Tourisme (CDT)
Côte d'Or Tourisme
1, rue de Soissons, BP 1601
F-21035 Dijon
Tel. 03 80 63 69 49,
Fax 03 80 49 90 97
www.cotedor-tourisme.com

CDT Nièvre
3, rue du Sort
F-58000 Nevers
Tel. 03 86 36 39 80,
Fax 03 86 36 36 63
www.nievre-tourisme.com

CDT Saône-et-Loire
389, avenue Maréchal de-Lattre-de-Tassigny
F-71000 Mâcon
Tel. 03 85 21 02 20,
Fax 03 85 38 94 36
www.bourgogne-du-sud.com

CDT Yonne
1–2, quai de la République
F-89000 Auxerre
Tel. 03 86 72 92 00,
Fax 03 86 72 92 09
www.tourisme-yonne.com

Internet

www.terroirs-b.com Informationen über landwirtschaftliche Erzeugnisse, auch Weingüter

www.cr-bourgogne.fr Offizielle Seiten der Regionalregierung mit vielfältigen Informationen

www.bivb.com Offizielle Seiten der burgundischen Weine

www.culture.fr/bourgogne Museen, Festivals, Archäologie, Kulturelle Veranstaltungen, Tanz, Theater ...

www.musees-bourgogne.fr Öffnungszeiten der Museen und aktuelle Ausstellungstermine.

www.bienvenue-a-la-ferme.com/bourgogne Website der Landwirtschaftskammer zu fermes auberges und Einkauf auf dem Bauernhof.

www.bourgogne-recette.com Küchenrezepte aus Burgund – zum Nachkochen.

www.france-randonnee.fr Organisierte Wander-, Rad,- Reittouren in Frankreich, etliche davon in Burgund.

Karten und Pläne

Die Michelin-Karten Centre Berry-Nivernais (Nr. 238, Maßstab 1 : 200 000) und Bourgogne Franche-Comté (Nr. 243) decken die Region bis in den abgelegensten Weiler ab. Für Radfahrer eignen sich die in Kleinregionen aufgeteilten grünen Karten des Institut Géographique National (ign, 1 : 100 000), für Wanderer die blauen Karten (TOP 25, 1 : 25 000), beide erhältlich im Buch- und Zeitschriftenhandel, Tabakladen.

Lesetipps

Belletristik:

Colette, Claudine erwacht. Colette, die aus der ländlichen Puisaye stammende Schriftstellerin verarbeitet ihre burgundische Kindheit in mehreren Romanen – zu empfehlen sind die vier Bücher der Claudine-Reihe.

James Salter, Ein Spiel und ein Zeitvertreib. Roman. Ein Amerikaner in Burgund. Dessen Besuch in Autun entwickelt sich zur *Education sentimentale*. Als ob man's nicht immer gewusst hätte: Das wahre Frankreich ist sinnlich (Rowohlt).

Gabriel Chevallier, Clochemerle. X-mal wurde der Stoff fürs Fernsehen verfilmt, bis daraus ein Seriendauerbrenner von Paris bis Sidney wurde. Gabriel Chevallier, der als Sommerfrischler in den 1920er Jahren nach Vaux-en-Beaujolais kam, zeichnet in seinem höchstvergnüglichen Roman ein Dorfporträt à la Don Camillo und Peppone (auf Deutsch vergriffen, nur antiquarisch erhältlich).

Sachbücher

Georges Duby, Die Zeit der Kathedralen. *Das* Mittelalter-Standardwerk des Mediävisten Georges Duby (Suhrkamp).

Reinhold Kaiser, Die Burgunder. Geschichte derer, die von Bornholm über den Rhein gelangten. (Kohlhammer).

Serena Sutcliffe, Burgund 2003/4, Produzenten, Lagen, Jahrgänge, alles zum Thema Wein (Hallwag).

Medien

Neuigkeiten aus allen Départements gibt es jeden Abend um 19.05 Uhr im **Regionalfernsehen** France 3 Bourgogne.

Jedes Département hat seine **Tageszeitungen.** Für die Côte d'Or ist die Wochenendausgabe des ›Bien Public‹ ein reicher Fundus an Veranstaltungsterminen. In der Nièvre erreicht ›Le journal du Centre‹ jeden zweiten Einwohner. In der Yonne ist ›L'Yonne Républicaine‹ meinungsbildend, im Saône-et-Loire ›Le Journal de Saône-et-Loire‹.

Für Weinfreunde empfiehlt sich das **Magazin** ›Bourgogne Aujourd'hui‹. Als regionales Reisemagazin hat sich ›Bourgogne Magazine‹ am Kiosk etabliert.

Notruf

Polizei 17
Feuerwehr 18
Krankenwagen und Notarzt (S.A.M.U.) 15, oder im Telefonbuch nachschlagen

Öffnungszeiten

Geschäfte: Kernöffnungszeiten sind 9–12 und 14–19 Uhr – Verschiebungen nach Belieben. Im Sommer ist abends länger geöffnet, im Winter früher geschlossen. Supermärkte in Städten haben über Mittag geöffnet, ihre großen Filialen vor den Stadttoren an einigen Abenden bis 21 oder 22 Uhr. Sa bleiben alle Geschäfte nachmittags offen. Sonntagvormittags wird in vielen Städten Markt gehalten, viele Lebensmittelläden haben dann ebenfalls auf, Bäckereien immer. Mo ist zumindest in kleinen Orten Ruhetag. Beim Winzer sowie vor dem Einkauf von Käse oder Schinken beim Bauern ruft man am besten vorher an, um sicherzustellen, dass jemand zu Hause ist – tabu für den Besuch ist die Mittagszeit.
Behörden: Mo–Fr 9–12 und 14–17, **Banken** Mo–Fr 9–12 und 14–16 Uhr.
Postämter: Mo–Fr in Großstädten 9–19, sonst 8–12 und 14–18.30 sowie Sa bis 12 Uhr.

Staatliche Museen schließen in der Regel am Di, städtische und private oft Mo. Ihre Öffnungszeiten variieren nach Jahreszeit. Juli/August ist oft durchgängig geöffnet. Kirchen sind in der Regel von 9–19 Uhr offen.

Post und Porto

Briefmarken *(timbres)* gibt es außer beim Postamt *(bureau de poste)* auch im Tabakladen *(tabac,* erkennbar an der roten Rombe). Bei Postkarten in Länder der EU beträgt das Porto 50 Cents.

Preise

Das Preisniveau entspricht dem in Deutschland. Beim Essen wird jedoch mehr Geld ausgegeben, die Qualität liegt ebenfalls höher. Museen sind relativ teuer.

Sicherheit

Burgund ist ein sicheres Reiseziel. Sicherheitstipp Nummer 1 lautet dennoch: Nichts im Wagen zurücklassen, auch nicht an einsamen Wanderparkplätzen.

Souvenirs

An erster Stelle der Einkaufsliste für Mitbringsel steht bei den meisten Besuchern von Burgund der **Wein:** Die weißen und roten Tropfen aus Burgund zählen zu den besten weltweit. Die Verbindung der Region und ihrer Weine ist so weitreichend, dass Burgunds Ruf mit den Weinen aus Chablis, Beaune oder Mâcon steht und fällt. Entsprechend geräumig sollte der Kofferraum sein, denn der Direkteinkauf beim Winzer ist noch immer deutlich günstiger als der Gang zum heimischen Weinhändler. Einen ersten Einstieg ermöglicht die Gratisbroschüre ›De Vignes en Cave‹ (in der deutschsprachigen Übersetzung ›Von der Kelter in den Keller‹), in der das regionale Fremdenverkehrsbüro (CRT Bourgogne, Adresse s. S. 210) Winzer auflistet, bei denen man zwecks Kellerprobe und Einkauf vorstellig werden kann. Ein Ausflug zu den Winzern ins benachbarte Beaujolais lohnt, weil ein Grand Cru Morgon oder Brouilly noch immer ein sehr attraktives Preis-Leistungsverhältnis bietet.

Crème de Cassis heißt der Johannisbeerlikör von der Côte d'Or, mit dem man den Kir, den burgundischen Aperitif schlechthin, mischt. **Käse, Wurst, Schinken und Patés** kauft man entweder direkt beim Erzeuger sowie auf den Märkten von Dijon, Beaune, Autun oder irgendwo auf dem Land. Aber selbst im *Supermarché*, dessen Käse,- und Fleischtheken hierzulande als Feinkostabteilung durchgehen würden, ist man bei Auswahl und Qualität gut bedient.

Zu den **süßen Dingen** des Lebens gehören das gut zu transportierende *Pain d'epices* aus Dijon, Anisspezialitäten aus Flavigny, oder der Cacous-Kuchen aus Paray-le-Monial. Den besten Wald- und Gebirgshonig bieten die Imker aus dem Morvan an. Senf bleibt hingegen eine Domaine alteingesessener Produzenten aus Dijon.

Die besten **Öle** der Region kommen dafür aus Iguérande an der Loire.

Bei **Fayencen** denkt ganz Frankreich an Nevers, wo etliche Betriebe die klassischen Dekore und moderne Formen herstellen. Töpferwaren aus der Puisaye sind weitere beliebte Souvenirs. Antiquitätenhändler findet man in nahezu jeder Stadt. Prinzipiell sind französische **Antiquitäten** im Land günstiger zu bekommen als im hiesigen Handel. Museumsboutiquen wie etwa die der Hospices de Beaune und Fachgeschäfte bieten zudem Kopien von Kapitellen und Tapisserien sowie hochwertige Kunstbände an.

Telefonieren

Innerhalb Frankreichs gibt es keine Vorwahl. Billigtarife 21.30–8 Uhr, Sa ab 14 Uhr sowie So. Telefonkarten (Télécartes) gibt es außer beim Postamt *(bureau de poste)* auch im Tabakladen *(tabac)*.

Auslandsvorwahlen: F 0033, D 0049, A 0043, CH 0041. Bei Gesprächen aus dem Ausland entfällt die erste Null der stets zehnstelligen Nummer.

Das **Handy** funktioniert problemlos – nur in abgelegenen Winkeln des Morvan bekommt man manchmal kein Netz.

Trinkgeld

Trinkgeld ist mit 15 % in der Rechnung inbegriffen *(service inclus)*. Die Rechnung aufzurunden ist in Café und Restaurant jedoch üblich. Der Taxifahrer erhält ca. 5 % Trinkgeld. Im Hotel hinterlässt man je nach Kategorie 2 € und mehr pro Nacht.

Umgangsformen

Höflichkeit wird besonders im wertkonservativen Burgund geschätzt. Ein paar Floskeln erleichtern den Alltag: Ein vorangestelltes *S'il-vous-plaît,* oder *Excusez-moi* erhöht die Auskunftswilligkeit enorm. Und bitte nicht drängeln, ob an der Rezeption oder beim Bäcker. Man nimmt sich Zeit für einen Scherz, für einen Schwatz. Sich für Auskunft und Service zu bedanken, ist allemal üblich. *Merci!*

Unterkunft

Das Angebot reicht vom luxuriösen Schlosshotel über den traditionellen Dorfgasthof und die liebevoll dekorierten Chambre d'hôtes bis zum einfachen Campingplatz mit kalter Dusche.

Hotels

Hotels werden nach Sternen (* bis ****L) eingeteilt. Frühstück (petit déjeuner) ist im Zimmerpreis oft nicht inbegriffen. Zu den meisten Hotels gehört ein Restaurant mit attraktivem Halb- oder Vollpensionsangebot (Achtung: in der Hauptsaison muss man manchmal HP buchen). In der Regel gilt der Preis für das Zimmer: Singles zahlen deshalb so viel wie Paare.

Schlosshotels & Herrenhäuser: Die Preislagen variieren von der eines Ein- oder Zwei-Sterne-Hotels bis zum Luxusniveau. Kataloge verschiedener Vereinigungen verschicken die Fremdenverkehrsämter. Einige Hotelvereinigungen dieser Sparte:

Bienvenue au Château
www.bienvenue-au-chateau.com

Relais & Châteaux
resarc@relais-chateaux. f)
www.relaischateaux.com
Callcenter Tel. 00 800 2000 00 02

Châteaux & Hôtels de France
chatotel@chatotel.fr,
www.chateauxhotels.com
Callcenter Tel. 00 33-1 55 34 16 16

Logis de France: Gepflegte Traditionshotels, die man am gelbgrünen Kaminsymbol der Vereinigung erkennt . Es handelt sich um Familienbetriebe mit soliden Preisen. Ein Jahreskatalog ist im Reisebuchhandel erhältlich oder direkt über
Logis de France, 83, av. d'Italie, 75013 Paris, Tel. 01 45 84 70 00, Fax 01 45 83 59 66, www.logis-de-france.fr.

Relais du Silence: Häuser, die in diesen Verband exklusiver Hotels aufgenommen werden, garantieren himmlische Ruhe und hohe gastronomische Leistungen. Katalog über
Relais du Silence,
2, passage du Guesclin, 75015 Paris, Tel. 01 45 66 77 77, Fax 01 40 65 90 09, www.silencehotel.com.

Formule 1: Bei den Kettenhotels überzeugt in erster Linie der Preis. Die mit einem Doppel- und einem Einzelbett, Waschbecken und TV ausgestatteten Zimmer liegen an Autobahnen, Durchgangsstraßen oder in Industriegebieten. WC und Dusche auf der Etage.
Formule 1,
Immeuble Le Descartes,
29, promenade Michel-Simon, BP 159,
93163 Noisy-le-Grand Cedex,

Tel. 01 43 04 01 00,
Fax 01 43 05 31 51,
www.hotelformule1.com.

Chambre d'hôtes

Chambre d'hôtes heißt die französische Variante von Bed & Breakfast. Im schönsten Fall kommt eine *Table d'hôtes* hinzu – die Möglichkeit, gemeinsam mit den Besitzern und anderen Gästen zu speisen. Viele *Fermes Auberges* (Bauermhöfe, wo man speisen kann) bieten Gästezimmer und Ferienwohnungen bzw. -häuser *(gîtes)* an. Staatlich geprüft und je nach Ausstattung mit ein bis zu vier Ähren katalogisiert sind die **Gîtes de France** (Adresse s. u., Ferienhäuser). Ihr Logo zeigt einen roten Hahn im offenen Fenster, darunter die Umrisse Frankreichs in Gelb, das Ganze auf einem grünen Kreis. Achtung: Bei vielen Chambres und Tables d'hôtes kann man nicht mit der Kreditkarte bezahlen!

Ferienhäuser

Die folgenden Anbieter haben Burgund im Programm:
Cuendet, Strada di Strove, 17,
I-53035 Monteriggioni Siena,
Tel. 0800-183 35 65
(Free Call) (www.cuendet.com)
Inter Chalet, Postfach 5420,
79021 Freiburg,
Tel. 0761-21 00 77, Fax 21 00 154
(www.interchalet.com)
Wolters Reisen, Postfach 1151,
28801 Stuhr/Bremen,
Tel. 0421-899 99 290, Fax 80 14 47
(www.wolters-reisen.de)
Schlichter fallen die Häuser der staatlich kontrollierten Gîtes de France (s.o.) aus. Die Besitzer sind in der Regel Leute aus der Gegend. Je nach Lage und Ausstattung werden die Ferienhäuser mit ein bis drei Kornähren klassifiziert. Den Katalog gibt es über die französische Reservierungszentrale
Gîtes de France,
35, rue Godot de Mauroy,
75009 Paris,
Tel. 01 49 70 75 75,
www.gîtes-de-france.fr.
Eine Alternative ist **Clévacances** (www.clevacances.com). Die halbstaatliche Organisation vermittelt frankreichweit 1800 *Chambres d'hôtes* und 20 000 *Locations* (Wohnungen/Häuser) – je nach Komfort mit ein bis fünf Schlüsseln *(clé)* eingestuft und direkt buchbar. 68 von 95 Départements sind Mitglied.

Camping

Vom luxuriösen Platz mit Pool und Tennisplatz bis zum *Camping à la Ferme* (Zelten auf dem Bauernhof) mit Gartenschlauchdusche findet jeder einen Platz nach seinem Geschmack. Für die Hauptsaison muss lange im Voraus reserviert werden. Ein Verzeichnis kann man beim regionalen Fremdenverkehrsamt anfordern (s. S. 210).

Jugendherbergen

Preiswerter als in einer *Auberge de jeunesse* lässt es sich nicht übernachten. Ein internationaler Jugendherbergsausweis ist erforderlich. Ein Verzeichnis französischer Herbergen kann man bestellen bei der
FUAJ (Fédération Unie des Auberges de Jeunesse)
27, rue Pajol, 75018 Paris,

Tel. 01 44 89 87 27, Fax 01 44 89 87 10, Internet: www.fuaj.org.

Verkehrsmittel

Bahn

Größere Orte sind durch das Liniennetz der staatlichen Eisenbahngesellschaft SNCF verbunden. Auskunft landesweit Tel. 08 92 35 35 35 (tgl. 7–22 Uhr, 0,34 €/Min.). Internet: www.sncf.com.

Informationen über die Nahverbindungen (Transports Express Régionaux, TER) enthält ein Heft, das es in allen Bahnhöfen kostenlos gibt, im Internet stehen die Verbindungen unter www.ter.sncf.fr/bourgogne.

Bus

Einen Busbahnhof (gare routière) findet man in allen größeren Orten. Von Stadt zu Stadt ist die Verbindung gut. Ins Umland ist der Fahrplan dagegen mager. Busse bringen Reisende zwar in abgelegene Dörfer, verkehren jedoch oft nur morgens und abends. Auf Hauptstrecken sind auch werktags mehrere Verbindungen üblich, am Wochenende dagegen nicht.

Taxi

Neben der Grundgebühr von 2 € berechnet sich der Preis pro Kilometer. Kilometer-Pauschale von 7–19 Uhr etwa 0,5 sonst 0,9 €. So und an Feiertagen wird der höhere Tarif berechnet. Für Gepäckstücke ab 5 kg ist 1 € Aufpreis fällig.

Leihwagen

Leihautos können über TUI Cars (Tel. 0511/567 89 17, Fax 567 43 40, tuicars@tui.de) bequem vorgebucht werden. Wie bei den Airlines kommen vermehrt Billigangebote auf den Markt. So hat Sixt (www.sixt.de) die Tochter Sixti gegründet. Weitere Angebote bei Holiday Cars (Tel. 0180/ 517 91 91, www.holidaycarsdirekt.de).

Zeit

In Frankreich gilt Mitteleuropäische Zeit (MEZ) – kein Zeitunterschied zu Deutschland, Österreich und der Schweiz.

SPRACHFÜHRER

Begrüßung

Guten Tag	bonjour
Guten Abend	bonsoir
Auf Wiedersehen	au revoir
Entschuldigung	excusez-moi pardon
Bitte	s'il-vous-plaît
Danke	merci
Wie geht's?	Ça va?
Es geht gut.	Ça va bien.

Die wichtigsten Sätze

Ich spreche nicht französisch.	Je ne parle pas français.
Sprechen Sie deutsch/ englisch?	Parlez-vous allemand/ anglais?
Danke, das ist sehr freundlich.	Merci, c'est très gentil
Verkaufen Sie Briefmarken/ Telefonkarten?	Vous vendez des timbres/ télécartes?
Ich habe ein Zimmer auf den Namen.... reserviert.	J'ai réservé une chambre au nom de...
Entschuldigung, kennen Sie das Hotel... den Weg nach...?	Excusez-moi, connaissez-vous l'hôtel... le chemin pour aller à ..?
Haben Sie noch ein Zimmer frei?	Il vous reste encore une chambre libre?
Kann ich es anschauen?	Puis-je la voir?
Wie teuer ist das Zimmer?	La chambre est à combien?
Ist das Frühstück im Preis inbegriffen?	Le petit déjeuner est inclus au prix?
Bieten Sie Halbpension an?	Est-ce que vous faites demi-pension?
Wo bitte ist ...?	Où est ..., s'il-vous-plaît?
Ist es weit?	C'est loin?
Ich möchte einen Tisch für zwei Personen für heute abend um 20 Uhr reservieren.	J'aimerais réserver une table pour deux personnes ce soir à vingt heures.
Haben Sie noch einen Tisch für zwei Personen?	Il vous reste une table pour deux personnes?
Können Sie uns etwas empfehlen?	Est-ce que vous pouvez nous recommander quelque chose?
Haben Sie schon gewählt?	Vous avez déjà fait votre choix?
Welcher Wein (aus der Region) passt zu unse rem Essen?	Quel vin (de la région) irait avec notre menu?
Was haben Sie an Nachtisch?	Qu'est-ce qu'il y a comme dessert?
Die Rechnung bitte.	L'addition, s'il-vous-plaît.
Wann schließen Sie?	Vous fermez à quelle heure?
Haben Sie täglich geöffnet?	C'est ouvert tous les jours?
Wie teuer ist der Eintritt bitte?	Combien coûte l'entrée, s'il

	vous-plaît?
Ich möchte gerne ... kaufen.	Je voudrais acheter ...
Ich möchte gern telefonieren.	J'aimerais bien téléphoner.
Können Sie bitte die Polizei für mich anrufen?	Pourriez-vous m'appeler la police, s'il-vous-plaît?
Man hat mir meine Tasche/ Portemonnaie gestohlen.	On m'a volé mon sac/ porte-feuille.

Allgemeines

Personalausweis	carte d'identité
Kreditkarte	carte de crédit
Studentenausweis	carte d'étudiant
Briefmarke	timbre
Telefonkarte	télécarte
Eintritt(-sgeld)	entrée
Öffnungszeiten	horaires
Ermäßigung	réduction
Führung	visite guidée

Unterkunft

Jugendherberge	auberge de jeunesse
Hotel	hôtel
Empfang	réception
Name	nom
Zimmer (Gäste-/ doppel)	chambre (d'hôtes/ double)
Bad (mit Dusche/ Badewanne/ Balkon)	salle de bain (avec douche/baignoi-re/balcon)
Zusatzbett	lit supplémentaire
Getrennte Betten	lits séparés
Frz. Bett	grand lit
Handtuch	serviette
Blick auf (das Gebirge/das Tal/den Wald)	vue sur (la montag-ne/la vallée/ la forêt)
Frühstück	petit déjeuner
Aufzug	ascenseur
Gepäck	bagages
Pool	piscine

Im Restaurant

Die Karte	carte/le menu
Weinkarte	carte des vins
Essen	manger
Trinken	boire
Küche	cuisine
Mittagessen	déjeuner
Abendessen	dîner
Mahlzeit	repas
Tagesgericht	plat du jour
Gedeck	couvert
Tisch	table
Messer	couteau
Gabel	fourchette
(Tee-)Löffel	(petite) cuillère
Vorspeise	entrée/ hors d'œuvre
Hauptgang	plat principal
Nachspeise	dessert
Heiß	chaud
Kalt	froid
Salz	sel
Pfeffer	poivre
Zucker	sucre
Öl	huile
Essig	vinaigre

Im Krankheitsfall

Apotheke	pharmacie
Sonnenbrand	coup de soleil
Schwindel	vertige
Fieber	fièvre
Magenschmerzen	mal à l'estomac
Kopfschmerzen	mal à la tête
Zahnschmerzen	mal aux dents
Bienenstich	piqûre d' abeille

Wespenstich	piqûre de guêpe
Pflaster	sparadraps
Sonnenschutz-mittel	produit solaire
Tabletten gegen Durchfall	comprimés contre la diarrhée

Unterwegs

Tankstelle	station d'essence
Werkstatt	garage
Benzin	essence
Diesel	gazole
Bleifrei	sans plomb
Panne	panne
Unfall	accident

Ortsbezeichnungen

Café	salon de thé
Markt	marché
Supermarkt	supermarché
Bäckerei	boulangerie
Postamt	bureau de poste
Verkehrsamt	office de tourisme/ syndicat d'initiative
Stadtplan	plan de ville
(Bus-) Bahnhof	gare (routière)
Haltestelle	arrêt
Hafen	port
Bootsanleger	halte fluviale
Wanderweg	sentier de randonnée

Wochentage/Zeitbegriffe

Montag	lundi
Dienstag	mardi
Mittwoch	mercredi
Donnerstag	jeudi
Freitag	vendredi
Samstag	samedi
Sonntag	dimanche
Wochenende	week end
Feiertag	jour de fête/férier
Heute	aujourd'hui
Morgen	demain
Gestern	hier
Tag	jour
Woche	semaine
Monat	mois
Anfang	début
Ende	fin

Zahlen

Eins	un
Zwei	deux
Drei	trois
Vier	quatre
Fünf	cinq
Sechs	six
Sieben	sept
Acht	huit
Neun	neuf
Zehn	dix
Elf	onze
Zwölf	douze
Dreizehn	treize
Vierzehn	quatorze
Fünfzehn	quinze
Sechszehn	seize
Siebzehn	dix-sept
Achtzehn	dix-huit
Neunzehn	dix-neuf
Zwanzig	vingt
Einundzwanzig	vingt-et-un
Zweiundzwanzig	vingt-deux
Dreissig	trente
Vierzig	quarante
Fünfzig	cinquante
Sechzig	soixante
Siebzig	soixante-dix
Achtig	quatre-vingts
Neunzig	quatre-vingts-dix
Hundert	cent
Tausend	mille

KULINARISCHES LEXIKON

agneau	Lamm
aiguillettes de canard	feine Entenbrustfilets
ail	Knoblauch
airelle rouge	Preiselbeere
amandes	Mandeln
Ami du Chambertin	weicher Kuhkäse in einer Buchenspanschachtel
amuse bouche	Appetithappen, der vor dem Menü als Empfehlung des Hauses gereicht wird
aneth	Dill
andouille	Kuttelwurst
andouillette de Chablis	Innereienwurst in Weisswein
arête	Gräte
asperges (sauvages/vertes)	Spargel (wilder/grüner)
assiette de crudités/charcuterie	Rohkostteller/Wurstteller (als Entrée)
artichaut	Artischocke
basilic	Basilikum
beignets	Krapfen
betteraves rouges	Rote Bete
beurre	Butter
bien cuit	gut durchgebraten (Fleisch)
bière (pression)	(frischgezapftes) Bier
blanquette de veau	Kalbsfrikassee
blette	Mangold
bœuf	Rind
bœuf bourguignon	Rindfleischtopf mit mariniertem Fleisch und Rotwein
boisson	Getränk
bouchon	Korken
bouchonné	mit Korkgeschmack (Wein)
boudin noir	Blutwurst
bouteille	Flasche
Bouton de Culotte	Ziegenkäse
braisé, braisée	geschmort
brébis	Schaf, Schafskäse
Brillat Savarin	eine Sorte Kuhkäse
brioche	Hefebrot, süss
broche	Spieß
brochet	Hecht
brochette	Spießchen
Cabécou	kleiner Ziegenkäse
caille	Wachtel
caneton	junge Ente
cannelle	Zimt
carré (d'agneau)	(Lamm-)rücken
cassolette de...	Pfannengericht von...
cave	Keller
céleri	Sellerie
cèpes	Steinpilze
champignons de Paris	weisse Champignons
chanterelles	Pfifferlinge
Chaource	junger Kuhkäse mit leicht pudrigem, säuerlichem Geschmack
charcuterie	Wurstplatte

(de Morvan)	(mit Spezialitäten des Morvan)
charlotte	Dessert aus Löffelbiscuits mit Cremefüllung
(aux fraises...)	(Erdbeer...)
châtaigne	Kastanie
chaud, chaude	heiß
chèvre	Ziege, Ziegenkäse
chevreuil	Reh
chou (-fleur)	(Blumen-) Kohl
ciboulette	Schnittlauch
Cîteaux	Weichkäse (Kuh) aus der gleichnamigen Abtei
citronelle	Zitronenmelisse
citrouille	Kürbis
civet de...	Ragout von...
civet de lièvre	Hasenpfeffer
cochon de lait	Spanferkel
cocotte	feuerfester Topf
coing	Quitte
concombre	Gurke
confit de...	Eingelegtes/Eingekochtes von...
consommée	klare Brühe
coq	Hahn
coq au vin	Hähnchen in Rotwein
coquillages	Schalentiere
coquilles (St-Jacques)	Muscheln (Jakobs-)
coriandre	Koriander
cornichons	Gewürzgurken
côte de...	Rippenstück vom (Fleisch)
coulis	Sauce, die über das Gericht gegossen wird
coupe de glace	Eisbecher
couvert	Gedeck
couteau	Messer

Crémant de Bourgogne	Schaumwein der Bourgogne
crème anglaise	Vanillecreme (Dessert)
Crème Chantilly	Schlagsahne
crêpe	dünner Pfannkuchen
Crottin de Chavignol	kleiner, runder Ziegenkäse, je härter, desto reifer und würziger
cru/crue	roh
Cuisses de grenouilles	Froschschenkel
cumin	Kümmel
déjeuner	Mittagessen
désossé/Désossée	entbeint, ohne Knochen
dessert	Nachtisch
dinde	Puter
dîner	Abendessen
(demi-)douzaine	(halbes) Dutzend
doux/douce	süß
dur/dure	zäh, hart
eau de vie	klarer Schnaps, Obstbrand
eau gazeuse/pétillante	Mineralwasser mit Kohlensäure
eau plate	Stilles Wasser
ecrevisses (à la nage)	Flusskrebse (im Weißwein- und Kräutersud)
emincé de...	Geschnetzeltes von...
en carafe (auch: au pichet)	offener Wein
en croûte (de sel)	im (Salz-)mantel
entrecôte	Zwischenrippenstück
epaule	Schulter

epices	Gewürze
épinards	Spinat
Epoisses	würziger, in Trester gewaschener Kuhkäse
escargots	Schnecken
escargots à la bourguignonne	Schnecken in Kräuterbutter
escalope	Schnitzel/Schnitte
faim	Hunger
faisan	Fasan
farci/farcie	gefüllt
farine	Mehl
faux-filet	Roastbeef
fenouil	Fenchel
feuille de...	Blatt von...
feuilleté de...	Blätterteig gefüllt mit...
fèves	Saubohnen
figue	Feige
foie gras	Stopfleber
fourchette	Gabel
fourneau	Ofen
fraises (des forêts)	Erdbeeren (Wald-)
framboises	Himbeeren
fromage	Käse
fromage blanc	Quark
fruits	Obst
fruits de mer	Meeresfrüche
fruits confits	Kandierte Früchte
fruits séchés (auch: fruits secs)	Trockenobst
fumé/fumée	Geräuchert
garçon	Kellner
garniture	Beilagen
gâteau	Kuchen
gelée	Aspik
gésier	Geflügelmagen
gibier	Wild

gigot d'agneau	Lammkeule
gingembre	Ingwer
girofle	Gewürznelke
girolles	Pfifferlinge
gglace	Eis
glacé/glacée	gefroren, geeist
gougères	mit Käse gefüllte Windbeutel, zum Aperitif oder zur Weinprobe
goût	Geschmack
goutte	Tropfen
graisse	Fett
gras/grasse	fett
gratin (dauphinois)	Auflauf (mit Kartoffeln und Sahne)
grillades	Grillgerichte
grillé/grillée	gegrillt
griotte	Sauerkirsche
groseilles noire/rouge	schwarze/rote Johannisbeeren
haricots (verts)	(grüne) Bohnen
hors d'œuvre	Vorspeisen
huile (d'olive)	(Oliven-) Öl
huîtres	Austern
Ile flottante	Dessert aus Eischnee auf Vanillecreme
infusion	Aufguss, Früchte oder Kräutertee
jambon (cru/fumé/de montagne)	(roher/gerräucherter/Gebirgs-) Schinken
jambon persillé	gekochter Schinken in Petersiliengelee
jarret de...	Haxe von...
joue de bœuf	Rinderbacke

julienne de...	feingeschnittene Streifen von...
jus	Saft
lait	Milch
laitue	Kopfsalat
langue de bœuf	Kalbszunge
lapereau	(Wild)-Kaninchen
lapereau (à la moutarde)	(Wild)-Kaninchen (in Senfsauce)
lapin (à la bressane)	Kaninchen (in Sahnesauce)
lard	Speck
lavende	Lavendel
légumes	Gemüse
lentilles	Linsen
lièvre	Hase
macéré, macérée	mariniert
magret de canard	Entenbrust
marc de...	Tresterschnaps von...
marjolaine	Majoran
marron	Esskastanie
melon	Honigmelone
menthe	Minze
meringue	weiches Baiser
miel	Honig
mijoter	köcheln
millefeuille	Blätterteig
morilles	Morcheln
moutarde	Senf
mouton	Hammel
mousse	Schaumcreme
mur, mure	reif
mûre	Brombeere
navarin d'agneau	Lammragout
noisettes	Haselnüsse
noisette (de chevreuil)	(Reh-)nüsschen (Fleischstück)
noix	Walnuss
noix de St-Jacques	der feinste Teil der Jakobsmuschel
nouilles	Nudeln
œuf	Ei
œufs en meurette	verlorene Eier in Rotweinsauce mit Speck und Pilzen
oignon	Zwiebel
ortie	Brennessel
oseille	Sauerampfer
os	Knochen
pain	Brot
pain d'épices	Gewürz- oder Honigbrot
palais	Gaumen
panaché de...	Verschiedene Arten von...
parmentière	Kartoffelbrei, oder -terrine
pâté	Pastete
pâtes (fraîches)	(frische) Nudelteigwaren
pâtisserie	Feinbäckerei. Auf der Speisekarte: Kuchen
pavé	Fleisch- oder Fischstück in Form eines Pflastersteins (Rind, Lamm oder Lachs)
pêche (de vigne)	(Weinberg-)pfirsich
pêche	Fischfang
perdreau	Rebhuhn
persillade	Petersilie mit Knoblauch, feingehackt
petits farcis	verschiedene junge Gemüse mit Fül-

	lung
petits fours	kleines Feingebäck
petits pois	Erbsen
pigeon (fermier)	Taube (vom Bauernhof)
pigeonneau	Täubchen
piment doux	milder Gemüse-paprika
pintade	Perlhuhn
pissenlit	Löwenzahn
pistache	Pistazie
plat (du jour)	(Tages-)gericht
plat principal	Hauptgericht
pleurotes	Austernpilze
Pôchouse	Flussfischtopf mit Aal, Barsch, Schleie, Hecht, Karpfen und Weißwein
poêlé, poêlée	aus der Pfanne
point (à point)	medium gebraten
poires belle dijonnaise	Birnen mit Johan-nisbeersorbet
pois chiches	Kichererbsen
poireaux	Lauch
poisson	Fisch
poivron	große Paprika
pomme	Apfel
pommes de terre	Kartoffeln
porc	Schwein
potage	Suppe aus pürier-tem Gemüse
potiron	Kürbis
poularde	junges Masthuhn
poule	Huhn
poulet	Hähnchen
poulet à la crème	Hähnchenfleisch in Sahne-Weiß-weinsauce
poussin	Küken
profiteroles	Windbeutel
prune	Pflaume
pruneau	Backpflaume
pulpe	Fruchtfleisch
queue (d'écre-visses)	(Krebs-)schwanz
queues de bœuf à la vigneronne	Ochsenschwanz mit Weintrauben
quiche	Mürbeteigkuchen mit Füllung
râble de -lapereau	(Wild)-Kaninchen rücken
raisins	Trauben
raisins secs	Rosinen
ravioles de...	Nudelteigtaschen gefüllt mit...
ris de veau	Kalbsbries
riz	Reis
rognons de veau	Kalbsnieren
rôti de...	Braten von...
rougets	Rotbarben
Saint-Florentin	ausgereifter Kuh-käse
Salmis	lang köchelndes Ragoût, mei-stens Geflügel
sanglier	Wildschwein
saucisse	Bratwurst
saucisson	Hartwurst, Salami
sauge	Salbei
saumon	Lachs
sauté, sautée	gebraten
sel (gros sel)	(grobkörniges) Salz
selle (d'agneau)	(Lamm-)rücken
semoule	Grieß
sole	Seezunge
sorbet de...	Wassereis von...
soufflé	leichter Auflauf, süss oder pikant
Soumaintrain	Kuhkäse
supplément	Aufpreis

tarte	Kuchen, süß oder salzig
tartelette	Küchlein, süß oder salzig
terrine de...	in der Schüssel zubereitete Pastete von...
thym	Thymian
tiède	lauwarm
tilleul	Lindenblüte
tranche	Scheibe
tripes	Kutteln
truffes	Trüffeln
vacherin (aux abricots ...)	Desserttorte aus Milchspeiseeis, Baiser, Sahne (mit Aprikosen ...)
veau	Kalb
velouté de ...	Rahmsuppe von ...
vendanges	Weinlese
vendange tardive	Spätlese
verre	(Trink-)glas
viande	Fleisch
vinaigre	Essig
vinaigrette	Essig-Öl-Salatdressing
volaille	Geflügel
zeste (d'orange, de citron...)	(Orangen,- Zitronen-)schale

REGISTER

BURGUND-ATLAS

LEGENDE

1 : 600.000

0 — 20 km

A 31 4 Autobahn mit Nr. und Anschlussstelle	Flughafen; Flugplatz
E 54 Schnellstraße mit Europastraßennr. und Anschlussstelle	Kirche; Kirchenruine
N19 Fernstraße mit Nationalstraßennr.	Schloss, Burg; Schloss-/Burgruine
985 Hauptstraße mit Departementstraßenr.	Kloster; Sehenswürdigkeit
Nebenstraße	Berggipfel; Höhenpunkt
Sonstige Straßen	Wasserfall
Straße in Bau; Straße in Planung	Höhle
Departementgrenze	Archäologische Stätte
Nationalpark, Naturpark	Aussichtspunkt
Sperrgebiet	Heilbad

A
B
C
1
2
3
4
Jaulnes
Balloy
Bray-s.-S.
Fontaine-Fourches
Compigny
Sognes
Marcilly-le-Hayer
sur-Loing
Ville-St-Jacques
La Brosse-Montceaux
sur-Seine
Vinneuf
Pailly
Perseneige
Mauny
Bercenay-le-Hayer
Villecerf
Villeneuve-la-Guyard
Champigny
Grange-le-Bocage
Villemer
Thoury-Férottes
Michery
Fleurigny
Pouy-sur-Vanne
Boisroux
Voulx
Villemanoche
La Chapelle-sur-Oreuse
Thorigny-sur-Oreuse
Courgenay
Treuzy-Levelay
187 m
Pont-sur-Yonne
Gisy-les-Nobles
Blennes
St-Sérotin
Paley
Lorrez-le-Bocage
Vallery
Soucy
Voisines
233 m
Vulaines
Yonne
St-Denis-les-Sens
A 5
E 54
Lailly
Préaux
Brannay
St-Clement
Fontaines-la-Gaillarde
Villeneuve-l'Archevêque
Remauville
Dollot
Sens
Vanne
Cheroy
A 19
St-Valérien
185 m
Chigy
Egreville
Jouy
Villeroy
Paron
Theil-sur-Vanne
Les Sièges
Le Bighon-Mirabeau
Montacher-Villegardin
Villeneuve-la-Dondagre
Subligny
E 511
Bransles
Coulours
Cerisiers
Vaudeurs
Rosoy-le-Vreil
Villeneuve-la-Dondagre
Domats
N60
N6
Passy
Fontenay-sur-L.
Ferrières
Marsangy
Ervauville
Villeneuve-sur-Yonne
Les Bordes
La Selle-sur-le-Bied
Dilo
Arces
Bussy-le-Repos
Dixmont
YONNE
89
Courtenay
Piffonds
St-Julien-du-Sault
La Chapelle-St-Sépulcre
E 60
Courtenay
St-Martin-d'Ordon
Villevallier
Bussy-en-Othe
Brienon-sur-Armançon
La Selle-en-Hermoy
Chuelles
A 6
St-Loup-d'Ordon
Villecien
E 15
Cézy
Joigny
Migennes
St-Florentin
targis
Précy-sur-Vrin
illy
St-Germain-des-Prés
Cudor
La Celle-St-Cyr
Douchy
Villefranche-St-Phal
Joigny
Champlay
Cheny
Armançon
Sépeaux
Hauterive
Châteaurenard
St-Romain-le-Preux
Bassou
Montcresson
LOIRET
45
Prunoy
Senan
Chemilly-sur-Yonne
Héry
Charny
La Ferté-Loupière
Neuilly
Montbouy
St-Maurice-sur-Aveyron
Chambeugle
229 m
Aillant-sur-Tholon
Appoigny
Fleury-la-Vallée
Moneteau
Lignorelles
Châtillon-Coligny
St-Martin-sur-Ouanne
Sommecaise
Les Placeaux
Auxerre-Nord
Bleury
Ste-Geneviève-des-Bois
Aillant-sur-Milleron
Grandchamp
Perrigny
Jonches
Egleny
St-Georges-sur-Baulche
Venoy
Villiers-St-Benoît
Auxerre
Dammarie-sur-Loing
Champignelles
AUXERRE
Parly
Pourrain
Augy
Chitry
Rogny
Champcevrais
Louesme
St-Bris-le-Vineux
Villeneuve-les-Genêts
Tannerre-en-Puisaye
Toucy
Champs-s.-Yonne
Escamps
Irancy
Canal de Briare
Bléneau
Septfonds
Vincelles
Vincelottes
Breteau
Mézilles
Coulanges-la-Vineuse
St-Privé
Loing
Fontaines
Leugny
Ouzouer-sur-Trézée
Val-de-Mercy
Migé
Bazarnes
Ouanne
St-Fargeau
Fontenoy
Charentenay
Trucy-sur-Yonne
Accolay
Dammarie-en-Puisaye
Réservoir du Bourdon
St-Sauveur-en-Puisaye
Tainqy
Courson-les-Carrières
Mailly-la-Ville
Le Défens
Fontenay-sous-Fouronnes
Lavau
Moutiers-en-Puisaye
Thou
Bonny-s.-Loire
Mailly-le-Château
Ratilly
Forêt de Frétoy
Bonny-sur-Loire
Arquian
Treigny
Druyes-les-Belles-Fontaines
Annay
St-Amand-en-Puisaye
Coulanges-sur-Yonne
Crain
Neuvy-sur-Loire
Châtel-Censoir
Sainpuits
361 m
A 77
Dampierre-sous-Bouhy
Andryes
Les Brocs
Etais-la-Sauvin
Asnières-sous-Bois
Léré
Bitry
Entrains-sur-Nohain
Billy
285 m
Myennes
St-Loup
Alligny-Cosne
Clamecy
Chamoux
St-Amand-en-Puisaye
Ciez
Corvol-l'Orgueilleux
Collines de la Puisaye
Forêt d'Othe
N7
N151

S. 236

D
E
F
TROYES
La Chapelle-St-Luc
Pont-Ste-Marie
St-Parres-aux-Tertres
St-André-les-Vergers
St-Julien-les-Villas
Bréviandes
Buchères
Troyes-Est
Torvilliers
St-Thibault
Prunay-Belleville
Ste-Julie
St-Pierre
Creney-Près-Troyes
Piney
Radonvilliers
Brevonnes
Dienville
La Rothière
Vernonvill
Parc Natural Régional
Lac Amance
Lac du Temple
Lac d'Orient
Fôret d'Orient
Géraudot
Jessains
Trannes
Fontvannes
Estissac
Villemaur-sur-Vanne
Bucey-en-Othe
Aix-en-Othe
Chennegy
Lusigny-s.-Barse
La Villeneuve-au-Chêne
Dolancourt
Vendeuvre-sur-Barse
Bercenay-en-Othe
St-Mards-en-Othe
Bouilly
Clérey
Chaffour-lès-Bailly
Briel-sur-B.
Maraye-en-Othe
La Perrière
Villery
Cormost
Vaudes
Seine
Villemoyenne
Magnant
Bligny
Crésantignes
St-Jean-de-Bonneval
St-Parres-lès-Vaudes
Forêt d'Aumont
Jeugny
Chamoy
Auxon
St-Phal
Virey-sous-Bar
Bourguignons
Vitry-le-Croisé
332 m
Eguilly-sous-Bois
Champ lez-Mono
Chacenay
Bar-sur-Seine
Merrey-sur-Arce
Celles-sur-Ource
A R D E N N E
Lantages
Villemorien
Neuvy-Sautour
Ervy-le-Châtel
Chaource
Ource
Buxeuil
Essoyes
Soumaintrain
Vanlay
Chessy-les-Prés
Cussangy
Pargues
Gyé-sur-Seine
Cunfin
307 m
337 m
Butteaux
Canal de Bourgogne
Balnot-la-Grange
Bagneux-la-Fosse
Chesley
Les Riceys-Haut
Mussy-sur-Seine
Autric
Flogny
Charrey
Coussegrey
Channes
Arthonnay
Beauvoir-sur-Sarce
Molesmes
Villedieu
Carisey
Ruines Gallo-Romaines
Villers-Patras
Brion-sur-Ource
Ligny-le-Châtel
Vézinnes
Molosmes
Rugny
Villon
Vix
Bouix
Epineuil
St-Martin-sur-Armançon
Cruzy-le-Châtel
Nicey
Griselles
Larrey
Châtillon-sur-Seine
Tonnerre
Fyé
Collan
Chablis
Tanlay
Pimelles
Laignes
Cérilly
Gigny
Balot
Ampilly-le-Sec
Buncey
Lézinnes
Yrouerre
Ancy-le-Franc
Sennevoy-le-Bas
Les Forges
Fontaines-les-Sèches
Massoult
St-Cyr-les-Colons
Argenteuil-sur-Armançon
Cusy
Stigny
Coulmier-le-Sec
Ste-Vertu
Molay
Planay
Aisey-sur-Seine
Lichères-près-Aigremont
Arton
Moulins-en-Tonnerois
Nuits
Ravières
Verdonnet
Puits
Asnières-en-Montagne
Noyers
Forêt du Grd. Jailly
Etais
St-Marc-sur-Seine
Nitry
Arrans
Villaines-en-Duesmois
Sacy
Sarry
Etivey
Aisy-sur-Armançon
Touillon
S. 235
Abbaye de Fontenay
Joux-la-Ville
Annoux
Châtel-Gérard
Forêt de St-Jean
St-Remy
Jours
Arcy-sur-Cure
Forêt d'Hervaux
Montbard
Lucenay-le-Duc
Fain-les-Montbard
Voutenay-sur-Cure
L'Isle-sur-Serein
440 m
Seigny
Bussy-le-Grand
Vassy
Athie
Champ-d'Oiseau
Bussy-Rabutin
Vassy
Provency
Sauvigny-le-Bois
Montréal
Avallon
Armançon
Grésigny-Ste-Reine
Vault-de-Lugny
308 m
Venarey-les-Laumes
Fouilles d'Alésia
Asquins
Avallon
Toutry
Epoisses
Pouligny
Semur-en-Auxois
Flavigny-sur-Ozerain
Thenisse
Magny
Savigny-en-Terre-Plaine
St-Père
Island
Cussy-les-Forges
S. 237
Serein
Coucelles-
Marigny-
Jailly-les-Moulins
A 5
E 54
E 17
A 6
E 15
E 60
N19
N60
N77
N71
N6
1
2
3
4

A
B
C
S. 233
S. 232
S. 236
S. 238
1
2
3
4
Flogny
Coussegrey
Charrey
Carisey
Vézinnes
Ligny-le-Châtel
Molosmes
Rugny
Villon
Beauvoir-sur-Sarce
Haut
Mussy-sur-Seine
Autricourt
Molesmes
Villedieu
Ruines Gallo-Romaines
Villers-Patras
Brion-sur-Ource
Vix
Bouix
Larrey
Griselles
Nicey
Cruzy-le-Châtel
St-Martin-sur-Armançon
Epineuil
Tonnerre
Collan
Fyé
Chablis
Tanlay
Pimelles
Laignes
Cérilly
Châtillon-sur-Seine
Balot
Ampilly-le-Sec
Buncey
Gigny
Lézinnes
Yrouerre
Ancy-le-Franc
Sennevoy-le-Bas
Les Forges
Fontaines-les-Sèches
Massoult
Coulmier-le-Sec
Stigny
Cusy
Argenteuil-sur-Armançon
Ste-Vertu
Molay
Arton
Moulins-en-Tonnerois
Noyers
Nuits
Ravières
Asnières-en-Montagne
Verdonnet
Planay
Puits
Aisey-sur-Seine
Forêt du Grd. Jailly
Arrans
Etais
Villaines-en-Duesmois
St-Marc-sur-Seine
Nitry
Sacy
Sarry
Etivey
Aisy-sur-Armançon
Touillon
Abbaye de Fontenay
Jours
Joux-la-Ville
Forêt d'Hervaux
Annoux
Châtel-Gérard
Forêt de St-Jean
St-Rémy
Montbard
Lucenay-le-Duc
Fain-les-Montbard
Seigny
Bussy-le-Grand
Bussy-Rabutin
Voutenay-sur-Cure
L'Isle-sur-Serein
Vassy
Athie
440 m
Champ-d'Oiseau
Grésigny-Ste-Reine
Vassy
Sauvigny-le-Bois
Provency
Montréal
Avallon
308 m
Vault-de-Lugny
Asquins
Toutcy
Epoisses
Pouligny
Venarey-les-Laumes
Fouilles d'Alésia
Semur-en-Auxois
Flavigny-sur-Ozerain
Magny
Island
St-Père
Pierre-Perthuis
Cussy-les-Forges
Savigny-en-Terre-Plaine
Armançon
Serein
Coucelles-lès-Semur
Thoste
Bierre-lès-Semur
Marigny-le-Cahouët
Jailly-les-Moulins
St-Germain-de-Champs
Rouvray
Montigny-sur-Armançon
St-Léger-Vauban
St-Andeux
Chastellux-sur-Cure
Quarré-lès-Tombes
428 m
St-Germain-de-Modéon
Précy-sous-Thil
Nan-sous-Thil
Pont Royal
Vitteaux
St-Thibault
CÔTE-D'OR 21
Marigny-l'Eglise
Abbaye de la Pierre-qui-Vire
Parc
Molphey
Beurizot
Uncey-le-Franc
Grosbois-en-Montagne
385 m
St-Martin-du-Puy
598 m
Lac de St-Agnan
Régional
Thorey-sous-Charny
Mont-St-Jean
Aubigny-les-Sombernon
Lormes
Plainefat
Dun-lès-Places
Villargoix
Chailly-sur-Armançon
Civry-en-Montagne
628 m
BOURGOGNE
St-Brisson
Champeau-en-Morvan
Saulieu
Pouilly-en-Auxois
Autun/Saulieu
Brassy
Thoisy-le-Berchère
Créancey
Vandenesse
Vauclaix
Mâcon
Marcilly-Ogny
Montsauche
Duroux-en-Morvan
665 m
Alligny-en-Morvan
Liernais
Censerey
Maupas
Rouvres-sous-Meilly
Allerey
Barrage de Pannesière-Chaumard
Lac des Settons
Brazey-en-Morvan
Moux-en-Morvan
Blanot
Pochey
Cussy-le-Châtel
Ste-Sabine
Chaumard
Montigny-en-Morvan
Planchez
Gien-sur-Cure
Buis
Marcheseuil
Arnay-le-Duc
Thorey-sur-Ouche
L'Huis-Prunelle
Chissey-en-Morvan
Savilly
Antigny-le-Château
Lafault-de-Frétoy
726 m
Cussy-en-M.
Magnien
Ecutigny
St-Péreuse
Anost
Lucenay-l'Evêque
du Morvan
Lacanche
Château-Chinon
Arleuf
Mont Robert
La Petite-Verrière
Champignolles
Seine
Cure
Sarthe
Cousin
Serein
A 6
E 15
E 60
N6
N71
N81
905
952
953
965
944
956
957
954
980
970
978
977B
15
21
70
26
901
37

1 cm = 6 km 1 : 600.000
0 20 km

A
B
C
1
2
3
4
S. 232
Bonny-sur-Loire
Arquian
Annay
Neuvy-sur-Loire
Ratilly
St-Amand-en-Puisaye
Dampierre-sous-Bouhy
Sainpuits
Druyes-les-Belles-Fontaines
Forêt de Frétoy
361 m
Coulanges-sur-Yonne
Crain
Châtel-Censoir
Andryes
Etais-la-Sauvin
Billy
Asnières-sous-Bois
Léré
Les Brocs
Bitry
Entrains-sur-Nohain
285 m
Clamecy
Chamoux
Cosne-s.-Loire
Myennes
St-Loup
Alligny-Cosne
St-Amand-en-Puisaye
Villaine
Ciez
Corvol-l'Orgueilleux
Domecy
Le Pâtis-de-Nantes
Cosne-s.-Loire
Pougny
Couloutre
Le Chapelle-St-André
Villers-le-Sec
La Maison Dieu
Les Granges
Donzy
Menou
362 m
Tannay
Nuars
Cuzy
St-Laurent
Oudan
Varzy
Monceau-le-Comte
Suilly-la-Tour
Champcelée
Ste-Colombe
Marcy
Taconnay
Asnan
Dirol
St-Andelain
Châteauneuf-Val-de-Bargis
Champlemy
Marigny-sur-Yonne
325 m
St-Bouize
Pouilly-sur-Loire
Vielmanay
Garchy
Nannay
Brinon-sur-Beuvron
Corbigny
Mesves-sur-Loire
Narcy
Dompierre-sur-Nièvre
Arzembouy
Champlin
Guipy
Ardan
Hérry
Les Bertins
Beaumont-la Ferrière
St-Révérien
Lugny-Champagne
Estiveaux
Sancergues
St-Hélène
Murlin
Doudoye
Moussy
Sardy-les-Epiry
La Charité-sur-Loire
Prémery
Crux-la-Ville
Bazolles
St-Martin-des-Champs
La Marche
St-Franchy
Précy
Tronsanges
232 m
St-Benin-des-Bois
St-Saulge
Aunay-en-Bazois
Garigny
Guérigny
450 m
Montapas
Pougues-les-Eaux
Varennes-Vauzelles
Ourouër
St-Sulpice
Bona
St-Bénin-des-Champs
Jouet-sur-Aubois
Garchizy
Varennes-Vauzelles
Nanton
Châtillon-en-Bazois
Beaurenard
Torteron
Fourchambault
Nevers
Coulanges
Coulanges-lès-Nevers
Rouy
St-Benin-d'Azy
Frasnay-Reugny
Biches
Le Chautay
Château-Chinon
Sauvigny-les-Bois
Le Gravier
Le Guetin
Challuy
Limon
Fertrève
Les Ourgneaux
La Guerche-sur-l'Aubois
Challuy
Imphy
Le-Petit-Logue
Anlezy
267 m
252 m
Germigny-l'Exempt
La Chapelle-Hugon
Saincaize-Meauce
Chevenon
Trois-Vêvres
Diennes-Aubigny
St-Ouen-sur-Loire
Neuvy-le-Barrois
Magny-Cours
La Machine
286 m
Moiry
Château-neuf
Verneuil
St-Léger-des-Vignes
St-Parize-le-Châtel
Cercy-la-Tour
Mornay-sur-Allier
Fleury-sur-Loire
Decize
Sancoins
Les Roses
Devay
Les Arbelats
Fours
St-Augustins
St-Pierre-le-Moûtier
St-Germain-Chassenay
Château-sur-Allier
Livry
Le Veurdre
Neuville-lès-Decize
Lamenay-sur Loire
St-Hilaire-Fontaine
Chantenay-St-Imbert
Cossaye
Gannay-sur-Loire
Grand Veau
Lurcy-Lévis
Pouzy-Mésangy
Dornes
Lucenay-lès-Aix
Cronat
266 m
Limoise
Aubigny
Villeneuve-sur-Allier
St-Ennemond
La Chapelle-
Couleuvre
Loire
Allier
Aubois
Canal du Nivernais
Canal latéral à la Loire
Yonne
Aron
Collines de la Puisaye
Collines du Nivernais
A 77
N7
N151
N81
N76

D
E
F
S. 233
S. 235
S. 238
S. 239
1
2
3
4
A 6
E 15
E 60
N6
N81
N80
N70
E 607
Voutenay-sur-Cure
L'Isle-sur-Serein
Vassy
440 m
Champ-d'Oiseau
Seigny
Bussy-le-Grand
Bussy-Rabutin
Grésigny-Ste-Reine
Vassy
Provency
Sauvigny-le-Bois
Montréal
Avallon
308 m
Vault-de-Lugny
Asquins
Avallon
Toutry
Epoisses
Pouligny
Armançon
Venarey-les-Laumes
Semur-en-Auxois
Fouilles d'Alésia
Flavigny-sur-Ozerain
Magny
Savigny-en-Terre-Plaine
Cussy-les-Forges
Island
St-Père
Pierre-Perthuis
Cure
Serein
Thoste
Bierre-lès-Semur
Coucelles-lès-Semur
Marigny-le-Cahouët
Jailly-les-Moulins
Montigny-sur-Armançon
Rouvray
St-Germain-de-Champs
St-Léger-Vauban
St-Andeux
St-Germain-de-Modéon
Chastellux-sur-Cure
Quarré-lès-Tombes
428 m
Précy-sous-Thil
Nan-sous-Thil
Pont Royal
Vitteaux
St-Thibault
Marigny-l'Eglise
Abbaye de la Pierre-qui-Vire
Parc
Molphey
Beurizot
Uncey-le-Franc
Grosbois-en-Montagne
385 m
St-Martin-du-Puy
598 m
Lac de St-Agnan
Cousin
Thorey-sous-Charny
Sarthe
Mont-St-Jean
Aubigny-les-Sombernon
Civry-en-Montagne
Lormes
Plainefait
Régional
Dun-les-Places
628 m
Villargoix
Chailly-sur-Armançon
BOURGOGNE
Brassy
St-Brisson
Champeau-en-Morvan
Saulieu
Thoisy-le-Berchère
Marcilly-Ogny
Pouilly-en-Auxois
Autun/Sa
Créance
Vandenes
Vauclaix
Montsauche
Mâcon
Maupas
Rouvres-sous-Meilly
Duroux-en-Morvan
665 m
Alligny-en-Morvan
Liernais
Censerey
Allerey
Barrage de Pannesière-Chaumard
Lac des Settons
Moux-en-Morvan
Blanot
Brazey-en-Morvan
Pochey
Cussy-le-Châtel
Chaumard
Montigny-en-Morvan
Planchez
Gien-sur-Cure
Buis
Chissey-en-Morvan
Savilly
Marcheseuil
Arnay-le-Duc
L'Huis-Prunelle
Antigny-le-Château
726 m
Lafault-de-Frétoy
Cussy-en-M.
Anost
Magnien
Ecutigny
St-Péreuse
du Morvan
Lucenay-l'Evêque
Château-Chinon
Arleuf
Mont Robert 699 m
La Petite-Verrière
Lacanche
Champignolles
St-Léger-de-Fougeret
Cordesse
Thury
St-Léger-du-Bois
Moulins-Engilbert
Forêt de la Gravelle
Haut Folin 901 m
La Celle-en-Morvan
St-Forgeot
Dracy-St-Loup
Sully
Epinac-les-Mines
Ivry-en-Montagne
Cirque du Bout du Monde
Onlay
Mont Preneley 850 m
Commarle
La Drée
Villapourçon
St-Prix
La Grande-Verrière
523 m
Saisy
Nolay
Le Puits
AUTUN
Montjeu
La Celle-d'en-Bas
Tintry
Mont de Sène 521 m
Mont Genièvre
Mont Beuvray
St-Léger-sous-Beuvray
St-Honoré-les-Bains
810 m
Mont Jeu 643 m
Forêt de Planoise
Paris-l'Hôpital
St-Maurice-lès-Couches
Vieille Montagne 590 m
Larochemillay
Poil
Etang-sur-Arroux
St-Emiland
Broye
Couches
Millay
Maison-de-Bourgogne
Mesvres
La Chapelle-sous-Uchon
Marmagne
St-Bérain-sur-Dheune
Les Brûles
520 m
St-Didier-sur-Arroux
Signal d'Uchon
La Montée-Noire
Perreuil
Lanty
Luzy
Charbonnat
681 m
La Tagnière
Montcenis
Le Creusot
Canal du Centre
Tazilly
SAÔNE-ET-LOIRE 71
St-Julien-sur-Dheune
Ternant
Pont-de-Vaux
Mont Tharot
434 m
St-Eugène
Montchanin
Les Baudots
Mont d'Azy 323 m
La Coudraye
Marcilly-lès-
Cressy-sur-Somme
Toulon-sur-Arroux
Mont Dardon 509
La Praye
Blanzy
Montchanin-le-Haut
Sanvignes-les-Mines
La Vozelle
Maltat
Grury
Montceau-les-Mines

A
B
C
1
2
3
4
S. 234
S. 236
Château Chinon
St-Péreuse
Châtillon-en-Bazois
Tamnay-en-Bezois
St-Léger-de-Fougeret
Arleut
Mont Robert 699 m
La Petite-Verrière
Lucenay-l'Evêque
Cussy-en-M.
Anost
Chissey-en-Morvan
Savilly
Cordesse
St-Forgeot
Dracy-St-Loup
St-Léger-du-Bois
Sully
Biches
Brinay
Moulins-Engilbert
Forêt de la Gravelle
La Celle-en-Morvan
Commarle
Les Ourgneaux
Onlay
Mont Preneley 850 m
St-Prix
La Grande-Verrière
Villapourçon
Le Puits
AUTUN
Montjeu
523 m
La Celle-d'en-Bas
Les Sarreaux
Mont Genièvre
Mont Beuvray 810 m
St-Léger-sous-Beuvray
Vandenesse
St-Honoré-les-Baines
Isenay
Pouligny
Canal du Nivernais
Aron
Mont Jeu 643 m
Forêt de Planoise
St-Emiland
Vieille Montagne 590 m
Larochemillay
Poil
Etang-sur-Arroux
Broye
La Chèvre
Millay
Maison-de-Bourgogne
Mesvres
La Chapelle-sous-Uchon
Signal d'Uchon 681 m
Marmagne
La Montée-Noire
Roses
Arbelats
Fours
Les Brûles
520 m
St-Didier-sur-Arroux
Arroux
La Tagnière
Montcenis
Le Creusot
St-Hilaire-Fontaine
Lanty
Luzy
Charbonnat
Tazilly
La Nocle-Maulaix
Ternant
Pont-de-Vaux
Mont Tharot 434 m
SAÔNE-ET-LOIRE 71
St-Eugène
Montchanin
Cronat
Mont d'Azy 323 m
La Coudraye
Vitry-sur-Loire
Cressy-sur-Somme
Mont Dardon 509 m
Toulon-sur-Arroux
La Praye
Blanzy
Montceau-les-Mines
Sanvignes-les-Mines
Maltat
Grury
Uxeau
Lesme
Bourbon-Lancy
Signal de Mont 469 m
St-Romain-sous-Versigny
Perrecy-les-Forges
St-Vallier
Mont St-Vincent 603 m
Garnat-sur-Engièvre
La Chapelle-au-Mans
Neuvy-Grandchamp
Pouilloux
Chalmoux
Gueugnon
Ciry-le-Noble
Abbaye de Sept-Fons
St-Aubin-sur-Loire
Loire
Génelard
Marizy
St-Marcelin-de-Cray
Gilly-sur-Loire
Perrigny-sur-Loire
Les Guerreaux
Bragny-en-Charollais
Palinges
421 m
Martigny-le-Comte
St-Martin-de-Salencey
Diou
Rigny-sur-Arroux
Digoine
Dompierre-sur-Besbre
La Motte-St-Jean
Vigny-lès-Paray
Grandvaux
Chaumont
288 m
Canal du Centre
St-Bonnet-de-Joux
Besbre
Coulanges
DIGOIN
Paray-le-Monial
Viry
Vaumas
Saligny-sur-Roudon
Champlecy
La Fourche
Butte de Suin
Puy St-Ambroise
Monétay-sur-Loire
Chassenard
Charolles
Vendenesse-lès-Charolles
St-Léon
St-Léger-sur-Vouzance
Canal du Roanne
St-Yan
Vaudebarrier
Mont des Cargès 561 m
Liernolles
St-Didier-en-Donjon
Lugny-lès-Charolles
Marcilly-la-Gueurce
Ozolles
Dompierre-les-Ormes
Sorbier
Poisson
Luneau
Montceaux-l'Etoile
Le Donjon
Varenne-l'Arconce
St-Symphorien-des-Bois
Colombier-en-Brionnais
Pézanin
510 m
Neuilly-en-Donjon
Avrilly
Dree
Amanzé
Bois-Ste-Marie
Montmelard
Anzy-le-Duc
Varennes-sur-Têche
Le Bouchaud
Bourg-le-Comte
Lavau
La Clayette
Châtenay
Barrais-Bussolles
Montaiguët-en-Forez
Céron
Chambilly
Marcigny
Ste-Foy
St-Christophe-en-Brionnais
Montagne de Dun 721 m
Aigueperse
Lapalisse
Andelaroche
Semur-en-Br.
St-Christophe
Urbise
Artaix
La Chapelle-sous-Dun
Chenay-le-Châtel
Droiturier
St-Julien-de-Jonzy
Mont St-Rigaud 1012 m
Châteauneuf
Melay
Iguerande
Chauffailles
Propières
St-Martin-d'Estréaux
Vivans
La Pacaudière
St-Denis-de-Cabanne
540m
Arfeuilles
LOIRE
Briennon
Belmont
Les Echarmeaux
N81
N80
N70
N79
N7
E 607

BEAUNE
Beaune-Nord
Beaune-Sud
Aloxe-Corton
Savigny-lès-Beaune
Ladoix-Serrigny
Chorey-lès-Beaune
Longvay
Broin
Glanon
Seurre
Charrey-sur-Saône
Pagny-la-Ville
Losne
Damparis
Dole-Choisey
Tavaux
St-Aubin
Tichey
Grosbois-lès-Tichey
Corberon
Levernois
Bligny-lès-Beaune
Pommard
St-Romain
Volnay
Meursault
La Rochepot
Cirque du Bout du Monde
Nolay
Orches
Cussy-la-Colonne
Ivry-en-Montagne
Lusigny-sur-Ouche
Ecutigny
Mont de Sène 521 m
Santenay
Chassagne-Montrachet
Chagny
Demigny
Chaublanc
Palleau
St-Loup-de-la-Salle
Ecuelles
Trugny
Bousselange
Pourlans
Annoire
Peseux
Asnans
Chaussin
Lay-sur-le-Doubs
Les Essards-Taignevaux
Abergement-St-Jean
Pierre-de-Bresse
Frontenard
Verdun-sur-le-Doubs
Allerey
Forêt de Chagny
Forêt de Gergy
Gergy
Verjux
Toutenant
Terrans
Gonthier
La Chapelle-St-Sauveur
Bellevesvre
Rye
Remigny
Bouzeron
Rully
St-Léger-sur-Dheune
Charrecey
Fontaines
Mercurey
Germolles
St-Maurice-en-Rivière
Damerey
St-Martin-en-Bresse
La Chaux
Mervans
Chalon-sur-Saône-Nord
CHALON-SUR-SAÔNE
Sassenay
St-Marcel
L'Abergement-Ste-Colombe
Thurey
St-Germain-du-Bois
Les Chavannes
Cosges
Givry
St-Rémy
St-Désert
Jambles
St-Denis-de-Vaux
Chalon-sur-Saône-Sud
Les Baudots
Marcilly-lès-Buxy
Buxy
Cersot
St-Germain-les-Buxy
Varennes-le-Grand
Oroux-sur-Saône
St-Etienne-en-Bresse
Simard
Montcony
JURA 39
Grand St-Germain
St-Vincent-en-Bresse
Ténarre
Montret
St-Usuge
Beaurepaire-en-Bresse
206 m
Beaumont
St-Boil
228 m
Genouilly
Messey-sur-Grosne
Sennecey-le-Grand
Branges
Sornay
Louhans
Les Maîtres-Camps
Beaure
St-Martin-de-Mont
Bonnaud
St-Gengoux-le-National
Nanton
Simandre
Veniere
Huilly
Rancy
Saône
Seille
St-Huruge
Tournus
Ste-Croix
Le Galandes
Beaufort
Cuisia
Cuisery
Lacrost
Chapaize
Cortevaix
Cormatin
Brancion
Martailly-lès-Brancion
Plottes
Chardonnay
La Chapelle-Thècle
Montpont-en-Bresse
Le Miroir
Cousance
Salornay-sur-Guye
Taizé
La Reine
Romenay
Sermoyer
Varennes-St-Sauveur
Cuiseaux
Massilly
Uchizy
Lournand
Donzy-le-Pertuis
Lugny
Vescours
St-Trivier-de-Courtes
Cluny
Fleurville
Cormoz
Beaupont
St-Amour
Ste-Cécile
Berzé-le-Châtel
Azé
Clessé
Pont-de-Vaux
Mantenay-Montlin
Nanc
Igé
Laizé
St-Julien-sur-Reyssouze
Verzé
Mâcon-Nord
Ozan
St-Jean-sur-Reyssouze
Coligny
Pirajoux
La Croix-Blanche
St-Jean-le-Priche
Chevroux
Berzé-la-Ville
Hurigny
Manziat
Béréziat
Reyssouze
Marboz
Moulins-des-Ponts
St-Point
La Roche Vineuse
Marsonnas
Pierreclos
Mâcon-Centre
Sancé
Feillens
Montrevel-en-Bresse
758 m
Charnay-lès-Mâcon
Replonges
Bâgé-le-Châtel
St-Etienne-du-Bois
Pouilly
MÂCON
St-Genis
Curtafond
Fuissé
Mâcon-Sud
Bourg-Nord
AIN 01
Pont-de-Veyle
Polliat
Chavannes-sur-Suran
Crêches-s.-S.
Juliénas
Veyle
Virat
La Terrasse 660 m
Mézériat
Simandre-sur-Suran
Vonnas
Montcet
Fleurie
Chaveyriat
BOURG-EN-BRESSE
Jasseron
Pontanevaux
Vauxrenard
Romanèche-Thorins
St-Didier-s.-Ch.
Doubs
Suran
S. 235
A 6
A 36
A 39
A 40
E 15
E 17
E 21
E 60
E 62
E 607
N6
N73
N74
N78
N79
N80
N83

Abbildungsnachweis:
Heinz-Dieter Falkenstein (Köln): S. 1, 56, 103, 104, 106, 113, 122/123, 146, 204
Christian Heeb/LOOK (München): S. 47
Karl Johaentges/LOOK (München): Titelbild, S. 2/3, 16/17, 20, 22/23, 28, 31, 39, 40, 44, 51, 53, 54, 68, 70/71, 80/81, 93, 109, 111, 117, 121, 126, 131, 136, 138, 141, 145, 152, 154, 156, 159, 170, 173, 177, 180, 182, 196, 198, Umschlagklappe vorn
Thomas Stankiewicz (München): S. 12, 34/35, 59, 67, 84, 94/95, 100, 128, 186/187, 194/195, 201, Umschlagklappe hinten

Abbildungen:
Titelbild: Château Aloxe-Corton, Côte de Beaune
Vordere Umschlagklappe: Abteikirche Cluny
Hintere Umschlagklappe: In der Altstadt von Dijon
S. 1: Hospices de Beaune
S. 2/3: Sonnenblumenfeld

Kartografie:
DuMont Reisekartografie, Puchheim
© MAIRDUMONT, Ostfildern

Grafisches Konzept: Groschwitz, Hamburg
Druck: Rasch, Bramsche
Buchbinderische Verarbeitung: Bramscher Buchbinder Betriebe

ISBN 3-7701-5929-2